現在の熱田神宮本宮拝殿（熱田神宮提供）

熱田社の大宮司職は白河院政期に尾張氏から藤原氏に譲られ，以後同氏に代々世襲された．大宮司藤原季範の娘と源義朝との婚姻により，久安３年（1147）に頼朝が誕生した．

三島社を参詣する一遍（「一遍聖絵」巻６，清浄光寺所蔵）

「一遍聖絵」は踊念仏で有名な時宗の開祖一遍の伝記絵巻．弘安５年（1282）に鎌倉から京都に向かう一遍が伊豆の三島社（現在の三嶋大社）に立ち寄り，説法を行なっている場面．

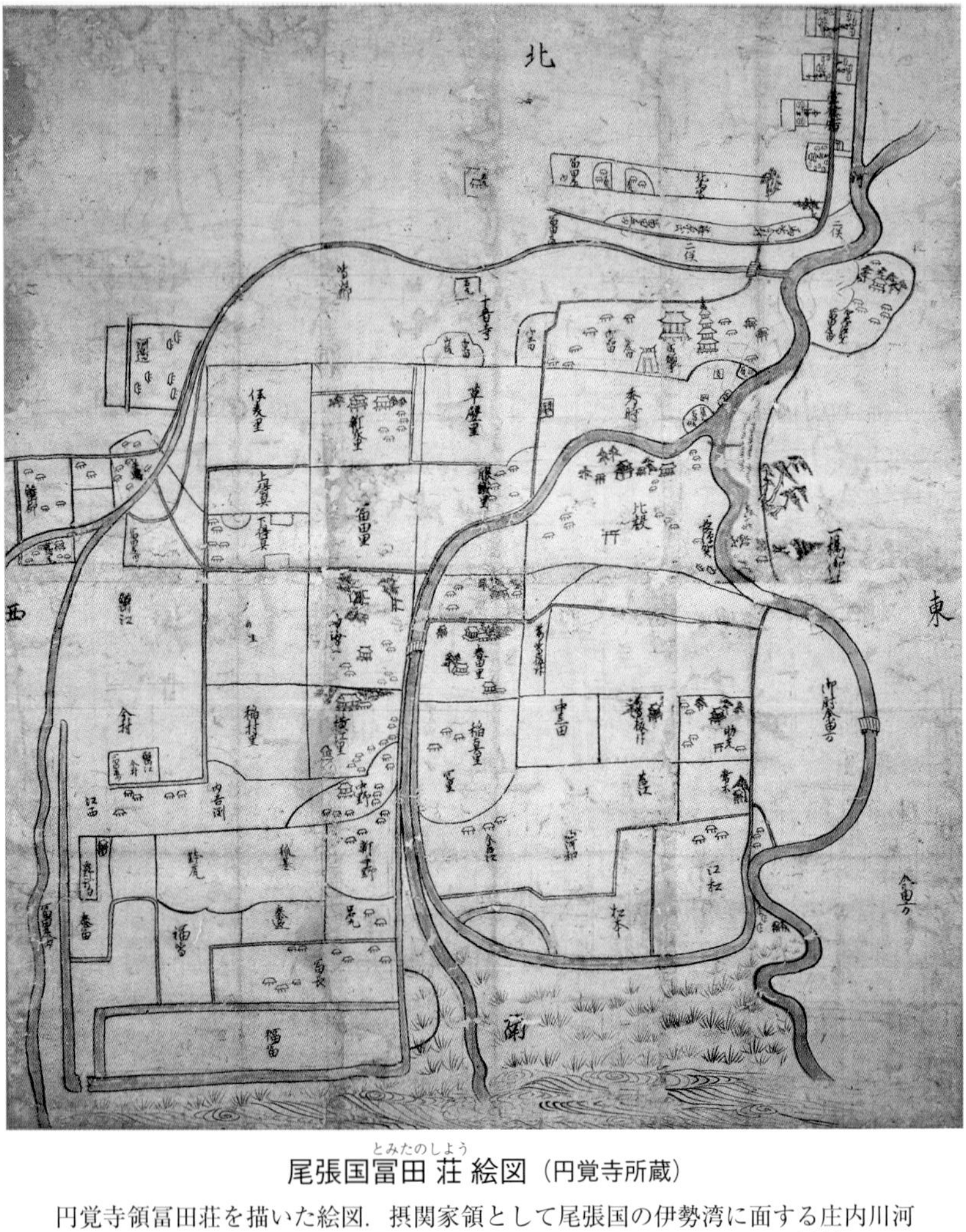


尾張国冨田荘《とみたのしょう》絵図（円覚寺所蔵）

円覚寺領冨田荘を描いた絵図．摂関家領として尾張国の伊勢湾に面する庄内川河口域の三角州に形成された冨田荘は，鎌倉時代に地頭職が設置され，得宗《とくそう》家から円覚寺に寄進された．

源義朝の墓（大御堂寺野間大坊，愛知県美浜町提供）

野間内海荘《のまうつみのしょう》の大御堂寺境内にある源義朝の墓は，文治2年（1186）に平康頼が荒廃していたのを整備し，建久元年（1190）に頼朝が詣でて法会を修したという．

元島《もとじま》遺跡出土の中世陶磁器（静岡県埋蔵文化財センター提供，楠本真紀子撮影）

元島遺跡は静岡県磐田市を流れる太田川の下流域に所在した中世集落遺跡．12世紀初頭から集落の形成が見られ，15世紀に最盛期をむかえた．物流の中継地としての性格が強く，中世陶磁器などの遺物が多量に出土している．

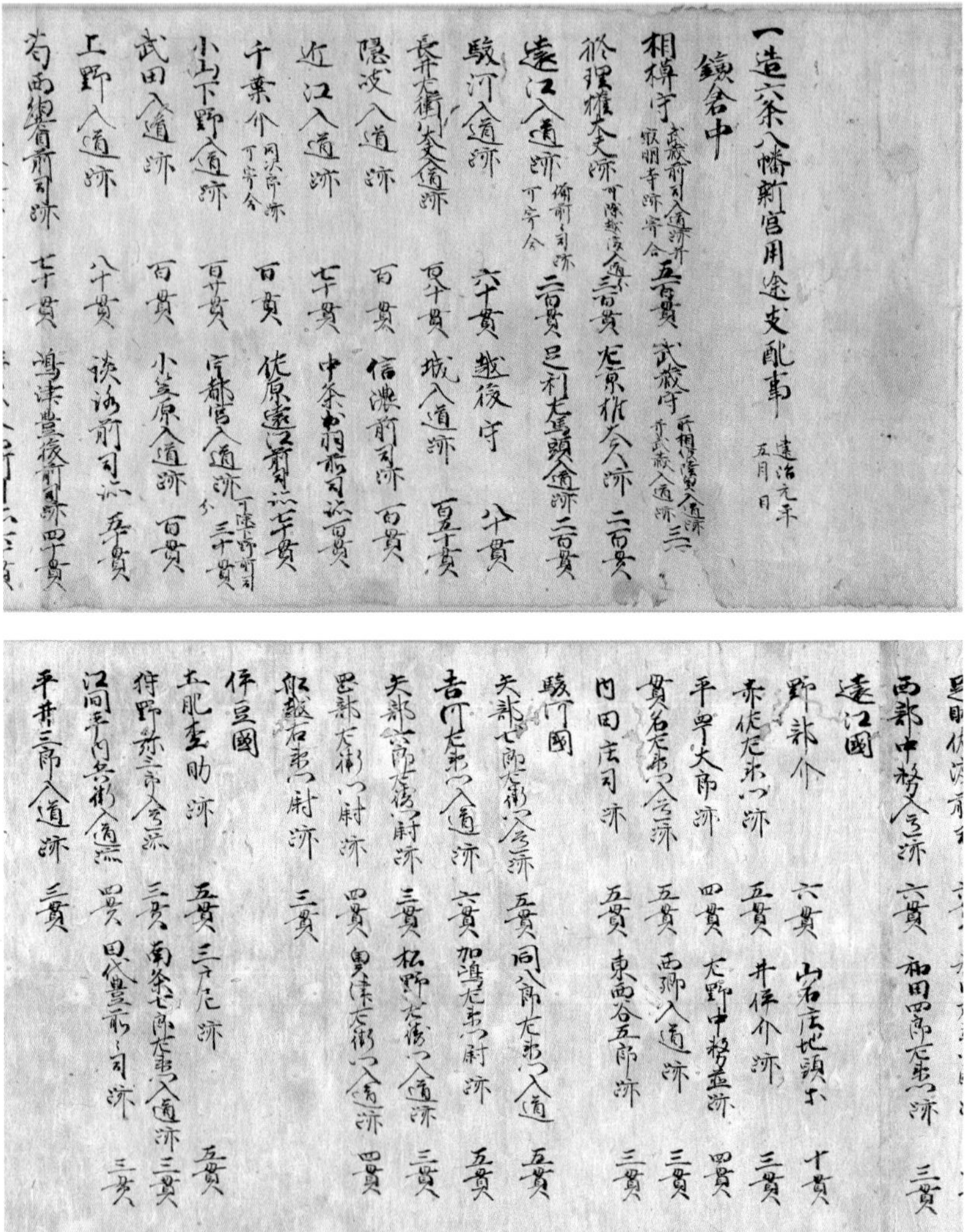

六条八幡宮造営注文（国立歴史民俗博物館所蔵）

建治元年（1275）に鎌倉幕府が京都の六条八幡宮を造営した際，全国の御家人たちに負担させた費用の額と氏名を列挙した文書．下段は三河の一部，遠江，駿河，伊豆の御家人が記載された部分．

東海の中世史 1

# 中世東海の黎明と鎌倉幕府

生駒孝臣［編］

吉川弘文館

企画編集委員

山田邦明
水野智之
谷口雄太

目　次

# 序　中世東海へのまなざし

生駒孝臣

## 本巻が扱う時代

『東海の中世史』（全五巻）の第一巻目となる本巻は、白河《しらかわ》院政期の十二世紀初頭から、鎌倉時代の大きな転換点となる十三世紀後半のモンゴル襲来までの時期（一一〇〇年代から一二八〇年代）を取り上げる。

この時期は、院政の開始、保元・平治の乱、平家政権の成立と崩壊、治承・寿永の内乱と鎌倉幕府の成立、承久の乱、公武関係の変容といった、まさに中世社会がかたちづくられる激動の時代である。こうした政治史の流れと東海という地域がいかに関わるかを知る人は意外に少ないのではないだろうか。例えば、平家政権を築いた平清盛《たいらのきよもり》や、鎌倉幕府を開いた源頼朝《みなもとのよりとも》が、東海地域とどれほど深く関わっていたかなど、それほど意識されていないのではないだろうか。

確かに中世の東海といえば、織田信長《おだのぶなが》や徳川家康《とくがわいえやす》が活躍する戦国期が、人々の興味を引くことが多いのは事実である。だが、中世の東海はそれよりも早い時期、すなわち本巻が扱う院政・鎌倉前期から独自の歴史を歩み始めていたことを見逃してはならない。鎌倉幕府の成立により、それまでの東海道・東山道《とうさんどう》諸国からなる東国という広域な地域から、幕府およびその直接の支配が及ぶ「関東」とい

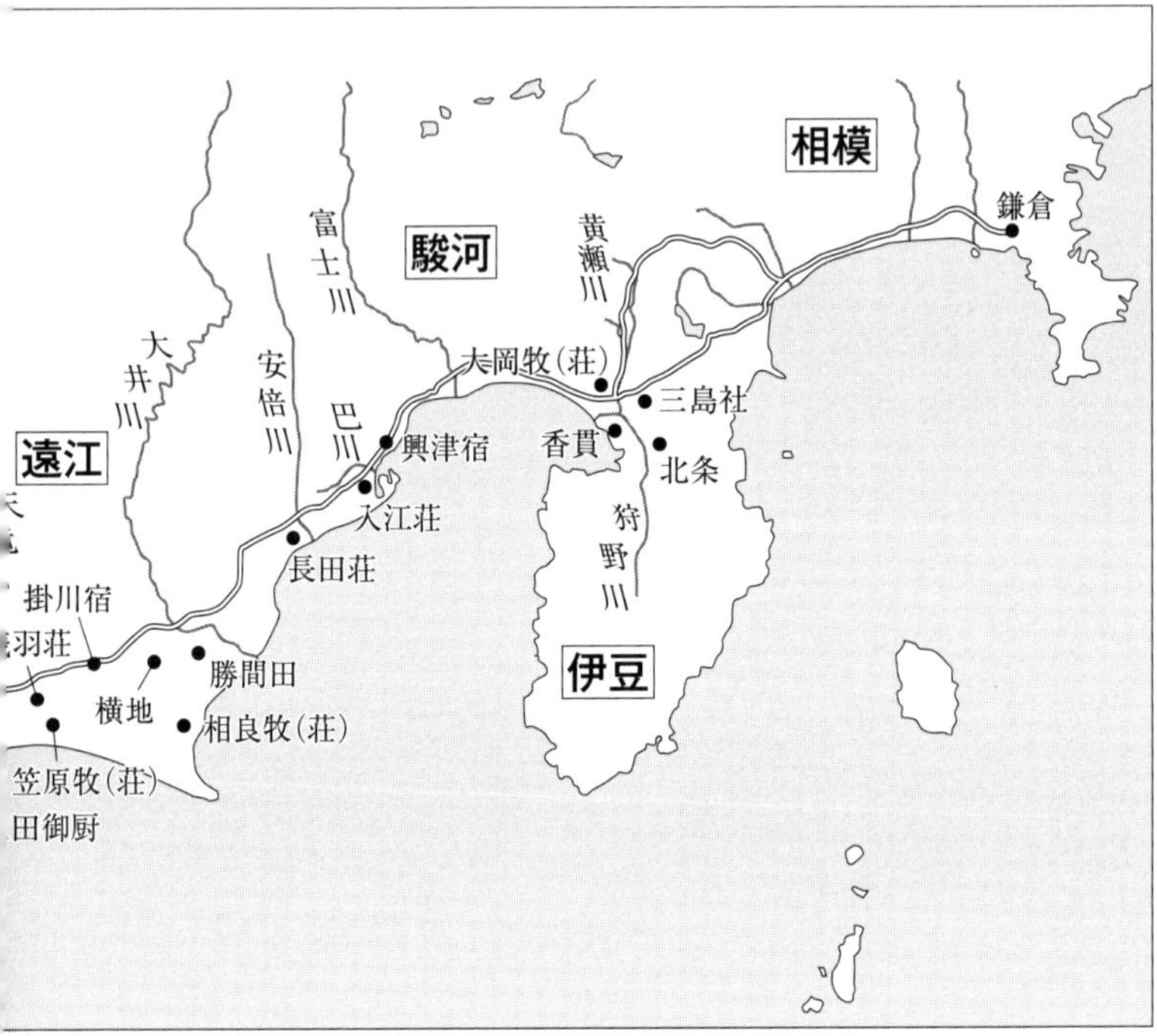

相模
鎌倉
駿河
富士川
黄瀬川
大井川
安倍川
巴川
大岡牧(荘)
三島社
香貫
北条
興津宿
遠江
入江荘
長田荘
狩野川
掛川宿
羽荘
勝間田
横地
相良牧(荘)
伊豆
笠原牧(荘)
田御厨

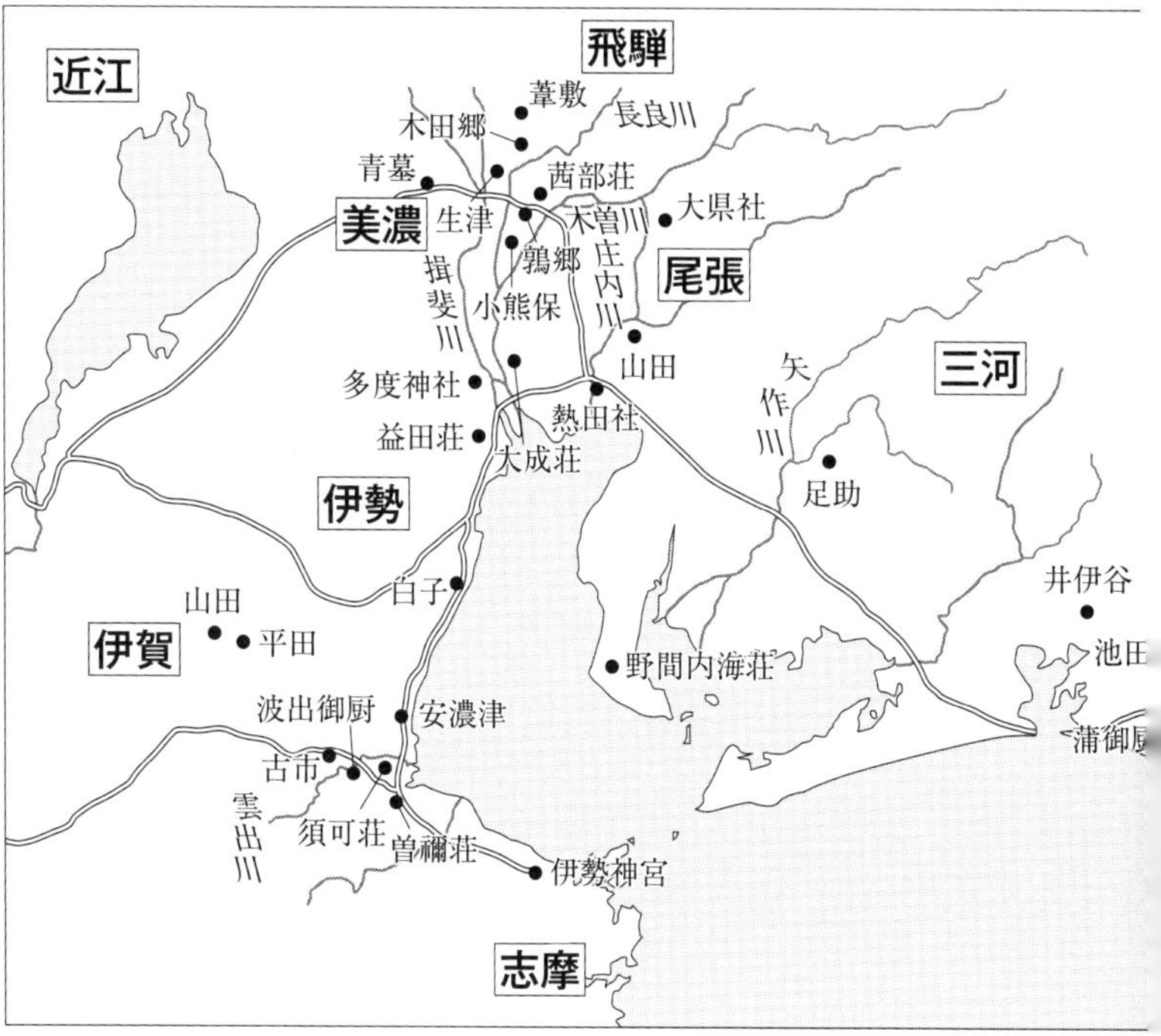

近江
飛騨
葦敷
長良川
木田郷
青墓
茜部荘
美濃
生津
木曽川
大県社
揖斐川
鶉郷
小熊保
庄内川
尾張
山田
多度神社
熱田社
益田荘
大成荘
矢作川
三河
足助
伊勢
白子
山田
伊賀
平田
井伊谷
野間内海荘
池田
波出御厨
安濃津
古市
蒲御厨
雲出川
須可荘
曽禰荘
伊勢神宮
志摩


図　中世の東海地方

う世界が誕生した。それに伴い、京都を中心とする西国と東国との間に位置していた東海道の諸国が、「関東」から分離して成立したのが「東海」という枠組みである。幕府の成立は、東国と西国を行き交う人々を増加させ、往還路の「東海」は中世という時代において重要な位置を占めることになった。その萌芽は、清盛や頼朝の父祖たちが東海の諸国に進出していた院政期からみえており、のちに中世の主役となる子孫たちの活動を支える基盤となる。すなわち、戦国期へと続く東海地域の祖型は、まさに本巻が対象とする時代に誕生したのである。

とはいえ、こうした中世の早い段階における東海のイメージは、必ずしも一般に流布しているとはいい難い。これは東海地域に限ったことではないが、当該期はのちの時代に比べて史料が少ないこともあり、地域固有の豊かな歴史像を描き出しにくいことにも一因がある。ただし、院政・鎌倉期における諸分野の研究がより精緻に進められたこと、またこの二〇年ほどの間に『愛知県史』や『三重県史』をはじめとする東海地域の自治体史が刊行され、多くの新たな知見が提示されたことで、当該期の東海を見なおす環境は整っている。そこで本巻は、中世の黎明期にあたる院政期から鎌倉前期の東海について、新たな視角から捉えなおす。

## 東海の範囲

本巻を含む『東海の中世史』全体が対象とする東海とは、本来は五畿《ごき》七道《しちどう》の一つ東海道の略称である。一方、現在の東海といえば、その範囲は愛知・岐阜・三重の東海三県に静岡を加えた四県を指して捉えられるのが一般的である。そこで、本巻では、それら四県の範囲に相当する、尾張・三河・美濃・飛驒・伊勢・伊賀・志摩・遠江・駿河・伊豆の一〇ヵ国を対象とする。このうち、美濃・飛驒は東海道ではなく東山道に属した地域であるが、中世の東海道は美濃を経由していた。近江に接続する美濃は京都から東国へ向かう畿内近国の玄関口であり、中世の東海を考える上で重要な国であることはいうまでもない。よって、美濃およびそこに隣接して現在の岐阜県を構成する飛驒も東海に含めて考察の対象とする次第である。

しかし、本巻では、それら一〇ヵ国全てを過不足なく取り扱うことは難しい。というのも、本巻の範囲の院政期から鎌倉前期までの東海各国は、国によって残存史料の偏りがあり、具体的な様相がわかりにくいことと、「東海道」あるいは「東海地域」といった枠組みのなかで、必ずしもひとまとまりの社会・文化を形成していたわけではないからである。なお、「東海」は前記したように、本巻の時期から東国（関東）・西国とは異なる地域として姿を現すが、一体的な地域として明確に捉えられるようになるのは、室町・戦国期以降のことであり、「東海」全体に共通する地域性は見出せない。

したがって、本巻では東海の各国・各地域は「東海」という一体的な枠組みで捉えきれないという点を、当該期の東海の時代的特質として挙げておきたい。また、東海は「東国」か「西国」かといった議論が近年でも見受けられるが、東海の特殊性・独自性を紡ぎ出すことを重視するため、本巻ではそうした議論には踏み込まない。

**本巻の構成**　次に本巻のおおまかな構成を紹介しておきたい。第一章から第三章は、院政期から鎌倉期の政治史と東海各地域との関わりを、東海の武士・御家人制・守護などの問題から追究する。第四章では東海地域における荘園制の成立と展開、第五章では東海地域の寺社（神仏）・信仰の諸相、第六章では東国と畿内とを結ぶ東海道と太平洋という二つの大動脈の実態をたどる。さらに、それら各章のなかで取り上げられる政治史上の舞台、歴史上著名な荘園や交通・流通拠点、東海地域に関わりのある人物をより深く掘り下げるため、七つのコラムを用意した。このように、政治・経済・宗教・交通といったあらゆる角度から中世東海の黎明期を浮き彫りにすることが本巻の目的である。それでは本巻の具体的な内容を紹介しよう。

## 京都からの東海への視線

白河院政が始動した十一世紀末期から鳥羽院政へと移り変わる十二世紀前半の時期は、荘園制が中世社会の根幹をなす公的な土地制度として定着し始める時期であった。この時期の列島各地、とりわけ東国における荘園の増加により、京都と東国を結ぶ東海地域は東西の往還路としての重要性が急激に高まり、院および院政を支える院近臣《いんのきんしん》を中心とした貴族層や、伊勢神宮など寺社勢力の進出が顕著となる。それにより、東海各地でも多くの荘園が形成されるようになる。

とはいえ東海各地といっても、各国で荘園の成立時期や経緯、王家領や東海の荘園として特徴的な伊勢神宮領の御園《みその》・御厨《みくりや》の分布状況などは、大きく異なっていた。そのため、東海の荘園制については、第四章で各国を（Ⅰ）伊賀、（Ⅱ）伊勢・志摩、（Ⅲ）美濃・尾張、（Ⅳ）三河・遠江・駿河の四つに区分すること（飛驒・伊豆は除外）で、それぞれの地域の特徴を紡ぎ出し、鎌倉幕府成立の影響をふまえて鎌倉後期に至るまでを概観する。また、コラムでは東海の荘園史上著名な伊賀国黒田荘《くろだのしょう》と、伊勢神宮領の具体事例として遠江国浜名《はまな》神戸《かんべ》を取り上げる。

一方、荘園制の成立期以前から受領《ずりよう》などとして京都と東国を往来し、東海地域に勢力を扶植するものも存在した。それは院政期以降、「京武者《きようむしや》」と呼ばれ、主に京都で活躍する清和《せいわ》源氏や桓武《かんむ》平氏などの武士である。京武者の祖先たちは、十世紀末期に伊勢・伊賀平氏の祖平惟衡《これひら》が伊勢に、十一世紀初頭のほぼ同時期に河内源氏・摂津源氏・重宗《しげむね》流源氏が美濃へと進出する。このうち、河内源氏の源頼信《よりのぶ》は、平忠常《ただつね》の乱後に東国に培った自身の基盤との往来の便のため、美濃守を所望したという。このように、京都で活動する武士たちは京都から東国を見据えていた。

河内源氏は義朝《よしとも》の時代に、美濃・尾張・遠江・駿河にまたがり、熱田大宮司《あつただいぐうじ》家のような地域の有力者との婚姻関係や、東海道沿いの要衝に郎等《ろうとう》を配置するなど、東国における義朝の本拠地の鎌倉と京都を結ぶ一大ネットワークを築いていたとみられる。第一章は、そうした院政期の河内源氏などの京武者による東海への進出とその意味を、東海の武士団の掌握過程から追究する。

## 鎌倉幕府の成立と東海

院政期の東海は、京都から東国に向けられる視線のなかで注目された地域であった。しかし、治承・寿永の内乱とそれに続く鎌倉幕府の成立は、逆の視線、すなわち東国から京都（西国）を見据える視線を生み、東海の秩序は東国から再編されることとなる。

周知のように治承四年（一一八〇）八月、源頼朝は配流先の伊豆で北条《ほうじよう》氏らをはじめとする近隣の武士団の協力により、平家に対して挙兵する。その後、頼朝ら反乱軍と平家軍は、同年十月の富士川《ふじかわ》の戦い、翌治承五年の美濃・尾張での激戦を繰り広げたように、治承・寿永の内乱の初戦、ひいては鎌倉幕府成立の端緒は「東海」にあったといっても過言ではない。頼朝は、平家滅亡後の弟義経《よしつね》との対立において「東海道惣官《そうかん》」を称したが、第二章では、治承・寿永の内乱の過程で頼朝がいかにして東海を掌握し支配を進めたのかが、東海地域の武士の動向とからめて明らかにされる。

東海に限らず治承・寿永の内乱以降、列島各地ではさまざまな紛争などの影響を受けて各地域の新旧勢力の交代がみられる。例えば東海では、治承・寿永の内乱後の美濃の葦敷重隆《あじきしげたか》のように、広域な領域を支配する院政期以来の京武者が没落したことで、東国武士が東海へと進出し、鎌倉幕府の支配が浸透することとなった。第三章では、そうした院政期以来の東海の武士・御家人の分布が、承久の乱やモンゴル襲来（特に文永の役）のような戦乱の影響でどのような変化を遂げたのか、鎌倉幕府の地方支配を担う守護の設置や、御家人編成の問題とあわせて論じる。なお、第一・二・三章に関わるコラムとして、承久の乱の激戦地の一つ美濃国の大豆戸《まめど》や、東海にゆかりのある女性、伊豆と北条氏についてのコラムを用意した。

## 東海の宗教と交通

鎌倉幕府の成立は、いうまでもなく東西交流の活発化を促した。東海道を往還したのは当然ながら武士だけではない。貴族や民衆、そして多様な宗教者が京都と鎌倉を行き来した点に注目する必要がある。東海道沿いに所在する尾張の熱田社・甚目寺《じもくじ》、遠江の言任《ことのまま》の社、伊豆の三島社《みしましや》など、大小さまざまな寺社は地域住民だけでなく東海道を行き交う人々の信仰心を喚起した。

また、鎌倉期には興福寺《こうふくじ》や延暦寺《えんりやくじ》を中心とする顕密《けんみつ》仏教に加え、幕府・朝廷との関わりのなかで禅《ぜん》宗《しゅう》・律宗《りつしゅう》の発展がみられたが、東海地域はそうした東西を往来する宗教者たちの影響を多分に受けたことは間違いない。第五章では、伊勢神宮や熱田社、三河の滝山寺《たきさんじ》といった著名な寺社だけにとどまらない、東海の寺社および信仰の実態について、中世的な宗教秩序や鎌倉幕府との関係などから多角的に論じる。

京都と東国・鎌倉を結ぶ東海道には、古代から市《いち》や宿《しゅく》が発達しており、それらは東西を往還する人々のみならず、東海地域の住民にとっても日常的に機能していた。東海道沿いの宿といえば、十二世紀前半の源為義《ためよし》による美濃の青墓《あおはか》宿の長者一族の掌握、義朝の青墓宿や遠江池田《いけだ》宿の遊女との関係、さらには頼朝による東海道沿いの宿の長者的武士団の御家人編成にともなう東海道の掌握など、武士の陸上交通路支配という点でも注目される。

一方、東海道と交差する三河の矢作《やはぎ》川や駿河・遠江の天竜《てんりゅう》川など、太平洋へと注ぐ河川の河口部には港湾が発展し、それらは一大ターミナルを形成していた。第六章では、こうした京都・畿内近国と東国とを結んだ東海の陸上・水上交通路の実態を、東海道沿い・太平洋沿岸に所在した宿・市・港の歴史的位置や貨幣経済との関わりから明らかにし、これまで東海地域において、その全体像が提示されてこなかった陸上・内水面・海上の接続をめぐる問題に迫る。さらに、東海道の宿の遊女・伊勢の安濃津《あのつ》について、本章に関連するコラムとして取り上げた。

## 新たな東海の中世史へ

以上、六本の論考と七本のコラムを通して再確認できたのは、院政期・鎌倉前期に立ち現れた「東海」という地域が、京都と東国・鎌倉の東西二つの極に規定されながらも、全体としていずれか一方に収斂《しゅうれん》されるような歩みをたどったわけではないということである。だが、それこそが当該期の東海の特質であり、各論で提示されたさまざまな新知見は、今後の新たな東海の中世史像の構築に寄与することは疑いない。本巻で描かれた当該期の中世がその後、いかなる歴史をたどるのかは本シリーズの二巻以降に譲りたい。

ところで冒頭でも少し触れたように、東海地域といえば、尾張の織田信長・羽柴《はしば》（豊臣《とよとみ》）秀吉《ひでよし》、三河の徳川家康といったいわゆる「天下人《てんかびと》」を輩出した地域として知名度が高い。一方、彼らが生きた戦国期に比べて、本巻が扱う院政・鎌倉前期の当該地域は具体的にイメージしにくいこともあり、意外に重要な事実が見落とされている。

そこで、伊勢では清盛を生み出した伊勢平氏が、尾張では頼朝の母方の実家の熱田大宮司家が、そして伊豆ではおよそ一五〇年にわたって鎌倉幕府を牽引する北条氏が存在したことを想起していただきたい。平清盛・源頼朝・北条氏といった中世前期の政治史を彩った人物たちは、いずれも東海地域を母体として誕生したのである。

つまり、やや間接的とはいえ、東海という地域は中世の終焉にあたる戦国期のみならず、その黎明期の院政・鎌倉期にも時代を動かす人物を生み出していたといえるわけである（この点は本シリーズ第二巻の足利氏についても触れられている）。読者には、そうした目で東海の中世の始期にあたる本巻を味読していただき、これまでとは違う新たな「東海の中世史」像を抱いてもらえることこそが、北伊勢という東海地域の一角に生まれ育った編者の願いでもある。

# 一　院政期の源氏・平氏と東海の武士団

生駒孝臣

## 1　「京武者」の東海への進出

### 「京武者」と東海

院政期以降、「京武者」と呼ばれた清和源氏・桓武平氏らの軍事貴族は、京近郊の狭小な所領を基盤に主に京都で検非違使《けびいし》や国司（受領）などを務め、政治的に王家（院）や摂関家《せっかんけ》などの諸権門《けんもん》に従属しながら活動していた。彼らの多くは院近臣として中央政界で活躍することになるが、その地位を維持するためには上位者への奉仕を可能にする経済力や、軍事・警察的な命令を受けた際、迅速に展開できる軍勢を供給する人的基盤が必要であった。京近郊に位置する河内源氏の河内石川《いしかわ》、摂津源氏の摂津多田《ただ》、伊勢・伊賀平氏の伊勢・伊賀が彼らの基盤として維持されたのは、まさにそうした理由による。

京近郊として同様に位置づけられる東海地域の国々は、十世紀末以降、東国に進出した清和源氏・桓武平氏の軍事貴族にとって、活動基盤としてだけでなく、京都と東国にかけて広がる遠国の所領と

図1－1　清和源氏略系図

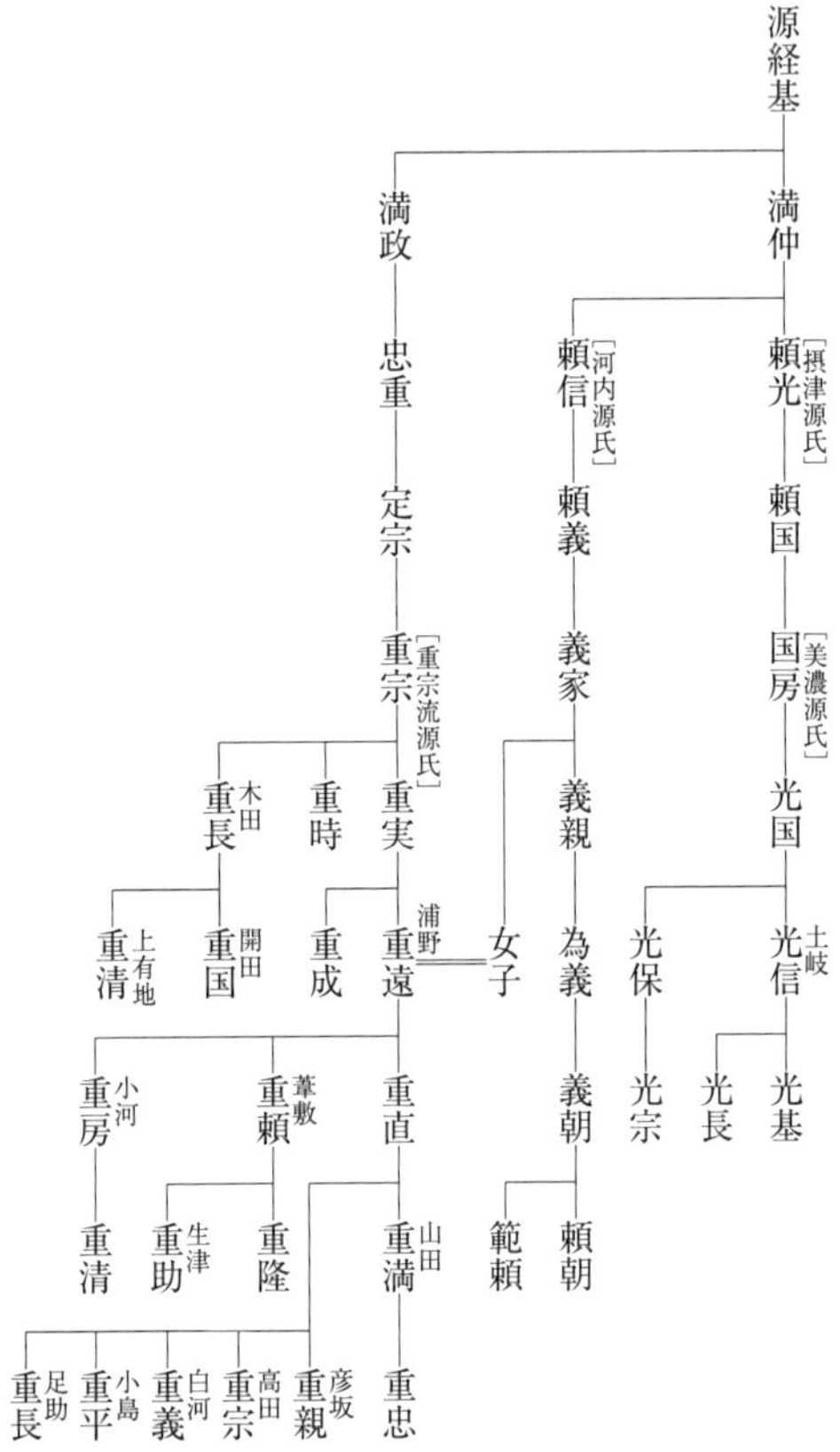


をつなぐ幹線としても重要であった。

とりわけ、東海・東山道の分岐点となる美濃および伊勢には、早くから京武者の進出がみられた。十一世紀以降、源頼光《よりみつ》を祖とする摂津源氏（美濃源氏）、同じく頼信《よりのぶ》を祖とする河内源氏、源満仲《みつなか》の弟の満政《みつまさ》を祖とする満政流源氏（重宗流源氏）がほぼ同時期に当地へと進出し、各々が勢力を扶植することになる。

本章ではこれら源氏・平氏ら京武者による東海（広義の東海地域に該当する伊賀・伊勢・尾張・美濃・遠江・駿河・伊豆）への進出過程を、当該地域の特徴的な武士団との関係を軸に、十一世紀後半の院政期頃から十二世紀後半の平家政権期まで追究する。

## 摂津源氏の美濃への進出

源頼光に始まる摂津源氏は、頼光・頼国《よりくに》父子の二代にわたって美濃守を歴任しており、頼国の子の国房《くにふさ》の代に美濃での勢力を拡大する。国房の美濃での活動は康平七年（一〇六四）ごろから確認される。国房は多芸《たき》郡（岐阜県養老町・大垣市南西端・海津市北西端）に居館を、厚見《あつみ》郡の鶉《うずら》郷（岐阜市）に私領を獲得しており、嘉保三年（一〇九六）には鶉郷に隣接する東大寺《とうだいじ》領茜部《あかなべ》荘（大垣市）の荘司《しょうじ》を務めていた。

当初東大寺は、厚見郡司の厚見王大夫《あつみのおうだいぶ》政則《まさのり》を茜部荘下司《げし》、その弟の定増《じょうぞう》を同荘別当《べっとう》に任じていたが、在地領主《ざいちりょうしゅ》として勢力を増しつつあった彼らを抑えるため、京都で白河《しらかわ》院に接近して軍事貴族としての立場の確立に努める一方、当該地域にも影響力を強めていた国房を起用したわけである（宮崎康充 一九七八）。国房は厚見氏を排除して自身の所従・郎等に荘務を担わせることに成功したものの、私領の鶉郷に茜部荘の一部を加えようとしたことで荘司を解任された。

その後、国房は嘉承元年（一一〇六）に延暦寺《えんりゃくじ》僧仁誉《じんよ》と結託し、多芸郡南西の木曽《きそ》川下流域の尾張国海部《あま》郡に位置する東寺末寺多度神宮寺《たどじんぐうじ》（法雲寺《ほううんじ》）領大成《おおなり》荘（愛知県愛西市）に数多の軍勢を率いて乱入し、郎等の平行仲《ゆきなか》を荘司に据えるという事件を起こして訴えられている（『平安遺文』一六六三）。

この大成荘に加えて鶉郷・茜部荘が木曽川の旧河道に接していたことから、国房は木曽川を勢力下に収めていたことが指摘されている（伊藤瑠美 二〇〇四）。のちに国房の孫の光信《みつのぶ》が木曽川上流域の土《と》岐《き》郡に本拠を置き、その子孫は土岐氏として繁衍《はんえん》することになるが、それは国房以降の木曽川掌握の一環とみられる。

なお大成荘の所在地は、揖斐《いび》川・長良《ながら》川・木曽川が合流して伊勢湾へと注ぐ河口部にほど近い美濃・尾張・伊勢の国境沿いである。また、国房は大成荘だけでなく、その他の多度神宮寺領荘園にも侵略したようである（『平安遺文』一六八一）。

多度神宮寺および多度神社（三重県桑名市）は美濃と伊勢にまたがる養老《ようろう》山地南東端の多度山に鎮座し、寺辺領も大成荘と同じく伊勢湾にほど近い美濃・尾張・伊勢の国境地帯に位置していたと推測される。だとすれば、木曽川流域を掌握する国房の侵攻の最大の眼目は、それら寺領荘園の奪取というよりも、木曽川下流部から伊勢湾への進出にあったのではないか。

だが、多度神社・多度神宮寺は、同時期に伊勢平氏の氏社・氏寺的存在になっていたとみられ（高橋昌明 二〇一一）、大成荘を含む寺辺領への侵攻は、後述するように当時伊勢北部に勢力を扶植していた伊勢平氏と衝突する可能性を孕《はら》んでいた。その後、国房ら美濃源氏による伊勢・尾張方面への進出がみられないのは、伊勢平氏らとの競合を避けて国内への勢力扶植に専心した結果であろう。

国房の子の光国は、天永二年（一一一一）に任国の出羽に赴くことなく美濃に滞在し続けていたことが朝廷で問題となっているが（『中右記《ちゅうゆうき》』七月二十九日条）、その間に国内の所領や河川などの交通路に対する着実な勢力拡大を進めていたとみられる。

例えば、永久二年（一一一四）に光国の郎等が、信濃の尊勝寺《そんしょうじ》領荘園から京都へ運上《うんじょう》される年貢を途中の美濃で奪い取った強盗を捕縛したという事実は、美濃源氏が国内の主要幹線道路に対する検断《けんだん》体制を構築していたことを示すものとして評価されている（高橋修 一九九五）。

このように、約半世紀にわたって美濃源氏は交通・流通路の掌握を通して美濃国内に勢力を扶植した。だがそれは必ずしも円滑に行なわれたわけではない。美濃源氏と同時期に美濃に進出した河内源氏、重宗流源氏との競合・対立は避けて通れない問題であった。

## 重宗流源氏と美濃

重宗流源氏は、河内源氏や伊勢平氏とともに都の「武者」として知られていた源満仲の弟満政から始まる一族である。十世紀末以降、摂関家への奉仕により諸国の受領を歴任していたものの、十一世紀の定宗《さだむね》（満政の孫）の頃からは家格の下降に伴い、藤原《ふじわらの》俊家《としいえ》・源俊房《としふさ》ら有力貴族の家人《けにん》として活動していた。その一方で、満政の子忠重《ただしげ》は長和二年（一〇一三）の時点で木曽川流域に宅を有しており、郎等とともに京都と美濃の双方で活動していたことも知られる（以上、伊藤瑠美 二〇〇四）。

十二世紀の院政期には、「白川院北面《ほくめん》最初」「鳥羽《とば》院北面四天王」と呼ばれた定宗の孫の重時《しげとき》が白河・鳥羽院北面として両院の近習《きんじゅう》に連なり、検非違使や信濃・相模・大和の受領に補任《ぶにん》され主に京都で活躍する。本拠の美濃での活動は兄弟たちが中心となって担っていた。重時の兄弟の重長《しげなが》は方県郡《かたがた》の木田郷《きだ》（東有武郷。岐阜市）に住み木田を号してその子孫は開田・上有地に、尾張国の浦野に住した重遠《しげとお》（重時の兄弟重実《しげざね》の子）の子孫は山田・泉・彦坂・高田・白河・小島・足助《あすけ》（愛知県豊田市足助町）・生津《なまづ》（岐阜県瑞穂市）・葦敷《あじき》・小河と、美濃から尾張・三河にまで勢力を拡大する。のちに治承・寿永内乱後、頼朝によって追放される葦敷重隆（勅使河原拓也 二〇一七、第二章参照）や、承久の乱で後鳥羽《ごとば》院方につく山田重忠《やまだしげただ》（目崎徳衛 一九九五、第三章参照）はいずれもこの系統の出である。

こうした重宗流源氏の美濃での勢力拡大は、当然ながら他の諸勢力との紛争を引き起こした。承暦三年（一〇七九）六月、忠重の孫の重宗は当時木曽川沿いに勢力を伸ばしていた美濃源氏国房と対立しており、多芸郡にあった国房の住所で合戦を起こしている（『為房卿記《ためふさきょうき》』二十五日条）。この事件はのちに重宗が検非違使別当源俊明《としあき》のもとに出頭・降伏して獄政所へ下され、国房も京都に召喚されて弓場《ゆば》に拘禁という処分で落着した（元木泰雄 一九九〇）。

美濃源氏との対立で興味深いのは、前述した国房によって嘉保三年に東大寺領茜部荘から排除された厚見郡司厚見王大夫政則の一族が、重宗流源氏の郎従であったという事実である。

鳥羽院政期の重時の死後、京都での彼の立場を引き継いだのは甥の重成《しげなり》である。その重成が天承元年（一一三一）九月に行なわれた城南寺《じょうなんじ》祭の流鏑馬《やぶさめ》に献じた射手は「敦身王大夫」の孫の「敦身二郎正弘」であり、「敦身王大夫」は重成の祖父重宗に仕える人物であった（『長秋記《ちょうしゅうき》』二十日条）。

この「敦身王大夫」は国房に茜部荘から追い出された厚見王大夫政則と同一人物と考えられ、時期は不明ながらも重宗に仕えて以後、重宗流源氏の重代相伝の郎等となっていたわけである。彼らが重宗に従った背景には、国房の圧力に対抗しうる勢力として保護・支援を求める目的があったとみられる（元木泰雄　一九九〇）。美濃源氏による厚見王大夫一族への圧迫は、そのまま彼らを庇護した重宗流源氏に対する圧迫へと移行していったようである。

前記したように十二世紀前半の重時の兄弟の子孫たちは、美濃の方県郡など長良川・伊自良《いじら》川沿いに分布していることから、本来の本拠が置かれていた木曽川流域からそれらの地域へと移動したと考えられる（伊藤瑠美　二〇〇四）。それは美濃源氏が木曽川流域のみならず、国内全域への支配力を強めていたことと表裏一体の関係にあったことは疑いない。

美濃源氏と重宗流源氏の美濃国内におけるテリトリーについては前者が美濃国内全体に一族を分散させせつつ東部を、後者が西部・濃尾平野北端一帯とに分かれていたことが指摘されているように（三好俊文　二〇一〇）、十一世紀以来の両者の対立が十二世紀半ばにかけて収束に向かったことで、こうした国内での棲み分けが実現したのであろう。

なお、その後の美濃源氏は保元・平治の乱を生き抜いた光国の子の光保《みつやす》とその子の光宗《みつむね》が平清盛《きよもり》ら伊勢平氏と並ぶ院近臣として成長するが、永暦元年（一一六〇）に中央政界から失脚することでしばらく逼塞することになる（須藤聡　一九九四）。

ところで、承暦三年の合戦後、当初河内源氏の源義家《よしいえ》が重宗の追討使《ついとうし》に起用されている。結果的にそれは失敗に終わった。だが、その後重宗は『奥州後三年記《おうしゅうごさんねんき》』に義家の軍勢の一人としてみえている。その子重実は天仁二年（一一〇九）に起こった義家の子義忠《よしただ》の暗殺事件で義忠殺害の嫌疑をかけられた義忠の郎従としてあらわれ（『百錬抄《ひゃくれんしょう》』二月二日条）、重実の子の重遠が義家の娘婿と伝えられる（『尊卑分脈《そんぴぶんみゃく》』）など、河内源氏に密着し臣従していたことが知られる（元木泰雄 一九九〇）。

両者の関係は後述する河内源氏の政治的没落と、重時が白河・鳥羽院近習となり京武者として自立したことで短期間に終わった。もし、河内源氏の没落がなければ美濃における彼らの勢力はそのまま拡大し続けたかもしれない。

では、その前提となる河内源氏の美濃での十一〜十二世紀における勢力がどの程度のものであったのか時間をさかのぼって確認しておこう。

## 河内源氏と美濃

長元五年（一〇三二）二月、河内源氏の祖源頼信は平忠常《ただつね》の乱を平定した勲功として美濃守に任じられた。当初丹波守を希望していた頼信は、美濃に母の亡骸《なきがら》があるため菩提《ぼだい》を弔いたいという理由で美濃守を望んだが、朝廷では「坂東《ばんどう》の者が多く彼に従っており、坂東との行き来のために美濃が便利だからであろう」とうわさされた（『小右記《しょうゆうき》』長元四年九月十八日条）。平忠常の乱の平定をきっかけに東国との関係を深めた頼信にとって、美濃は京都から適度な距離にあり、畿内近国から東国への玄関口にあたる垂涎の地だったことは疑いない。

康平七年十月に頼義《よりよし》・義家父子と国房は、義家の美濃における郎等と国房とのトラブルに端を発して合戦に及んでいる（『水左記《すいさき》』十九日条、『百錬抄』同年十二月二十四日条、『古事談《こじだん》』巻第四―十七）。このことは、頼信以降、河内源氏が美濃国内に着実に基盤を形成しており、同時期に美濃で勢力を拡大していた美濃源氏と競合する関係にあったことを物語っている。

河内源氏による美濃での基盤形成の過程がうかがえる存在として着目したいのが、のちに相模国の御家人となる首藤《すどう》（山内首藤《やまのうちすどう》）氏である。首藤氏は初代の資清《すけきよ》が源頼義に仕えて以降、子孫は義家・為義《ためよし》・義朝、そして頼朝に仕え、為義・義朝の乳母を輩出するなど、河内源氏と最も深い関わりを持つ譜代《ふだい》の郎等となる。資清の出自については三河の出身など諸系図で異同があるものの、美濃国席田《むしろだ》郡司の守部《もりべ》氏の出であったと考えられる（野口実 二〇一三）。守部氏の詳細や頼義がいつ頃から彼らを郎等としたのかも不明だが、濃尾平野北西端の席田郡（岐阜県本巣郡・本巣市の一部）一帯は頼信・頼義の頃の河内源氏が最初に拠点を置いた場所だった可能性もある。

このように河内源氏は十一世紀の早い時期に美濃への影響力を持ち得たことに加えて、義家が白河院の近習に取り立てられたこともあり、承暦三年の源重宗と国房との合戦に際して追討使に起用されたり、重宗ら重宗流源氏を自らの傘下に編成することができたわけである。

ところが、義家の晩年には嫡男義親《よしちか》による西国での濫行と追討、嘉承元年七月の義家の死、天仁二年の義親追討後の義家の後継者義忠の暗殺と、その容疑者の一人と目された義家弟前美濃守義綱《よしつな》一族の追討事件が起こったことで、河内源氏の政治的地位は凋落することになる。

### 源義忠暗殺事件

先述のように義忠暗殺事件は、当初義綱の郎従となっていた重宗流源氏の源重実が嫌疑を受けていた（『百錬抄』天仁二年二月七・十六日条）。しかし、義綱に容疑がかかったことで重実の弟の検非違使重時が、義綱三男の義明《よしあき》とその郎等前滝口《たきぐち》藤原季方《すえかた》を追討する。義綱はそれに憤って残る息子らと近江の甲賀へと出奔《しゅっぽん》すると、為義と美濃源氏光国の追捕を受けて降伏し、息子らが自害したことで落着した。ただし、のちに義綱の無罪が明らかとなり、義綱の子らを追捕した重時は検非違使大夫尉《だいぶのじょう》を止められている。

この事件は、河内源氏の嫡流をめぐる義家と義綱との長年の対立に加えて、義綱一族を事実上滅亡に追い込んだ重時が兄重実の容疑を晴らそうとしただけでなく、美濃守在任中（嘉保二年〈一〇九五〉～承徳元年〈一〇九七〉）の義綱との所領をめぐる対立が背景にあったとみられる（元木泰雄 二〇一一）。

つまり、十一世紀半ばから続く重宗流源氏と美濃源氏との対立に、義家没後も重宗流源氏を郎等として従えて、美濃に地盤を確保していた河内源氏嫡流家と、従四位下の官位を得るなど、兄義家と並び立つ地位につき美濃に独自の基盤を形成していた義綱流との対立が複雑にからみあって起こった事件だったのである。換言すれば、河内源氏・美濃源氏・重宗流源氏が、美濃を軍事的・経済的基盤としていかに重視していたかがうかがえよう。

美濃の義家・義綱の基盤がどこにあったかは不明だが、この事件の結果、同地における河内源氏の影響力は大きく後退することになった。

唯一、天永二年十一月に摂津源氏の源明国《あきくに》が美濃にある藤原忠実《ただざね》の荘園に下向した際、為義の郎等を殺害したという一件（『殿暦《でんりゃく》』四日条）から、かつて河内源氏の有していた美濃の所領が為義から摂関家に寄進され、為義がその管理を任されていたと推測されるくらいである。それでも為義は、父祖以来美濃に築かれた地盤を必死に維持しようとしていた。

## 源為義と美濃

大治三年（一一二八）十二月、武者所《むしやどころ》の者を殺害した罪で西獄に拘禁されていた美濃源氏光信の元郎等の美濃国の住人が、為義からの自分の従者だとの申し出により赦免されたものの、為義と光信との間で奪い合いになり両者が西京で合戦に及ぼうとする事件が起こった（『中右記』大治四年正月七日条）。これは河内源氏の勢力が後退するなかでも、為義が美濃での郎等の確保だけは怠らなかったことを示している。

為義は、東山道の宿駅青墓《あおはか》宿（大垣市）をおさえる内記大夫《ないきのだいぶ》行遠《ゆきとお》を傘下に収めており、その娘との間に乙若ら四人の子どもをもうけていた（『吾妻鏡《あずまかがみ》』建久元年〈一一九〇〉十月二十九日条）。行遠は、中務《なかつかさ》省所属の「内記」という官と「大夫」＝五位の位階を持つ京武者の一員であり、青墓宿の長者と婚姻関係を結ぶなどして当地に進出したと考えられている（野口実 二〇〇七）。加えて、為義から相模の愛甲荘《あいこう》（神奈川県厚木市）の代官に任用され相模国の目代《もくだい》も務めていたが、永久元年（一一一三）に武蔵の横山党《よこやま》によって殺害される（『長秋記』三月四日条）。

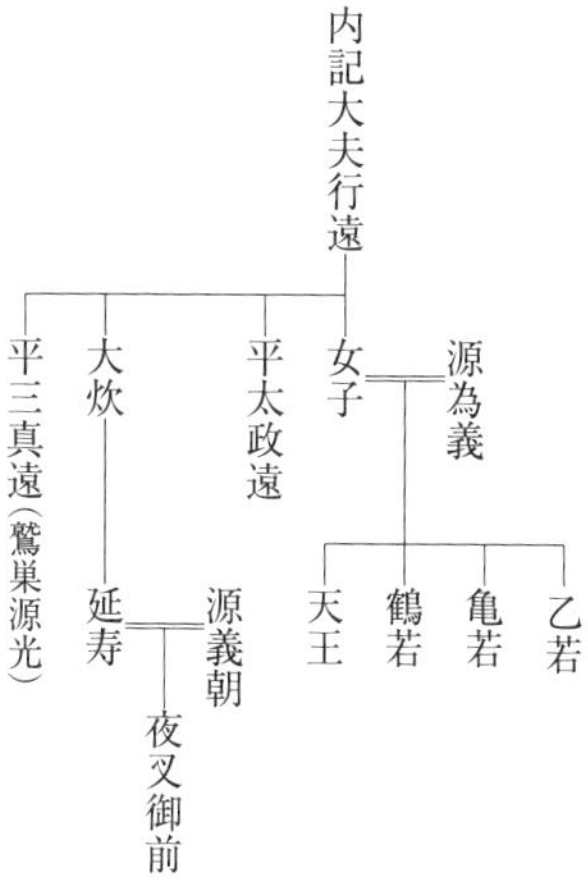


図1－2　青墓宿長者一族関係系図

いつ頃から為義が内記氏とつながりを有していたかは確定できない。遅くとも義綱追討によって河内源氏の新たな当主に就任した天仁二年頃とみてよいだろう。為義の追討使起用は新当主となった為義の門出を武勲で飾らせようとした白河院の意向とみられることから（上横手雅敬 一九八一）、白河院の後ろ楯により内記氏の編成が実現した可能性もある。ところが、為義は度重なる失態により次第に院周辺から遠ざけられ、官位も停滞し父祖のように受領に昇進することなく、検非違使に留められることになる。大治三年の事件も、そうしたなかで起こったものであり、父祖以来勢力を扶植してきた美濃の地盤を自力で確保せねばならなかった状況が読み取れる。

また、為義による青墓宿の長者一族内記氏の取り込みは、陸上交通の要地掌握を企図したものと評価されるように、東国への玄関口にあたる美濃に拠点を置くことで東国との経路を掌握・維持しようとする頼信以来の河内源氏の構想が脈々と受け継がれていたことを示している。こうした為義の取り組みは、列島各地の流通拠点を掌握して各地の武士団を組織化することで政治的な不遇から脱しようとする打開策であった。

為義は列島各地の諸勢力と主従関係・婚姻関係を結び、政治的に依存していた摂関家の家領支配に食い込み、自分の子息を各地に送り込むことでそれを実現しようとした（野口実 二〇二一a）。結果として為義が依存していた摂関家が鳥羽院政期に孤立したことで、それを達成することはできなかったが、鳥羽院周辺と結び付いた長子の義朝が独自の路線で為義および河内源氏代々の構想を継承・発展させることになる。

## 2　源義朝と東海の武士団

### 義朝と熱田大宮司家

源為義の長男として生まれた義朝は少年の頃から関東に下っていた。関東では上総国の有力武士上総常澄《つねずみ》に養われ、のちに相模の三浦義明《みうらよしあき》の婿として頼義以来の河内源氏の関東の拠点である鎌倉に住み、康治・天養年間（一一四二〜四五）にかけて下総の千葉氏や相模の大庭《おおば》氏など南関東の有力武士団を傘下に加えていた（野口実 二〇二二a）。その後、尾張国の熱田社《あつたしゃ》（現在の熱田神宮。名古屋市熱田区）の大宮司を務める藤原季範《すえのり》の娘を娶《めと》り、久安三年（一一四七）には両者の間に三男の頼朝が誕生する。この熱田大宮司家との関係がその後の義朝および頼朝の動向に多大な影響を及ぼすことになる。

そもそも熱田大宮司職は尾張の豪族尾張氏が世襲しており、十一世紀の後半には尾張員職《かずもと》が務めていた。学者の家系に生まれた季範の父季兼《すえかね》は、三河国額田《ぬかた》郡に勢力を有し、尾張国の目代に就いていた関係から尾張員職の娘と婚姻関係を結んだ。この女性との間に生まれて尾張氏から熱田大宮司職を受け継いだのが季範である。

季範は、鳥羽院の乳母かつ白河・鳥羽院近臣として著名な藤原顕隆《あきたか》の妻となっていた従姉妹の悦子《よしこ》の仲介により京都へと進出し、娘を鳥羽院后の待賢門院《たいけんもんいん》（藤原璋子）や両者の娘の上西門院《じょうさいもんいん》（統子内親王）の女房とするなど、自身も鳥羽院近臣の道を歩むこととなる（藤本元啓 二〇〇三）。

のちに義朝は摂関家に従属する父為義と袂を分かち、熱田大宮司家との関係をてこにして鳥羽院へと接近することになるが、季範の娘との婚姻については、藤原忠実・頼長《よりなが》らの摂関家勢力を媒介とした可能性が指摘されている（元木泰雄 二〇〇二）。

ともあれ、熱田大宮司家との結び付きを得た義朝は、京都と自身のテリトリーである関東を頻繁に往来し、中継地の美濃・尾張以東への進出を果たすことになる。

**東海道の宿駅**

治承・寿永内乱期以降、歴史の表舞台に登場する義朝の六男の範頼《のりより》（頼朝の弟）は、遠江国を流れる天竜川の河口部に所在した東海道の宿駅の一つ、池田宿（静岡県磐田市）の遊女を母に持ち、池田宿に隣接する伊勢神宮領の蒲御厨《かばのみくりや》（静岡県浜松市）で生まれ育ったと伝えられる（「吉見系図」）。範頼の母は遊女とされるが、伊勢神宮との関係やのちに範頼が後白河院近臣の藤原範季に引き取られて養育されたこと（『玉葉《ぎょくよう》』元暦元年〈一一八四〉九月三日条）から、権門との関係を持つ宿の長者など有力者の娘だった可能性が高い。

また、義朝は京都と関東との往還に際して美濃の青墓宿に寄宿し、父為義と同じように宿長者であった内記行遠の娘の大炊《おおい》を妾としていた（『吾妻鏡』建久元年十月二十九日条）。なお『平治物語』では義朝が大炊の娘の延寿《えんじゅ》との間に夜叉御前《やしゃごぜん》という娘をもうけていたことが記される（図1－2）。平治の乱で敗れた義朝が美濃に落ち延びてきた時、大炊の弟の平三真遠《さねとお》（鷲巣の源光）が義朝を尾張の内海《うつみ》に逃れさせたというように（『吾妻鏡』同日条、『平治物語』）、為義から義朝へと続いた青墓宿の掌握は成功していたといえよう。

義朝による東山・東海道の宿駅の有力者たちとの関係構築は、いずれも義朝の活動範囲が東国から京都へと広がった頃のことと推測され、それは為義段階の陸上交通の要地掌握をさらに発展させたものと評価できる。その点は義朝配下の武士の実態からもみてとれる。

## 鎌田正清と長田忠致

義朝配下の武士と東海地域との関わりでまず注目したいのは、義朝の乳母子かつ専一の郎等として終生義朝に従った鎌田《かまた》正清《まさきよ》である（図1−3）。正清は、平治の乱での義朝の敗北により尾張の知多《ちた》半島に所在する野間《のま》内海《うつみ》荘（愛知県美浜町）で舅《しゅうと》の長《おさ》田《だ》忠致《ただむね》を頼ったものの、忠致によって義朝とともに討たれたことで知られる。

義朝の乳母父となった正清の父通清《みちきよ》は、前記した河内源氏譜代の郎等首藤氏の一族であり、遠江の鎌田《かまた》御厨（磐田市）に所職を得て「鎌田権守」を称していた（野口実 二〇二一a）。通清がいかにして鎌田御厨に関与し得たのかは明らかにし難い。おそらく鳥羽院下北面を務めていた通清の兄親清《ちかきよ》が、院のひきによって左衛門尉《さえもんのじょう》に任じられるなど、院に近い位置にあったこと（野口実 二〇一三）も作用したと考えられるが、義朝の関与も想定できる。

図1−3　首藤氏関係系図

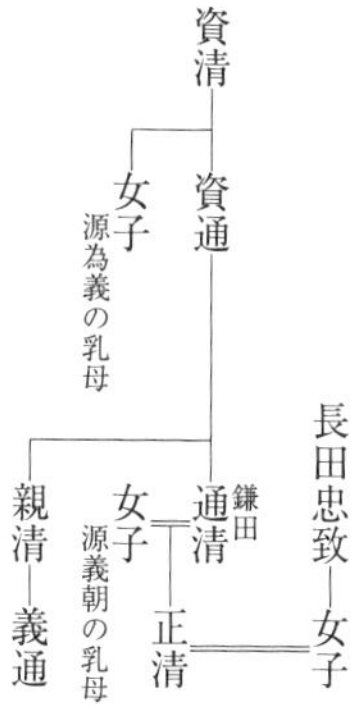


山内首藤氏の祖となる首藤親清の子の義通《よしみち》（通清の甥）は、義朝によって相模の鎌倉の背後に位置し、のちに八条院《はちじょういん》領となる山《やまの》内《うち》荘（神奈川県鎌倉市）に配置され、同荘の下司に補されたと想定されている（野口実 二〇一三）。鎌田通清が本拠とした伊勢神宮領の鎌田御厨は、東海道にほど近く遠江の東部を流れる太田川

の下流部に所在した交通の要衝である。東海道の掌握を目指す義朝が、山内荘と同じように譜代の郎等の首藤氏から、通清を同御厨に配置したとしてもおかしくはない。

それは義朝と正清を死に追いやった「相伝の家人」の長田忠致についても同様にいえるのではないだろうか。忠致は桓武平氏致頼《むねより》流の末裔であり、駿河国の美福門院《びふくもんいん》領長田荘（静岡市駿河区。保延六年〈一一四〇〉には美福門院から熊野那智《くまのなち》大社へ寄進）を名字の地とした武士である。忠致が荘司を務めていた野間内海荘は、保延三年に京都の安楽寿院《あんらくじゆいん》が鳥羽院によって建立された後に同所に寄進されており（「安楽寿院古文書」）、忠致あるいはその父が経営を請け負っていたとみられる。

長田氏の出自を野間内海荘対岸の伊勢国飯野《いいの》郡の長田に求める見解もあるが（新井孝重 二〇一六）、通説通り駿河の長田荘とするのが妥当であろう。長田氏と長田荘との関係や彼らがいつから野間内海荘に入部したかは不明なものの、単独で美福門院ら鳥羽院周辺と直接結び付くことのできる家格にはなかったと考えられ、鳥羽院周辺に連なる仲介者を想定せねばならない。その候補としてはこの頃に尾張守であった平忠盛《ただもり》が真っ先に思い浮かぶが、長田忠致と鎌田正清、そして義朝との関係を考慮すると、やはり義朝が相応しい。

長田氏を義朝（河内源氏）の「相伝の家人」とするのは『平治物語』のみであり、両者の関係を知る手がかりはほかにない。だが、長田氏の本拠の長田荘が、駿河を流れる安倍《あべ》川の下流部の東海道沿いに位置する荘園であったことに留意すれば、長田氏は東海道の掌握を目指す義朝によって家人として編成され、義朝の意向によって長田荘の西に拠点を置く鎌田氏と婚姻関係を結んでいたとも推測されよう。

あるいは、長田荘が美福門院領であったことをふまえると、長田氏は比較的早い時期に河内源氏と主従関係を結んでおり、鳥羽院周辺に近づいていた義朝によって長田荘に配置され、そののちに尾張の野間内海荘の荘司として送り込まれたとみるのは空想が過ぎるだろうか。長田荘・野間内海荘はそれぞれ太平洋・伊勢湾に面した海上交通の要衝でもある。長田氏には交通・流通に関わりを持つ「長者」的武士の側面が指摘されるように（新井孝重 二〇一六）、そうした荘園の経営に卓越した存在だったからこそ、長田荘から野間内海荘へと配置されたのではないだろうか。少なくとも遠江と駿河の水陸交通の結節点に拠点を置く鎌田氏と長田氏が結び付いたのは決して偶然のことではなく、義朝の東海地域への進出と連動した出来事として捉えるべきであろう。

このように、義朝が東海地域を掌握する過程で東海の武士団同士のつながりを生み出したとするならば、それは東海地域に留まらない広範囲に及ぶネットワークの構築を彼らにもたらしていた可能性も浮上する。

## 尾張武士と東国武士

そこで目を引くのが、鳥羽院政期に尾張の丹羽《にわ》郡一帯（愛知県犬山市・江南市・岩倉市一帯）に勢力を有していた丹羽郡司・二宮大県社《おおあがたしゃ》（犬山市大縣神社）大宮司の良峰《よしみね》（原、橘）氏である。良峰季高は天養元年（一一四四）ごろに尾張守であった平忠盛の仲介で鳥羽院に大県社および同社領を寄進しており、季高の子高成は忠盛に娘を嫁がせてその間に忠度《ただのり》が誕生している（上村喜久子 二〇一二）。

図1－4　良峰（原）氏関係系図

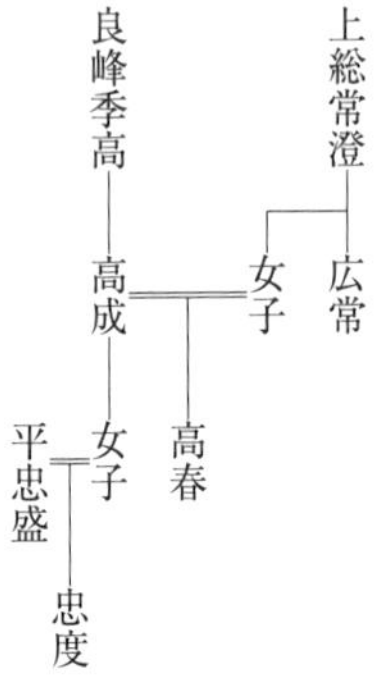


『吾妻鏡』によると、高成は源義朝の家人となっていた上総国の武士上総広常《ひろつね》の妹を妻としており、その子の高春は広常の外甥であり、平忠度は高春の外甥であった（『吾妻鏡』元暦元年三月十三日条。図1－4）。忠盛に嫁いだ高成の娘が広常の妹の所生だったかどうかは、その年齢が不詳な上、忠度の母についても忠度が天養元年生まれと伝わることからすれば疑問が残る。しかし、高春の異母姉妹だったとすれば、良峰氏と上総氏との関係は忠度誕生に先立つ十二世紀の早い段階か、高成の娘が忠盛に嫁いだのと同時期に築かれたとみてよかろう。

その上で若年から上総にあって「上総曹司」と呼ばれた義朝を養君として擁立していた広常の父常澄（野口実　二〇二一ａ）と義朝との関係をふまえると、広常の妹と良峰高成との婚姻も、同時期に熱田大宮司家と結びつき尾張に基盤を形成した義朝の関与が想定されるのである。また、元暦元年（一一八四）四月に頼朝から旧領を安堵された尾張国住人大屋《おおや》安資《やすすけ》は、国内の武士がことごとく「平氏」に従ったのに対して、相模の武士和田義盛の婿という立場から「独り源家に候」じていたという（『吾妻鏡』三日条）。義盛が久安三年（一一四七）の生まれと伝わることからすると、両者の関係は義朝の死後から治承・寿永の内乱勃発以前に結ばれたと考えられる。

これら二つの事例から尾張と東国とをつなぐ、なんらかのルートが存在した可能性が指摘されており（青山幹哉・松島周一　二〇一八）、それは義朝の尾張進出以降に、東国武士団と尾張の武士団とをつなぐネットワークが構築されたことにともない創出されたとみてよいのではなかろうか。
このように義朝の東国への下向、京都への出仕、東海への進出は、義朝が東国で編成した武士団と新たに義朝のもとに編成された東海の武士団、および東海の武士団同士の交流を生み出したと推測される。

## 保元の乱と東海の武士団

義朝による東海道諸国の交通の要衝とそれらに拠点を置く武士団の掌握についてもう一つ注目すべき点は、保元の乱における義朝の動員兵力の実態である。

保元元年（一一五六）七月、義朝は二〇〇騎、平清盛は三〇〇騎の軍勢を率いて後白河天皇方に参陣した（『兵範記《ひょうはんき》』十一日条）。両者が率いた軍勢の詳細は『保元物語』に記載されており、義朝は鎌田正清らのほか、近江・美濃・尾張・三河・遠江・駿河・相模・安房・上総・武蔵・上野・下野・常陸・甲斐・信濃の東海・東山道に属する一五ヵ国の武士を従えていた（『保元物語』上）。

そこから東海地域の武士団を具体的に拾い上げると、美濃は吉太郎・平野の平太、尾張は熱田大宮司の家子・郎等、三河は設楽《しだら》の兵藤武士、遠江は横路《よこじ》、勝間田《かつまた》、井の八郎、駿河は入江の右馬允《うまのじょう》、三郎、奥州の十郎、奥津の四郎となる。

『保元物語』は鎌倉中期に成立した軍記物語であり、実際の兵数との齟齬や、諸国の武士は国衙《こくが》を通して動員されたと同書でも述べられる点から、義朝が彼らとの主従関係にもとづいて従えていたのか否かなどの問題がある（元木泰雄 二〇〇二）。しかし、遠江・駿河の武士団に注目すると、これまでに検討した義朝の構想とその達成度を反映したものといえそうだ。

彼らは、横路（横地）氏が遠江の掛川《かけがわ》宿周辺の横地（静岡県菊川市）、勝間田氏は横地に近接する勝間田（同牧之原市）、井の（井伊）八郎は浜名湖東北辺の井伊谷《いいのや》（浜松市北区）、入江の右馬允は駿河東部を流れる巴川下流域の入江荘（静岡市清水区）、奥津（興津）の四郎は同じく駿河東部の東海道の興津宿（同清水区）を拠点としたように、平安時代末期にそれぞれ有力な在庁官人として各国の交通路沿いに展開した武士団である（高橋典幸 二〇〇五、廣田浩治 二〇一二）。

これらの武士団は宿の「長者」的存在であり、のちに鎌倉幕府は彼らを御家人制に取り込むことにより、東海道支配・交通路政策を実現したが（高橋典幸 二〇〇五）、その萌芽は義朝の時代にすでにみえており、頼朝は先祖以来の東海地域を掌握する構想を継承したといえる。

ちなみに入江・興津氏は、藤原氏南家乙麻呂《おとまろ》流の工藤を名乗った為憲《ためのり》の孫で駿河守の任期後に現地に土着した時信《ときのぶ》を始祖とする一族（工藤流藤原氏）であり、この工藤流藤原氏からは駿河の船越・岡部・蒲原《かんばら》・渋川・吉香《きっかわ》（吉川）、遠江の野辺・原・久野《くの》・橋爪、伊豆の天野・伊東・宇佐美といった武士団が派生している（高橋典幸 二〇〇五、湯之上隆 一九九七）。伊豆の武士団と義朝との関係は『保元物語』にもみえておらず不明だが、伊東・工藤氏ら伊豆武士団の多くが相模の武士団と姻戚関係を持っていたことからすると（石井進 一九七四）、義朝とも何らかのつながりを有していたとしても不思議ではない。

もし義朝が平治の乱で敗死しなければ、東海道の交通の要衝に拠点を置く家人の支配によって東国と京都とを結ぶ大動脈をおさえるという構想は、もっと早く実現していたかもしれない。それが頼朝以降の幕府に受け継がれるには、義朝の死と平家による東海道諸国の掌握にともなう断絶を経ねばならなかったのである。

## 3　平家政権と東海の武士団

**伊勢・伊賀平氏と伊勢・伊賀**

平治の乱による平清盛の勝利は、東海地域の武士団にも大きな影響を及ぼした。先述の『保元物語』には、清盛が保元の乱において動員した軍勢は、一門・郎等と河内・伊勢・伊賀・備前・備中（・山城）などの武士団であった（『保元物語』上）。このうち、東海地域の武士団は伊勢の古市《ふるいち》（津市白山町）の住人伊藤景綱・伊藤五・伊藤六、白子党《しろこ》（三重県鈴鹿市）、伊賀の山田小三郎是行（三重県伊賀市）・昭弥次郎・中しの三郎らであり、清盛段階での伊勢・伊賀平氏（以下、伊勢平氏と略記する）による東海の勢力範囲を反映したものである。

伊勢平氏の東海への進出は、長徳四年（九九八）に伊勢神郡に居住していた伊勢平氏の祖となる平維衡《これひら》（承平の乱で平将門を討った平貞盛《さだもり》の子）と同族の平致頼との合戦が起こっていることから（『権記《ごんき》』同年十二月十四日条）、河内源氏たちよりも早かったことが知られる。

維衡は十一世紀以降、伊勢守にも就任し、河曲《かわわ》・鈴鹿・三重郡の北伊勢を中心に、尾張の一部まで勢力を拡大する。一方、維衡と衝突した致頼は尾張に本拠を置き、長和二年（一〇一三）には伊勢桑

図1-5　伊勢平氏略系図

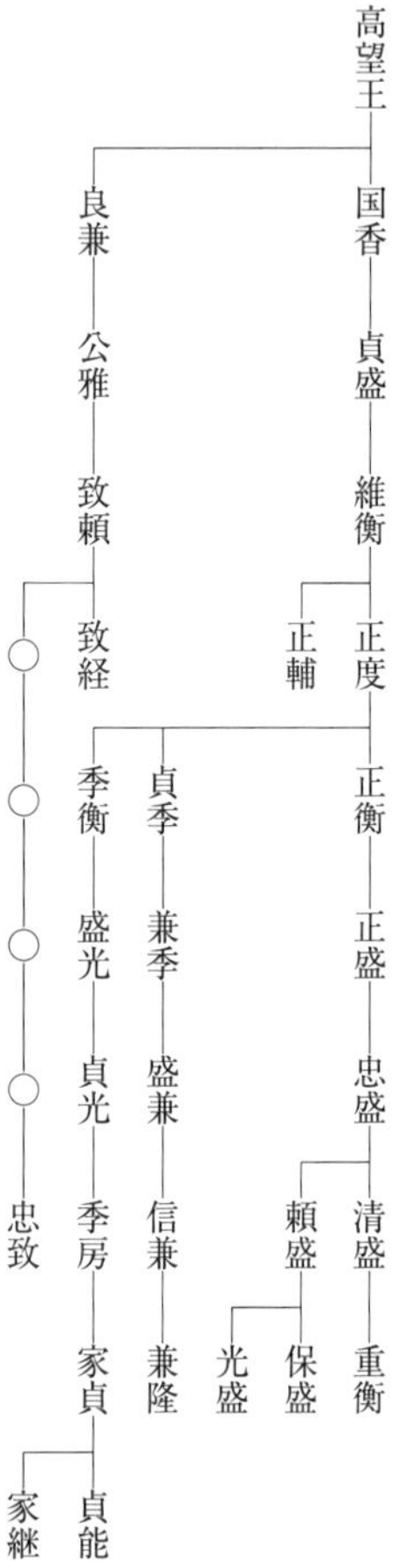


名郡の相伝の所領を藤原頼通《よりみち》に寄進して益田《ますだ》荘（桑名市）を成立させるなど、尾張から北伊勢の北部をおさえていた。つまり、致頼の南下と維衡の北上によって両者の対立が引き起こされたのである。

長元三年（一〇三〇）、平正輔《まさすけ》（維衡の子）と平致経《むねつね》（致頼の子）が伊勢で再び合戦に及んだ後、致経の子孫は国内から姿を消し、維衡流が勢力を確立することで、伊勢平氏として定着することになる。

維衡の孫の正衡《まさひら》は、承保二年（一〇七五）に桑名郡の多度神宮寺法雲寺を天台僧と結託して天台の別院と称し、本寺の東寺使を責め凌ぎ、尾張国の大成荘と思われる神宮寺領を損亡させるという事件を起こしている（『平安遺文』一一一五）。その後、嘉承元年（一一〇六）ごろまで前述の伊勢湾進出を目論む美濃源氏源国房による大成荘などの寺領への濫妨・押領などがあったものの、多度神社・多度神宮寺を伊勢平氏の氏社・氏寺化することに成功する（以上、高橋昌明 二〇一一）。

伊勢平氏は北伊勢一帯の支配を進めるのと同時に伊賀へも進出した。永長二年（一〇九七）八月には正衡の子正盛《まさもり》が伊賀国山田村・鞆田《ともだ》村・柘植《つげ》郷の田地を、院近臣の藤原為房《ためふさ》・顕季《あきすえ》を介して白河院の愛娘故郁芳門院媞子《いくほうもんいんていし》内親王の菩提所の六条院に寄進したことで白河院に接近し院近臣化する。

正盛らが院近臣化することで、伊勢平氏の庶流は正盛の家人として存続する系統と、正盛流から独立した道を歩む系統とに分かれる。前者では正衡の兄弟の季衡《すえひら》の系統から貞光《さだみつ》（季衡の孫）が正盛に仕えて以降、家貞《いえさだ》・貞能《さだよし》父子が忠盛・清盛の側近として京都で幅広く活躍し、家貞の子の家継《いえつぐ》は伊賀国山田郡の平田（伊賀市）を拠点に北伊賀一帯に勢力を広げる。後者では正衡兄弟の貞季《さだすえ》流が伊勢の一志《いちし》郡醍醐寺領曽禰荘（三重県松阪市）の預所職《あずかりどころしき》を相伝し、十二世紀半ばには貞季の曽孫の信兼《のぶかね》が摂関家領須可《すか》荘（松阪市）や波出御厨《はでのみくりや》などを所領としており、伊勢中部に広大な軍事的テリトリーを構築する（以上、川合康 二〇〇四）。平田家継・平信兼は、寿永二年（一一八三）七月のいわゆる平家の都落ちに際し、伊勢平氏本流に従わなかったが、その淵源はそもそも彼らが本流から独立した京武者としての立場を保持していたことに由来するのである。

### 伊勢平氏庶流の位置

### 伊勢平氏と太平洋海運

伊勢平氏の東海地域における勢力は伊勢・伊賀にとどまっており、尾張以東に伸展することはなかった。その背景には、正盛以降、九州・四国などの西国に進出し、主に瀬戸内海周辺地域の地方武士を組織していることや、美濃源氏との衝突後のあり方を鑑みると、同時期に東海へと進出した河内源氏・美濃源氏らとの競合を避ける意図があったともとれる。

さらに、伊勢国内に太平洋海運の玄関口として畿内と東国とを海路でつなぐ安濃津《あのつ》（津市）が所在したことも大きかったのではないだろうか。安濃津の史料上の初見は永長元年（一〇九六）のことであり（『中右記《ちゆうゆうき》』十二月九日条）、伊勢神宮の御厨でもあったが、伊勢平氏はこの地をおさえることで、陸路（東海道）を経由せずとも東海・関東の諸荘園との流通が可能だったわけである。のちに伊勢湾の要港として発展する致頼流が排除された後の桑名（益田荘）や、配下の白子党の根拠地の白子は、十一～十二世紀段階で港としての所見は史料にないものの、安濃津の機能を補完して、伊勢平氏の太平洋海運を支えたであろう。

## 平家政権による東海の武士団の掌握

このように、伊勢平氏の東海地域への進出が伊勢・伊賀に留まっていたこともあり、東海の武士団との関係は、美濃・尾張・遠江・駿河へと展開した義朝期の河内源氏に比して希薄であった。だが、正盛以降、院近臣という立場を得て、

保元・平治の乱を経ることで大きな変化をむかえる。

白河・鳥羽院政期にかけて正盛・忠盛・清盛は院近臣の立場を維持しながら、順調に諸国の受領を歴任することで、国衙機構を介した公的かつ広範な武士団の編成が可能となった。その点が顕著にみえるのは尾張である。

忠盛が尾張守就任時に良峰氏と結び付いたことはすでに述べた。尾張は平治の乱後、清盛の異母弟頼盛《よりもり》とその子の保盛《やすもり》、清盛の子重衡《しげひら》ら平家一門が国司を務めており、仁安三年（一一六八）十一月まで頼盛の知行国《ちぎようこく》であった。のちに頼盛の手を離れ後白河院の知行国となるが、治承三年（一一七九）

正月以前に清盛の娘の建礼門院徳子《けんれいもんいんとくこ》の知行国となり、平知盛《とももり》が国司を務めている。

平家はその間に、清盛の命により尾張に配流されていた後白河院近臣の藤原師高《もろたか》を殺害した葉栗《はぐり》郡小熊《おぐま》保（岐阜県羽島市）の在庁官人小熊惟長《これなが》、中島郡（愛知県稲沢市）の川室範朝《かわむろのりとも》らを家人化していた（西村隆 一九八三）。

前記した治承・寿永の内乱期に和田義盛の婿となった大屋安資が一人頼朝ら反乱軍に味方したのに対して、尾張国内の武士がことごとく平家方に立っていたという『吾妻鏡』の記述や、原（良峰）高春が「平氏の恩顧」に浴しながら上総広常との好《よしみ》から清盛に背き、治承四年に関東に馳せ参じたというのも（『吾妻鏡』寿永三年三月十三日条）、あながち大袈裟な表現ではなく、平家が尾張一国に及ぶ武士団の組織化を一定程度実現していたことを反映したものであろう。

それは遠江・駿河についても同様である。治承・寿永内乱の勃発時、両国の軍勢は駿河目代 橘《たちばなの》遠茂《とおもち》に率いられ、甲斐源氏ら反乱軍に対峙することになるが、その素地は平治の乱後に形成されていた。

遠江では、保元三年（一一五八）から永暦元年（一一六〇）にかけて重盛・宗盛《むねもり》・基盛《もともり》が国司を務めており、重盛は城飼《きこう》郡笠原《かさはら》牧（荘）（静岡県袋井市）の地頭でもあった（湯之上隆 一九九七）。

治承五年三月、反乱軍として遠江を占拠した安田義定《やすだよしさだ》は、自分に非協力的かつ反抗的な態度を取った国内の有力武士浅羽《あさば》荘司宗信《むねのぶ》と相良長頼《さがらながより》の二人を「彼らの一族当時多く平家に属す」と糾弾して速やかに処罰することを頼朝に報告している（『吾妻鏡』十三日条）。

浅羽宗信の本拠の浅羽荘（袋井市）と相良長頼の相良牧（荘）（牧之原市）はいずれも笠原牧の東西に隣接する地であり、両者はいち早く重盛の郎等に編成され内乱期に至るまで平家家人の立場を貫いたとみられる。

このことは、重盛が平治の乱後、義朝の影響力が消滅した当該地域に、いち早くくさびを打ち込んだことで国司としてだけでなく、ピンポイントでの武士団の編成を実現していたことを示している。しかも牧という武士団にとって欠かせない軍馬の供給地をおさえていたことも見逃せない。

駿河は治承三年正月に宗盛の知行国となるが、それ以前に頼盛が母方のおじ（池禅尼《いけのぜんに》の兄弟）牧《まき》（大岡《おおおか》）宗親《むねちか》の領する駿河郡の大岡牧（荘）（静岡県沼津市・駿東郡長泉町・裾野市南部）を知行していた。この牧宗親の娘「牧《まき》の方《かた》」が伊豆の北条時政の後妻となり（杉橋隆夫 一九九四。コラム1参照）、牧氏も頼朝陣営に加わることになる。大岡荘は黄瀬《きせ》川・東海道を抱える交通・流通の拠点であり京都とも密接に関わる地であった（野口実 二〇〇七）。

こうした地に拠点を置き平家一門に準じる立場にあった牧氏は、京都の平家の意向を地域社会にダイレクトに反映する存在として、平家による国内および近隣の武士団の編成に寄与することになったであろう。

ちなみに、大岡牧に近在する香貫《かぬき》（沼津市）の地は、『平治物語』に義朝の遺児希義《まれよし》が匿われていた場所としてあらわれており、鎌田正清の所領だったと推測される（杉橋隆夫 二〇〇五）。ここも平治の乱後に平家領に組み込まれ、遠江の笠原牧と同様に大岡牧と合わせて平家による支配拠点の一つに位置づけられていたに違いない。

以上、伊勢平氏・平家政権と東海地域および東海の武士団との関わりについて特徴的な国を取り上げて概観した。平家による東海の武士団編成が成功していたように述べてきたが、必ずしもそうではないことは治承・寿永の内乱の結果をみれば明らかな通りである。

平家の支配からあぶれた存在は、やがて頼朝あるいはその周辺に結集して反乱勢力へと転じることになる。いうまでもなく、そうした存在の多くが結集した場所が伊豆である。

## 伊勢の加藤氏と伊豆

伊勢国の武士加藤景員《かげかず》は、『源平盛衰記《げんぺいじょうすいき》』に伊勢で平家の侍の伊藤某を殺害して、伊勢に居られなくなり、東国武士の秩父・千葉氏を頼ったものの平家を恐れて拒絶され、伊豆の工藤茂光《しげみつ》を頼ったところ受け入れられたことが描かれる（『源平盛衰記』巻第二〇）。

また『保元物語』には、嘉応二年（一一七〇）に工藤茂光が、保元の乱後に配流先の伊豆大島で狼藉をはたらいていた源為朝《ためとも》を討った際の軍勢に、加藤太（光員《みつかず》）・加藤次（景廉《かげかど》）ら景員の二人の息子がみえている（『保元物語』下）。『保元物語』の話が史実をふまえたものであるならば、加藤氏の伊豆下向は、秩父・千葉氏が平家を恐れたという『源平盛衰記』の記述から、早くとも平治の乱以降と推測されよう。

景員が伊豆逃亡後も平家から追及されなかったのは、のちに彼が伊勢神宮祭主大中臣能隆《おおなかとみのよしたか》の家司となり、伊勢同前政所職を与えられたように、景員の頃から伊勢神宮祭主大中臣家とのつながりがあり

（網野善彦 二〇〇九、川合康 二〇〇四、勅使河原拓也 二〇二〇）、その庇護もあったからではないだろうか。さらにその頃の伊豆国の情勢も、彼らが生き延びる環境を整えていた。

## 磁場としての伊豆

伊豆は仁安二年（一一六七）以降、摂津源氏の仲綱《なかつな》が国司に、その父頼政《よりまさ》が治承四年五月の以仁王《もちひとおう》の乱で討たれるまで知行国主となる。頼政の郎等に工藤氏がみえるように、彼らに結びついた伊豆の武士も存在した。

また、平治の乱後、伊豆に流されていた頼朝の元には京都やその周辺の武士や下級貴族といったさまざまな階層が集っており、彼らの存在が頼朝の挙兵と開創期の鎌倉幕府を支えたことが明らかにされている（野口実 二〇二一b）。こうした京下りの諸階層や加藤氏が自由に伊豆へと往来できたのは、頼政の知行国ということもあり、平家の支配がダイレクトに及ばなかったためであろう。

一方、伊豆国内の陸上・水上交通の要衝の田方《たがた》郡北条（静岡県伊豆の国市）を拠点に、京都（平家）とも独自のつながりを持つ北条氏のような武士団（野口実 二〇二二b）も存在していた。彼らもまた独自に国内のみならず隣国の駿河や相模の武士団との姻戚関係を持っていた。

このように、伊豆は東海地域のなかで京都から最も遠い位置にありながら、京都や伊勢といった畿内近国、そして東国との多様なネットワークが交錯する場であった。本来、ここで活動する者たちは必ずしも平家への従属という一択を迫られていたわけでなく、多様な選択肢を有していたはずである。

しかし、以仁王の乱での頼政の敗死、それに伴う知行国主の平家一門平時忠《ときただ》、目代山木《やまき》兼隆《かねたか》（平信兼の子）への変更が一気に情勢を変え、ここが治承・寿永内乱の震源地となるのは周知の通りである。

十一世紀に美濃・伊勢・伊賀から始まった源氏・平氏の京武者たちによる東海地域への進出は、河内源氏義朝の東漸による東海の武士団の編成とその挫折、それを覆うかたちで進展した平家による東海諸国の支配により一応の完成をみた。だが皮肉にも伊豆という東海の最東端での頼朝の挙兵が、かつて父義朝が一本の線でつなげようとした東海諸国に敷かれた導火線に火を着けることになったのである。そして、義朝が目指した東海の武士団の統合は、頼朝によって鎌倉幕府御家人制の編成というかたちで受け継がれるのである。

〔参考文献〕

青山幹哉・松島周一「院政期の尾張・三河の動向」『愛知県史　通史編2　中世1』愛知県、二〇一八年
網野善彦「加藤遠山系図」『網野善彦著作集14』岩波書店、二〇〇九年
新井孝重「中世「前期的資本」の一考察―野間内海荘の「長者」長田忠致を中心に―」『獨協経済』九九、二〇一六年
生駒孝臣「源頼政と以仁王―摂津源氏一門の宿命―」野口実編『中世の人物　京・鎌倉の時代編二　治承～文治の内乱と鎌倉幕府の成立』清文堂、二〇一四年
石井　進『中世武士団』講談社、二〇一一年、初出一九七四年
伊藤瑠美「一一～一二世紀における武士の存在形態―清和源氏重宗流を素材に―（上）（下）」『古代文化』五六―八・九、二〇〇四年
上村喜久子「尾張「良峰氏」考―丹羽郡における中世的支配の形成―」『尾張の荘園・国衙領と熱田社』岩

田書院、二〇一二年
上横手雅敬「院政期の源氏」御家人制研究会編『御家人制の研究』吉川弘文館、一九八一年
川合　康「治承・寿永の内乱と伊勢・伊賀平氏―平氏軍制の特徴と鎌倉幕府権力の形成―」『鎌倉幕府成立史の研究』校倉書房、二〇〇四年
米谷豊之祐「武士団の成長と乳母」『大阪城南女子短期大学　研究紀要』七、一九七二年
杉橋隆夫「牧の方の出身と政治的位置―池禅尼と頼朝と―」上横手雅敬監修、井上満郎・杉橋隆夫編『古代・中世の政治と文化』思文閣出版、一九九四年
同　「荘園制の確立と武士社会の到来」『沼津市史　通史編　原始・古代・中世』沼津市、二〇〇五年
須藤　聡「保元・平治期の政治動向―美濃源氏の源光保・光宗の活動を中心に―」『西垣晴次先生退官記念宗教史・地方史論叢』刀水書房、一九九四年
高橋　修「中世武士団の形成と地域社会」『ヒストリア』一四九、一九九五年
高橋典幸「鎌倉幕府と東海御家人―東海御家人論序説―」『鎌倉幕府軍制と御家人制』吉川弘文館、二〇〇八年、初出二〇〇五年
髙橋昌明『増補改訂　清盛以前　伊勢平氏の興隆』平凡社、二〇一一年
勅使河原拓也「治承・寿永内乱前後の東海地域における鎌倉幕府の支配体制形成―頼朝上洛に着目して―」『年報中世史研究』四二、二〇一七年
同　「伊勢国における荘郷地頭制の受容」元木泰雄編『日本中世の政治と制度』吉川弘文館、二〇二〇年
西村　隆「平氏「家人」表」『日本史論叢』日本史論叢会、一九八三年

野口　実「伊豆北条氏の周辺―時政を評価するための覚書―」『研究紀要』二〇、京都女子大学宗教・文化研究所、二〇〇七年
同　『坂東武士団と鎌倉』戎光祥出版、二〇一三年
同　「平家打倒に起ちあがった上総広常」『増補改訂　中世東国武士団の研究』戎光祥出版、二〇二一年a
同　「流人の周辺」『増補改訂　中世東国武士団の研究』戎光祥出版、二〇二一年b
同　「鎌倉殿の必然性」『源氏の血脈―武家の棟梁への道―』講談社、二〇二二年a
同　『北条時政』ミネルヴァ書房、二〇二二年b
廣田浩治「中世前期の駿河国の在地領主・武士団」『静岡県地域史研究』一一、静岡県地域史研究会、二〇二一年
藤本元啓『中世熱田社の構造と展開』続群書類従完成会、二〇〇三年
宮崎康充「古代末期の美濃源氏」『書陵部紀要』三〇、一九七八年
三好俊文「守護と在地武士団」入間田宣夫編『兵たちの時代Ⅰ　兵たちの登場』高志書院、二〇一〇年
目崎徳衛「山田重忠とその一族」『貴族社会と古典文化』吉川弘文館、一九九五年
元木泰雄「十一世紀末期の河内源氏」古代学協会編『後期摂関時代史の研究』吉川弘文館、一九九〇年
同　「源義朝論」『古代文化』五四―六、二〇〇二年
同　『河内源氏―頼朝を生んだ武士本流―』中央公論新社、二〇一一年
湯之上隆「遠駿豆武士の世界」『静岡県史　通史編二　中世』静岡県、一九九七年

コラム1

# 東海の女性

大島 佳代

東海地域は、京と鎌倉との間にあって東西両地域から影響を受け、同時に両地を媒介し結びつける、地理的・歴史的特質を有した地域である。本コラムでは、上記のような特質を有した東海地域にゆかりのある女性として、源頼朝の母、牧《まき》の方《かた》、阿仏尼《あぶつに》の三名をとりあげたい。

## 1 源頼朝の母

鎌倉幕府初代将軍源頼朝の母は、尾張国熱田社《あつたしゃ》（名古屋市）の大宮司職を世襲した、熱田大宮司家の出身である。同家は頼朝母の父季範《すえのり》《としのり》よりはじまるが、この一族は、京の政界、特に鳥羽院・待賢門院《たいけんもん》院（鳥羽院の皇后）・上西門院《じょうさいもん》院（鳥羽院と待賢門院の娘）・後白河天皇（上西門院の同母弟）と深い関係を有していたことで知られる。季範は、白河院の寵臣藤原顕隆《あきたか》の妻となって鳥羽天皇の乳母を務めていた従姉妹の悦子《よしこ》（実範《さねのり》の息季綱《すえつな》の娘）との血縁を利用して鳥羽院に接近し、季範の子供たちも、後白河院北面（範忠《のりただ》・範雅《のりまさ》）や待賢門院・上西門院の女房（頼朝母の姉妹たち）として、京で活動していた（角田文衛 一九七四a）。

頼朝の父義朝もまた、季範女子との婚姻を契機として鳥羽院・後白河天皇に接近したことで、

図　関係略系図

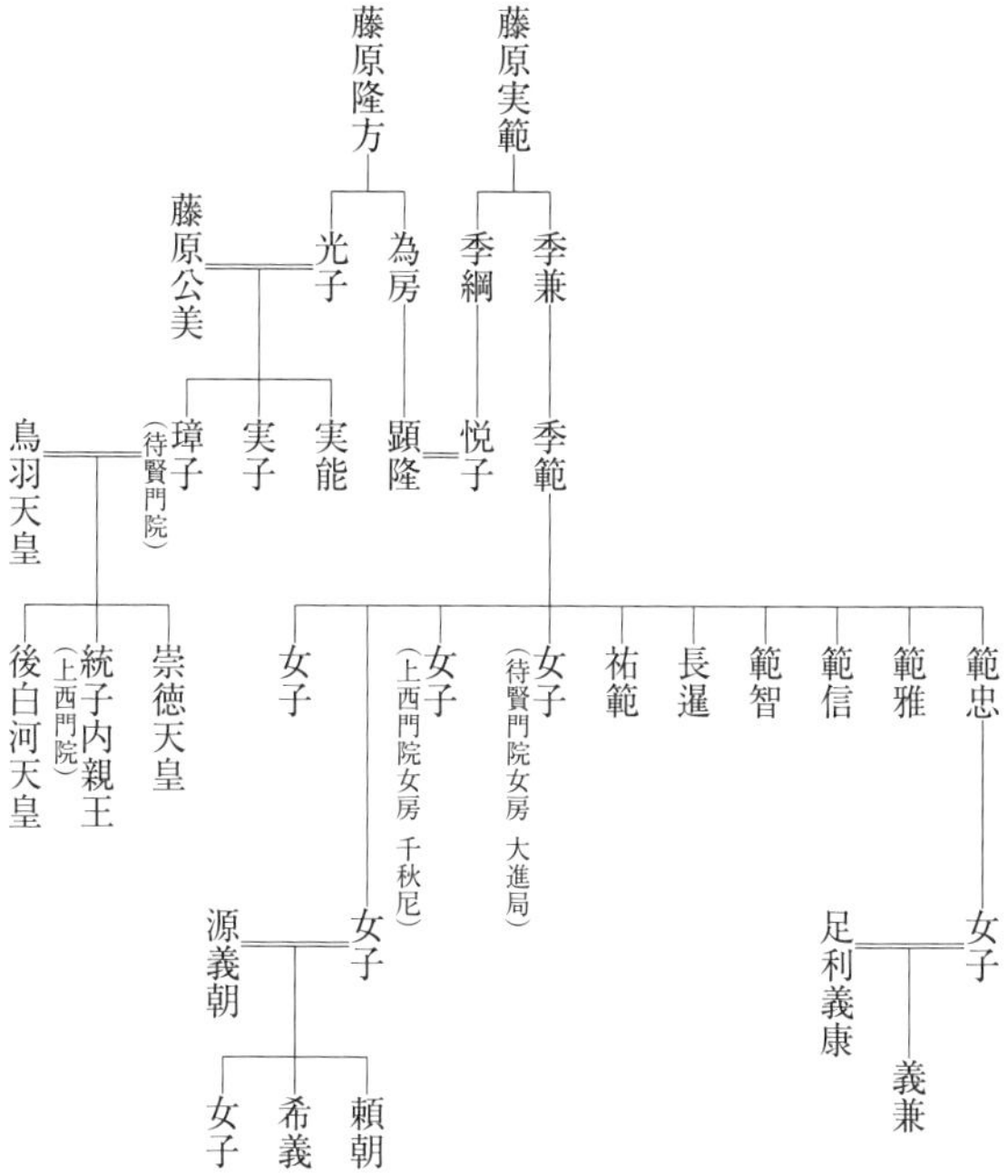


＊「角田文衛　一九七四a」をもとに作成

摂関家に臣従する父為朝とは異なるかたちで政治的立場を高め（上横手雅敬　一九七八・八一）、保元の乱の結果、河内源氏始まって以来の高い政治的地位と嫡流の立場を得た。そのため義朝は、季範女子を母として京で生まれた三男頼朝を嫡男に認定し、統子《むねこ》内親王（のちの上西門院）のもとで出仕を開始させたのである（川合康　二〇二一）。また、平治の乱で捕らえられた頼朝は、平清盛の継母池禅《いけのぜ》尼《んに》の嘆願によって助命されたが、この助命の背景には熱田大宮司家や上西門院周辺の人々による働きかけがあったことが想定されており（角田文衛　一九七四b、元木泰

雄 二〇〇四)、頼朝が伊豆国に流された後も、季範の子祐範《ゆうはん》は彼を援助し続けていた(野口実 一九八九)。京の政界と深い関わりを有した熱田大宮司家は、若年期の頼朝の支えであった。

同家は、義朝のほかにも京で活動する武士と姻戚関係を結んでいる。例えば、季範の妻で範忠の母である女性は白河院北面源行遠《ゆきとお》の娘であり、また範忠女子は季範の養女となって、鳥羽院の北面であった足利義康《あしかがよしやす》に嫁ぎ、のちに源氏庶流の有力御家人となる義兼《よしかね》を生んでいる(角田文衛 一九七四a)。熱田大宮司家の女性は、京の政界と幕府や、将軍家と源氏庶流をはじめとする武士とを結び付け、媒介する存在でもあったのである。

## 2 牧の方

京と鎌倉とを架橋・媒介した東海の女性としては、北条時政の後妻牧の方の存在も欠かすことができない。彼女は、先述した池禅尼(平頼盛《よりもり》の母)の弟牧宗親《むねちか》の娘と考えられており、平治の乱で捕らえられた頼朝の身柄は、捕縛から配流先でのちに牧の方の夫となる時政から監視・保護をうけるまで、一貫して牧氏の主家である池家(平頼盛一族)の管理下にあった可能性が指摘されている(杉橋隆夫 一九九四)。

時政と牧の方との婚姻は、配流されていた頼朝が挙兵する前後とみられる(細川重男・本郷和人 二〇〇一、山本みなみ 二〇一三)。牧氏は、交通・流通の要衝である駿河国大岡《おおおか》荘(平頼盛領、静岡県沼津市)を本拠として、京とも深い関わりを有した一族で(杉橋隆夫 二〇〇五、野口実 二〇〇七)、事実牧の方と時政との間に生まれた女子たちはすべて、京の有力貴族、あるいは京にゆかりの深い武士に嫁いでいる（山本みなみ 二〇一三）。時政の活動や公武の交流を支えていたのは、貴族社会に人脈を有した牧の方であった（彦由三枝子 二〇〇八、山本みなみ 二〇一三、野口実 二〇二二）。牧氏事件で時政と牧の方は失脚するが、牧の方は公武間にあって、北条氏や草創期の幕府を支えた女性であったのである。

### 3 阿仏尼

中世史料からは、東海道を往来する女性の姿も確認できる。なかでも著名なのは、『十六夜《いざよい》日記』を記した阿仏尼であろう。『十六夜日記』は、夫藤原為家《ためいえ》の死後、実子為相《ためすけ》と先妻の子為氏《ためうじ》との間で起こった播磨国細川荘《ほそかわ》（兵庫県三木市）の領有権をめぐる訴訟のため、阿仏尼が弘安二年（一二七九）十月に京を出立して鎌倉へ下った際の、紀行的日記である。阿仏尼は、美濃路・箱根路を経由する東海道を鎌倉へ下り、訴訟の結果を待たずして客死するが、彼女がこうした行動を起こし得たのは、幼い子の教育と夫の所領の管理を行なう後家としての立場に加え、彼女がおかれていた政治的環境が大きく関わっている。彼女の祖父平繁雅《しげまさ》は、八条院・平頼盛に仕えた人物で、幕府御家人でもあったと考えられている（井原今朝男 二〇〇二）。彼はまた北白河院（頼盛孫・後高倉院妃）の乳父として女院を後見する立場にあったため、平繁雅一族は、北白河院・後堀河天皇（後高倉院と北白河院の息）・尊性法親王《そんしょうほっしんのう》（同）・安嘉門院《あんかもん》（後堀河天皇・尊性法親王の同母妹）らに密着して活動しており（井上宗雄 一九八四、五味文彦 一九九二、日下力 一九九五）、阿仏尼自身も、生涯にわたって断続的に安嘉門院へ仕えている（田渕句美子 二〇〇九）。また、阿仏尼の実父度繁《のりしげ》（田渕句美子 二〇〇九）の兄信繁は、後高倉王家と幕府との個人的・直接的な窓口でもあった（曽我部愛 二〇〇九）。諸氏が指摘するように、阿仏尼の鎌倉下向の背景に、平繁雅一族と幕府との関係や、安嘉門院の後援が存在した可能性は高いだろう。

阿仏尼のように、訴訟・荘務のために女性が旅をする例は、鎌倉期から南北朝期頃までの荘園関係の文書類に多く見出すことができる（網野善彦 一九九三）。京と鎌倉の間にある東海地域は、こうした女性たちが往来する場でもあった。

〔参考文献〕

網野善彦「中世における女性の旅」『中世の非人と遊女』講談社、二〇〇五年、初出一九九三年
井上宗雄「安嘉門院とその女房たち」『鎌倉時代歌人伝の研究』風間書房、一九九七年、初出一九八四年
井原今朝男「中世善光寺平の災害と開発」『国立歴史民俗博物館研究報告』九六、二〇〇二年
上横手雅敬「源氏の系譜」『源義経』平凡社、二〇〇四年、初出一九七八年
同「院政期の源氏」御家人制研究会編『御家人制の研究』吉川弘文館、一九八一年
川合康「幼年期の頼朝と保元の乱」『源頼朝―すでに朝の大将軍たるなり―』ミネルヴァ書房、二〇二一年
日下力「後栄の平氏たち」『平家物語の誕生』岩波書店、二〇〇一年、初出一九九五年
五味文彦「歌人の群像」『武士と文士の中世史』東京大学出版会、一九九二年

杉橋隆夫「牧の方の出身と政治的位置」上横手雅敬監修、井上満郎・杉橋隆夫編『古代・中世の政治と文化』思文閣出版、一九九四年
同「荘園制の確立と武士社会の到来」『沼津市史 通史編 原始・古代・中世』沼津市、二〇〇五年
曽我部愛「後高倉王家の政治的位置」『中世王家の政治と構造』同成社、二〇二一年、初出二〇〇九年
田渕句美子『阿仏尼』吉川弘文館、二〇〇九年
角田文衛「源頼朝の母」『王朝の明暗』東京堂出版、一九七七年、初出一九七四年a
同「池禅尼」『王朝の明暗』東京堂出版、一九七七年、初出一九七四年b
野口 実「流人の周辺」『増補改訂 中世東国武士団の研究』戎光祥出版、二〇二一年、初出一九八九年
同「伊豆北条氏の周辺」『研究紀要』二〇、京都女子大学宗教・文化研究所、二〇〇七年
同『北条時政―頼朝の妻の父、近日の珍物か―』ミネルヴァ書房、二〇二二年
彦由三枝子「北条時政十三年忌小考（一）」『政治経済史学』五〇〇、二〇〇八年
細川重男・本郷和人「北条得宗家成立試論」『東京大学史料編纂所研究紀要』一一、二〇〇一年
元木泰雄「闘いの終息」『保元・平治の乱を読みなおす』日本放送出版協会、二〇〇四年
山本みなみ「北条時政とその娘たち」『鎌倉』一一五、二〇一三年

# 二　治承・寿永の内乱と東海

勅使河原　拓也

## 1　内乱の勃発と東海地域の諸勢力

**内乱の勃発**

治承三年（一一七九）十一月、福原にいた平清盛は大軍を率いて上洛し、対立していた後白河院を幽閉し、翌年には孫の安徳《あんとく》天皇を即位させ高倉《たかくら》院に名目上の院政を行なわせた。平家政権の成立である。

クーデターによって強引に政権を奪取した清盛への反発は強かった。そうした反発勢力のなかから以仁王や源頼政が現れ、挙兵した。以仁王は後白河の皇子であり、頼政は名門の摂津源氏の武士であった。以仁と頼政は治承四年（一一八〇）五月に敗死したが、諸国の源氏・武士に平家打倒の令旨《りょうじ》（命令）を発した。こうして諸国の武士、さらには畿内近国の寺社勢力などもまきこみ混迷の内乱状況へと進んでいくことになる。

その内乱を勝ち抜いて源頼朝は幕府を開くことになった。治承四年当時頼朝は伊豆に流人としており、そこで以仁王の令旨を受け取った。内乱初期において、頼朝はこの令旨を旗印にしていくことになる。しかし頼朝が挙兵したのは八月のことであり、以仁らの挙兵からは少し間が空いている。頼朝が挙兵するにいたったのには、より現実的な理由があった。

伊豆の知行国主は源頼政が務めていたものの、頼政の滅亡とともにその地位は失われた〈頼政は挙兵以前に知行国主を免ぜられていたともされる〈髙橋昌明 二〇二二〉〉。問題は、挙兵後新たに知行国主となったのが平家一門（清盛の妻の弟）の平時忠であったことである。『平家物語』では「奢れる平家」を象徴する人物として描かれる時忠だが、その支配下で後述の伊東氏など平家方の武士はより勢力を増す一方、頼政と関係の深かった狩野《かのう》氏などは抑圧され、国内における平家方と非平家方との対立構造がより鮮明になった。こうした状況は関東諸国でも起こっており、そのもとで頼朝は反平家方に担ぎ出され、挙兵にいたったのである。

## 伊豆の情勢と挙兵

頼朝挙兵当時の伊豆国には北条氏のほかにも多くの武士がいたが、特に大きな力をもっていたのが、藤原南家流の工藤氏の一族である。そのうち伊豆半島東岸の賀茂《かも》郡伊東《いとう》（静岡県伊東市）を本拠とする伊東氏は、祐親《すけちか》が平家の家人となっていた。北条時政の妻で、政子や義時の母となったのは伊東祐親の娘であるともいわれており、さらにその婚姻ネットワークは相模の三浦氏など他国にも及んでいた。一方、半島内陸の田方《たがた》郡にも一族の狩野氏がおり、国府の三島にも通じる狩野川流域に拠点をおいていた。狩野氏は伊豆の在庁官人でもあり、他の武士団にも影響力を及ぼしていたと思われる。こうした工藤氏を中心とした伊豆の武士については、伊東一族の争いとそこから発展したのちの曽我兄弟の敵討ち（本章第四節参照）までを描いた『曽我物語』に詳しく描かれている（坂井孝一 二〇二一b）。

ここで挙兵直前の頼朝が置かれていた状況を簡単にみておく。平治の乱（一一五九）で父義朝が敗れ、当時一三歳の少年だった頼朝も伊豆に流された。当国で頼朝は二〇年間暮らすことになるが、その間頼朝の周囲には、のちの幕府の基盤ともなる人的ネットワークが形成されていた（野口実 二〇二二）。そこには乳母の関係者など平治の乱以前からの縁者とともに、近江の佐々木氏や伊勢の加藤氏など、本拠を逐われて伊豆に流れてきた武士たちもおり、頼朝のもとには挙兵前から東海道を貫くネ

図 2-1　頼朝挙兵時の伊豆の勢力図（『伊東市史　通史編　伊東の歴史1 原始から戦国時代』伊東市，2018 年）

ットワークが形成されていたといえる。そして、これら頼朝を支える氏族のなかでも特に重要な立場にあったのは、やはり妻政子の実家北条氏である。流人頼朝の身柄を預かった北条氏の系譜や伊豆時代の動静には不明な点も多いが（コラム3参照）、彼らも平家とは距離があり、狩野氏らとともに頼朝のもと平家に反旗を翻すことになった。

八月十七日、頼朝は武士たちを従え、時忠のもとで伊豆の国務を担う目代山木（平）兼隆と後見の堤信遠《つつみのぶとお》を襲撃し、頼朝は勝利した。しかし平家方の伊東祐親らは相模の大庭景親《おおばかげちか》と結び、頼朝は相模国の石橋山で敗れた。狩野茂光や北条時政の長子宗時など配下の武士を失いもしたが、房総半島に入って体勢を立て直し、ついに祖先頼義や父義朝ゆかりの鎌倉に入った。以後、ここを拠点に関東において支配を拡大していき、ついに伊東祐親らも投降し、伊豆を制圧した。

頼朝が伊豆で挙兵したとの報を受けた都の貴族たちはいかなる反応を示したか。後に頼朝と協調関係を結ぶ九条兼実《くじょうかねざね》は日記に「伝え聞くところによると、謀叛の賊義朝の子は年来配流の地伊豆にあったが、近日悪事を企み時忠卿の派遣した目代を討ち、伊豆・駿河両国を押領したという」（『玉葉』治承四年九月三日条）と記し、その反乱を平将門にもなぞらえている。また、後に頼朝の征夷大将軍就任に大きな役割を果たす中山忠親《なかやまただちか》（本章第四節参照）は「故義朝の子頼朝が義兵を起こして伊豆をかすめとり、坂東一帯が騒動となっている」（『山槐記《さんかいき》』同四日条）と記しており、都には、頼朝の挙兵が「義兵」であるとの認識もあったことがうかがえる。

## 甲斐源氏の蜂起

伊豆で頼朝が挙兵したのと同じ時期、東海地域西部でも反乱勢力が蜂起していた。甲斐国では河内源氏の義光流の甲斐源氏が南下した。平家方はこれを迎え撃ったが、波志太山《はしだやま》・鉢田《はちだ》の戦いで敗れ、伊豆目代山木兼隆に続き、駿河国（知行国主は清盛の嫡子宗盛）の目代 橘 遠茂《たちばなのとおもち》が殺された。

さらに平家は平維盛《これもり》を大将軍とする追討軍を派遣したが、十月、富士川にて戦わずして退却した。水鳥の羽音に驚いて逃げたという『平家物語』や『吾妻鏡』のエピソードで知られ、都の貴族もこうした話を聞いているが、実際には反乱軍の圧倒的な軍勢に勝ち目がないと判断し撤退したのである。この富士川の戦いを機に、平家は東海地域における勢力を大きく減退させた。

ところで『吾妻鏡』をみると、平家軍を迎え撃ったのは頼朝の配下の軍勢であるようにみえ、先にみた『玉葉』の記事でも頼朝が駿河まで制圧したと記されている。だが、都の人々も東国の情勢を正確に把握できていたわけではない。また、『吾妻鏡』は鎌倉後期に幕府自身が編纂した歴史書であり、その記述には頼朝や北条氏に都合よく書かれる傾向が強いことに注意が必要である。

実際に平家を迎え撃った主力は甲斐源氏の軍勢であった（彦由一太 一九五九）。『吾妻鏡』には、富士川合戦直後の十月二十一日、武田信義を駿河守護に、安田義定を遠江守護に任じたとあり、鎌倉幕府の設置した守護の初見として注目されてきた。だがこれも甲斐源氏の実力による支配とみるべきであり、頼朝によって守護に任じられたわけではない。『吾妻鏡』に描かれる頼朝と諸国源氏との関係には、このようなバイアスがかかっていることに注意しなければならない。『吾妻鏡』には、頼朝は平家を追撃して一気に上洛しようとするも配下の武士たちの諫言で関東の反頼朝勢力の掃討に専念したとある。ただそれだけではなく、そもそも甲斐源氏が駿河・遠江を支配していたためにこの時点での上洛は困難であったのである。

なお、頼朝は富士川の合戦において黄瀬川まで出陣したものの、そこで止まっている（奥州にいた義経と対面したのもこの黄瀬川とされる）。黄瀬川宿（静岡県沼津市）は伊豆と駿河の境界にあたるが、軍事的・文化的な拠点となる「都市的な場」であり、その掌握には大きな意味があった。また、反乱軍段階の頼朝の行動の西限は黄瀬川であり、それ以上西に進むことはなく、流人頼朝にとっては越えるべからざる境界であったとも指摘されている（東島誠 二〇一〇、木村茂光 二〇一一）。

### 東海道戦線の停滞

さらに美濃・尾張方面では、清和源氏国房流・重宗流の美濃・尾張源氏が蜂起した。これら一族は院政期、東海の交通の要衝に拠点を置きつつ、都で軍事活動に従事する京武者であった（伊藤瑠美 二〇〇四。第一章も参照）。これに後白河の妹八条院と深い関係をもつ頼朝の叔父行家《ゆきいえ》、頼朝の弟義円《ぎえん》も加わり、治承五年（一一八一）三月、平重衡《しげひら》率いる平家軍を美濃・尾張国境の墨俣川《すのまた》で迎え撃った。

前年の富士川合戦の敗北をうけ、平家の側も体制の立て直しを余儀なくされた。正月、清盛は後白河院政を復活させる一方、宗盛を新たに設置した九ヵ国の総官職に任じ、畿内周辺をカバーする軍事動員体制を構築したが、直後の閏二月に死去した。それにより、伊勢国において伊勢神宮領をはじめとした諸荘園から船や水主《かこ》を動員し墨俣に漕ぎ送るなど（『平安遺文』三九五二〜四）、入念な戦闘準備

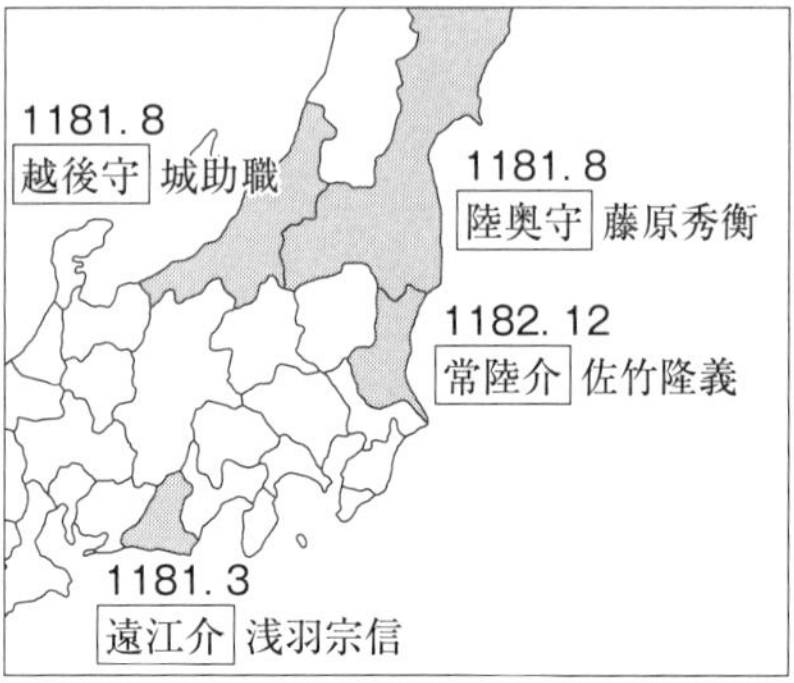


図2-2 平家の対東国戦略

をしていた。結果、墨俣において平家軍は勝利を収め、多くの美濃・尾張源氏や義円が戦死した。平家軍は勝ちに乗じて三河国矢作川《やはぎ》まで追撃するもそこで止まり、以後、東海道戦線は沈静化した。それはこの時期に養和の飢饉が深刻化したためである。

一方、反乱軍の側もこの墨俣川の合戦において、平家軍の追撃を防ぐため、安田義定が遠江・三河国境付近の橋本に要害を構えるべく人夫を徴発し、頼朝も援軍を送っている。このとき平家家人の浅羽庄司宗信や相良三郎が義定に対して無礼な態度をとり、義定は彼らを処罰すべくその旨を遠江国中に披露した上で頼朝にも通知している。結局、宗信は陳謝したため、所領の浅羽荘（静岡県袋井市）は没収されたものの一部は返却された。これは宗信が多くの子息・郎従を有する武士団を率いており、「御要人」であるためだという（『吾妻鏡』三月十三・十四日条、四月三十日条）。実は浅羽宗信は同時期に京都の朝廷で遠江介に補任されており（『吉記《きっき》』三月二十六日条）、平家が遠江を奪還するための重要な役割を果たすはずであったが、結局宗信も義定に屈服し、平家の戦略は失敗した（勅使河原拓也 二〇一七）。

平家は治承五年（養和元年）初頭には、各国に「武勇の国宰」（武力に秀でた国司）を任じることを検討していたが（『玉葉』正月十六日条）、浅羽宗信の遠江介補任はその一環といえよう。この後平家は八月には陸奥守に藤原秀衡《ひでひら》を、越後守に城助職《じょうすけもと》を、翌寿永元年には常陸介に佐竹隆義《さたけたかよし》を任じた。これらは在地の者を、「介」を上回る「守」（常陸では介が守に相当）に任じる前代未聞の措置であり、平宗盛の畿内総官とあわせて反乱への対応と評価できる（金玄耿 二〇一九）。宗信を介に任じたにもかかわらず東国への入り口となる遠江を失った平家は、他の東国の周縁たる常陸・陸奥・越後の支配を確固たるものにするため、なりふり構わない人事を強行したのかもしれない。

## 2 頼朝軍の上洛

### 義仲の上洛と寿永二年十月宣旨

頼朝が上洛を踏み止まる間、先んじて上洛したのが源氏一族の源義仲《よしなか》である。頼朝にとっては従兄弟にあたる人物であるが、義仲の父義賢《よしかた》は頼朝の父義朝との争いに敗れ、久寿二年（一一五五）に武蔵国大蔵《おおくら》で頼朝の長兄義平《よしひら》によって討ち取られていた。そのような因縁もあり、彼もまた甲斐源氏や美濃・尾張源氏と同様、頼朝からは自立的な存在であった。信濃で育った義仲は、北陸道を拠点として反平家の兵を挙げた。砺波山《となみやま》の戦い（寿永二年〈一一八三〉五月）などで平家軍を破り、上洛を果たすのである。

この上洛軍には、それまで東海地域西部を拠点としていた甲斐源氏の安田義定や美濃・尾張源氏の葦敷重隆・源光長《みつなが》・高田重家《たかだしげいえ》・山田重忠などが参加している。義仲は上洛途上でこれらの勢力と合流しているが、義仲は北陸方面から近江を通過する際、当時の幹線道である琵琶湖西岸ではなく、あえて時間をかけて湖東を進軍している。これは延暦寺との衝突を避けるとともに、東海地域の勢力との合流のためであったとされる（長村祥知　二〇二三）。義仲が彼らとの連携を重視していたことがうかがえる。

寿永二年七月、平家は都落ちし、京都は義仲が制圧した。義仲は院の命をうけて内裏をはじめとした京内各地の警備を分担する（『吉記』七月三十日条）。前述の義定・重隆・光長・重家・重忠のほか、義仲の叔父行家や近江源氏の山本義経などの名がみえている。義定は遠江守に任じられ、実力支配していた遠江を完全に掌握した。頼朝は義仲や東海地域の勢力に先んじられる形となったのである。

だが頼朝も手をこまねいていたわけではない。頼朝は早くから後白河院とは連絡をとっており、朝廷から公式に宣旨を得ることに成功した。それが有名な寿永二年十月宣旨である。この宣旨は本文が伝わらず、『玉葉』や歴史書『百練抄』から断片的な内容が伝わるのみである。その趣旨はおおよそ次のようになる。

東海・東山（・北陸）諸国の年貢、神社仏寺ならびに王臣家領の荘園はもとのごとく領家（荘園領主）の支配を復活させるべきである。それに不服の者がいれば頼朝が取り締まる。

東海・東山両道の年貢を頼朝の責任で運上させることを命じたものであり、頼朝の東国支配権を承認するものとして注目され、ひいては鎌倉幕府成立の画期としても評価されるようになった（佐藤進一　一九八三）。一方で、その位置づけはまだ定説があるとはいい難い。これを頼朝の東国支配権の確立というより、むしろそれまで独立国家の様相を呈していた頼朝の勢力がこれによって京都の朝廷に併合されたことを重視すべきとの見方、その適用範囲についても法文通りの東海・東山両道全域ではなく、実際には頼朝の実効支配が及ぶ範囲に限定されるとの見方もある（上横手雅敬 一九七〇・九一）。この宣旨の発給に先んじて頼朝は反乱軍の認定を解かれており、この宣旨もそうした朝廷との接近という文脈から評価することができる。この宣旨によって与えられた権限は鎌倉時代を通じて有効であったともされるが、そうした見方にも疑問が呈されており（伊藤邦彦 二〇一〇。伊藤氏の研究には触れていないが、最近の岩田慎平 二〇二二も同様の見解を提示する）、その評価は今後も議論の必要があるだろう。

いずれにしろ、この宣旨を獲得したことは公武交渉という観点からみれば大きな成果であった。当初、頼朝の権限が認められた地域は東海・東山・北陸の三道であったが、翌閏十月に朝廷は義仲の威を恐れ北陸道を削除して宣旨を再発給した（田中克行 一九九七、東島誠 二〇二三）。それでも、頼朝の勲功は先に入京した義仲よりも上と認められ、義仲の本拠信濃を含む両道の権利を手にしたのである。さらに後述するようにこの宣旨は実際に頼朝軍が上洛する際の工作にも活用され、軍事的に大きな役割を果たしたのである。

頼朝がこうした成果を引き出しえた一因には、挙兵以来続けていた後白河との交渉があり、後白河から一定の信頼を勝ち得ていたことがある。だがそれだけではない。九条兼実が聞いたところでは、頼朝は院に対して「道を塞ぎ、美濃以東をかすめとる」という脅しをかけてきたという（『玉葉』十月二十四日条）。あくまで噂だが、朝廷の頼朝に対する恐怖心を反映したものだといえる。都の貴族たちにとっての最も大きな関心事は、地方から安定して年貢などが納入されてくることである。十月宣旨は頼朝に年貢納入を保障させるものだが、裏を返せば頼朝がその気になればいつでも年貢を止めることができるということを意味する。平家の西海落ちによって西国からの貢納も途絶し、東国からの貢納を確保しなければ都が飢饉に陥る状態にあった（佐藤進一 一九八三、東島誠 二〇二三）。頼朝に認められた東海・東山両道の権限とは、東国から京への交通・貢納ルートをおさえた頼朝への信頼と恐怖に裏づけられていたのである。

### 頼朝軍の上洛と伊勢・伊賀平氏の乱

平家相手に苦戦し後白河や頼朝との関係も悪化する義仲の都での立場は、徐々に悪くなっていく。寿永二年十一月十九日には、院御所法住寺殿《ほうじゅうじどの》を襲撃し、後白河を幽閉した。この合戦では、摂津源氏の多田行綱《ゆきつな》や美濃源氏の源光長が院方に参じており、光長は討死した。同じ美濃源氏では他にも、葦敷重隆と義仲との反目が都で話題になっており（『玉葉』閏十月二十三日条）、同じく院方に参じて解官された。院と対立し都での立場が悪化するなか、東海地域の勢力との連携も解消されていった。

こうした機会を捉えていよいよ頼朝も具体的な行動を起こす。具体的な過程ははっきりしないが、『玉葉』をみると閏十月の半ばには頼朝の弟「九郎」すなわち義経が軍勢を率いて上洛するとの風聞があり（十七日条）、さらに二十二日条では「頼朝の使い」が伊勢国に十月宣旨の施行《しぎょう》のためやってきたと記されており、この使者を義経とするのが一般的である（石井進 一九七〇、川合康 二〇二一、東島誠 二〇二三）。この義経の伊勢・伊賀入りの経緯を示唆する史料に「東大寺文書」の寿永二年十月十一日付頼朝下文案《くだしぶみ》（『平安遺文』四一一〇）があり、ここでは伊賀国の武士に対し、義経につき従うよう命じられている。ここから、この時点で義経の伊賀入りが予定されていることがわかるとし、さらにこれが間もなく発給される十月宣旨を義経に施行させるための入念な下準備であったとする見解もみられるが（石井進 一九七〇、東島誠 二〇二三）、「東大寺文書」中の他の複数の文書の記述からして、実際にはこの下文は「十一月十一日」付だったものが誤写されたとみられる。そうであれば、義経の伊勢入りもその前後に求められる可能性が高い（清水亮 二〇〇七）。十一月二十一日には、院からの使者が伊勢で義経らと交渉している（『玉葉』十二月一日条）。また義経の兄範頼も冬に墨俣を越えたが、このときに御家人たちと先陣を争い、のちに頼朝の不興を買っている（『吾妻鏡』寿永三年二月一日条）。坂東武士が墨俣を越えて美濃に入ったとの情報を聞いた義仲は大いに恐れたという（『玉葉』寿永三年正月六日条）。

伊勢に入った義経ら鎌倉方は、十月宣旨の施行を口実に軍勢を糾合し、義仲と対立する武士たちが多く参加したが、特に平信兼《のぶかね》が鎌倉方に加わったことが大きかった。信兼は第一節でみた、頼朝挙兵時に最初に討たれた山木（平）兼隆の父であり、伊勢平氏一族であるが清盛らの平家からは自立しており、一志《いちし》郡を軍事的テリトリー（三重県松阪市付近）としていた（川合康 二〇一一）。信兼をはじめとした伊勢の武士は鈴鹿山を切り塞いで畿内との交通路を遮断し、義仲への敵意を明確にした。こうして畿内近国の軍勢を糾合した頼朝軍は翌年正月、義仲に勝利した。

義仲追討後、平家も都を奪還すべく行動を起こしたが、二月、鎌倉軍と平家軍は一の谷などで戦い、鎌倉軍が勝利した。これらの戦いでは、義経や範頼とは別個に一条忠頼《いちじょうただより》や安田義定ら甲斐源氏が独自の軍編制を行なっていた。頼朝軍が上洛してもなお東海地域の勢力は独自の立ち位置にいたのである。ほか葦敷重隆なども長門近辺で平家追討に従事していたことが伝えられる（『玉葉』元暦元年〈一一八四〉十月十三日条）。

だが、頼朝はこれらの勢力を徐々に自らの配下に収めていく。一の谷合戦直後、頼朝が九州の武士に発した下文には義仲を討った経緯が述べられているが、そこには「東海道は遠江守義定朝臣が、北陸道は左馬頭義仲朝臣が、鎌倉殿の御代官として上洛した」と述べられており（『吾妻鏡』三月一日条）、頼朝とは別個に挙兵した義仲や義定をそれぞれ北陸道・東海道における自らの「御代官」と称している。幕府の歴史書『吾妻鏡』が甲斐源氏らを当初から頼朝の配下にあったように描いていることは先述したが、こうした「曲筆」はすでに頼朝の時代より行なわれていたのである。

さらに四月には、当時駿河を支配していた同じく甲斐源氏の武田信義の子一条忠頼を鎌倉の営中で謀殺し、そのまま甲斐に出兵し信義を屈服させた（金澤正大二〇一八。『吾妻鏡』には六月のこととして記されるが、延慶本『平家物語』による）。こうして頼朝は甲斐源氏の一角を下して駿河を手に入れ朝廷からも知行国として与えられ、東海地域における支配を一歩前進させた。

元暦元年、西海での平家追討には範頼らがあたっていた。では義経はどうしていたのか。義経は平家追討とは別の任務ができたために追討使を外れざるを得なかった。それが七月に伊勢・伊賀両国で起きた伊勢平氏の反乱である。伊勢平氏一族の平田家継らは鈴鹿山を切り塞ぐなどし、隣の近江にも戦闘は波及し、挙兵当初からつき従っていた老臣佐々木秀義《ささきひでよし》が戦死した。このとき反乱を起こしたのは、西海に落ちのびた平家一門に従わなかった、伊賀・伊勢北部にテリトリーをもつ一族であるが、具体的には治承三年に死去した平清盛の長男重盛（小松殿）の家人たちであったと考えられる（川合康 二〇二一）。重盛はもともと清盛の嫡子の地位にあったが晩年には異母弟宗盛に立場を奪われ、死後、小松家は平家内で傍流の立場に甘んじ、こうしたなかで反乱が起こった。

この反乱に際し、平信兼も伊勢の滝野《たきの》（松阪市）で討たれたようである（『源平盛衰記』巻四一）。都でも当初、信兼がこの反乱に加担したとの噂が流れていたが、信兼は伊勢平氏の反乱に乗じて濡れ衣を着せられて葬られたとみるのが妥当だろう（菱沼一憲 二〇一一）。頼朝軍の上洛に協力した信兼であるが、畿内近国で頼朝軍の優位が確立するなか、その存在はむしろ邪魔になっていき、その結果排除されることになった。これも武田氏など甲斐源氏の排除と同様、頼朝の権力確立の一環とみることができる。

## 3　義経の挙兵と内乱の終結

### 平家滅亡と御家人統制

元暦二年（一一八五）三月、平家は壇ノ浦の戦いで敗れ滅亡した。頼朝はようやく悲願の平家追討を果たしたのである。だが頼朝には次の課題があった。それは平家討伐のなかで膨れ上がった配下の武士たち（御家人）を統制していくことである。

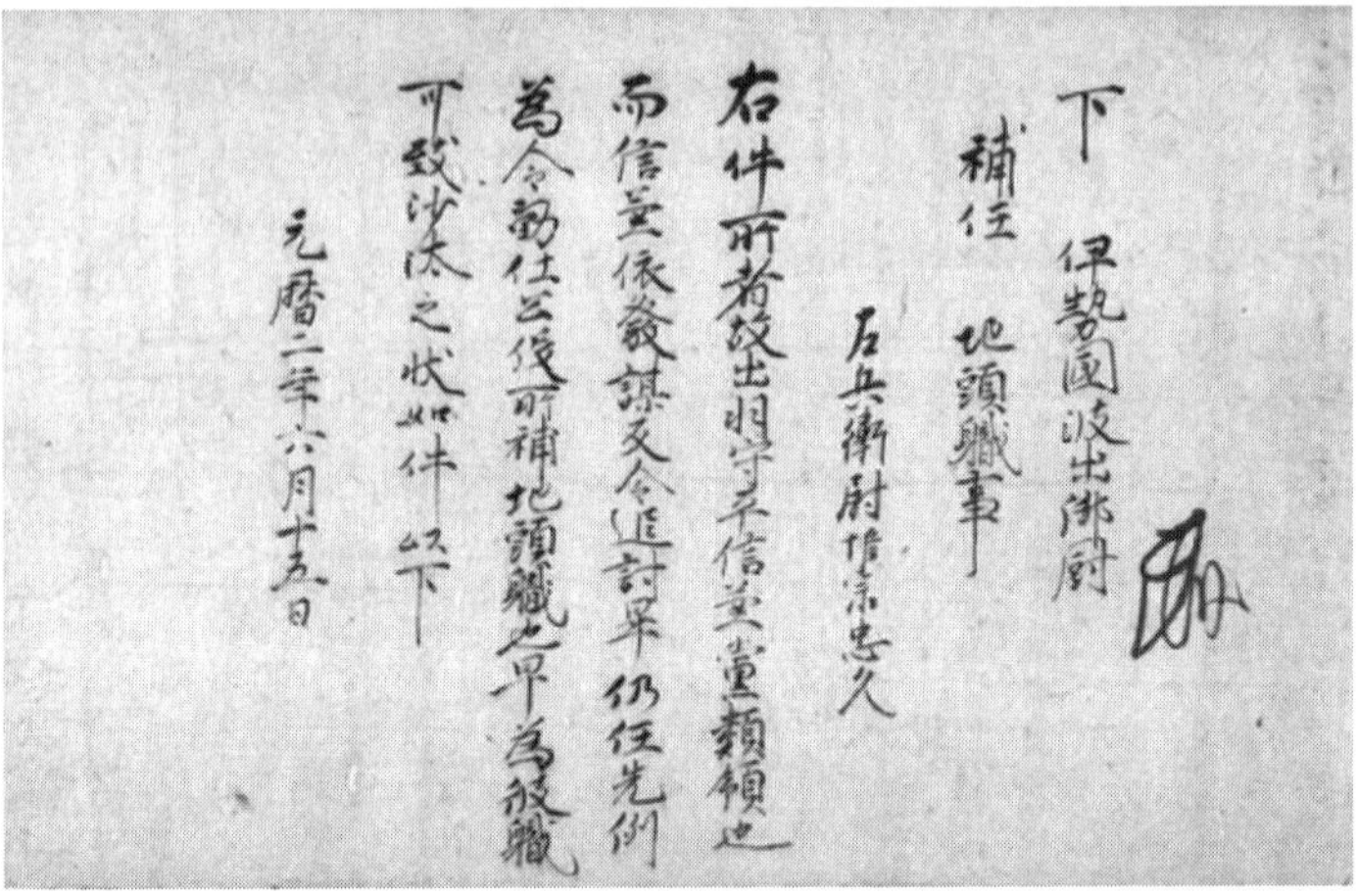
下　伊勢国波出御厨
補任　地頭職事
左兵衛尉惟宗忠久
右件所者故出羽守平信兼党類領也
而信兼依発謀反令追討畢　仍任先例
為令勤仕公役所補地頭職也　早為彼職
可致沙汰之状如件　以下
元暦二年六月十五日

図 2-3　元暦 2 年（1185）6 月 15 日源頼朝袖判下文（島津家文書，東京大学史料編纂所所蔵）

また、後白河とは平家という共通の敵のために連携していたが、その目的が果たされると、連携にもひびが入りかねない。こうしたなかで頼朝は御家人統制策を実施していく。

平家滅亡直後、頼朝は京都で勝手に任官した「東国の輩」＝御家人たちが京都を離れて東国に帰還することを禁じる下文を発している（『吾妻鏡』四月十五日条）。そこには義経の従者の佐藤忠《ただ》信《のぶ》なども含まれ、「目は鼠眼」「音様しわがれて」など当の御家人たちの特徴を非常に克明に記して罵倒している。興味深いのが、ここで頼朝は御家人たちが「墨俣以東」に帰還することを禁止している点である。ここから、当時頼朝が幕府の固有領域たる「東国」が「墨俣以東」だったと認識していたと読み取れる（佐藤進一　一九九三）。これまで述べてきたように、墨俣は治承五年（一一八一）に合戦が起きるなど東国と西国の間の戦略的要衝であり、範頼はここを越える際に御家人たちと一番乗りを争っていた。墨俣川（長良川）と墨俣宿は中世を通じた交通・物流の拠点であり（榎原雅治 二〇〇八）、鎌倉方からも黄瀬川（本章第一節）同様、その境界性を認識されていたのだろう。

このような統制は京都における頼朝の代官である義経も例外ではなく、むしろ平家追討で名声を得た義経には一層の警戒が必要であった。六月には、頼朝は義経に管理させていた没収地（没官領《もっかんりょう》）を回収した（東島誠 二〇二三）。義経は頼朝によって自身の権益が脅かされたと考え、両者の関係は悪化していく。

ところで、こうした所領のなかには、前年の伊勢・伊賀平氏の反乱による謀叛人の所領が多く含まれる。この前後、伊勢国では御家人の加藤光員によって没官領注文が作成されていた。第一節で述べたように、加藤氏は本拠伊勢を離れて伊豆に移っていたが、頼朝軍が伊勢にまで進出するなか、その出身から伊勢における所領の検知を任されたようである。こうした調査にもとづいて伊勢国内に新たに地頭が補任された。現在「島津家文書」に伝わる元暦二年六月十五日付の頼朝袖判《そではん》下文は、平信兼旧領の伊勢国須可《すか》荘と波出御厨《はでのみくりや》（いずれも一志郡）に惟宗《これむね》（島津）忠久《ただひさ》を地頭として任じたものであり、信憑性の確かな鎌倉幕府地頭職補任状の最初のものである。地頭職は以後数多く補任されるが、伊勢国はこうした謀叛人の所領に設置される鎌倉幕府荘郷地頭制の突破口というべき地域だったのである（大山喬平 一九七五）。

## 義経の挙兵

義経は度々の頼朝の鎌倉召喚の命令に応じず、後白河のもとを離れなかったため、頼朝との関係は破綻し、文治元年（一一八五）十月、挙兵した（元木泰雄 二〇一九）。義経は院に対し頼朝と戦う決意を告げ、「墨俣の辺に向かい一矢射て死生を決しようと思います」と申し入れた（『玉葉』十月十七日条）。先述のように墨俣は東国と西国の境とみなされており、義経もまた頼朝との決戦の場として墨俣を想定していたのである。こうして義経は頼朝追討の宣旨を引き出した。義経は地頭設置の件で頼朝との対立の元となっていた伊勢に軍勢を派遣し、惣追捕使代山内俊《やまのうちとし》綱《つな》を殺害した（川合康 二〇二一）。

だが、頼朝と義経の戦いは全面的な軍事衝突とはならなかった。西国の武士の動員を期した義経だが、そのもとには期待したほどの軍が集まることはなく、逃走しそのまま消息を絶った。

頼朝は舅の北条時政を上洛させ、公武交渉にあたらせた。このなかでいわゆる文治勅許《ちょっきょ》が引き出されることになる。一般には守護・地頭の設置の許可を得たとされるが、先にみたようにすでに惣追捕使（守護）や地頭は設置されており、その意義には諸説ある。だがいずれにしろ重要な交渉であることに変わりはない。時政がこうした交渉を任された背景として、公武交渉を担う関東申次《もうしつぎ》にこのとき任じられた吉田《よしだ》経房《つねふさ》が伊豆守時代に在庁の時政と関係があったことが指摘される（森幸夫 一九九〇、元木泰雄 二〇一九、野口実 二〇二二）。ただしその根拠となった史料の信憑性には疑問も呈されており（岡田清一 二〇一九）、北条氏が公武政界で台頭する背景を探る意味でも、あらためて伊豆時代の北条氏の研究が俟《ま》たれる。

こうした謀叛人追捕の動きのなか、再び地頭職設置の動きが活発となる。伊勢国では、平氏一族の人物の所領を幕府から与えられた伊豆の工藤一族の宇佐美祐茂《すけもち》の配下の者が現地で没官措置を行なっていた。それは非常に強硬なもので、武士でなく僧となっていた子息の所領までも平氏一族との縁を強調して没収しようとした。このように鎌倉幕府の荘郷地頭制は単に上から任じられるものではなく、実力をもって現地で敵方の所領を没収する鎌倉方武士（御家人）の主体性に規定されていたのである（川合康 二〇二一）。

このような動きが朝廷や荘園領主の懸念を招くのは当然である。特に文治二年（一一八六）には、頼朝と朝廷の間で頻繁に交渉がなされており、地頭制のあり方をめぐって大きな混乱がみられた。だが、荘園領主も内乱のなかで破壊された荘園の支配・収取機構を立て直すためには、鎌倉幕府の地頭に依存せざるを得ない面もあった。また、御家人たちも朝廷や荘園領主に独自に奉仕を行なった。先にみた宇佐美祐茂は押領と同時期、兵衛尉《ひょうえのじょう》任官の成功《じょうごう》を行なっている。これは経済基盤として畿内近国に地頭職を獲得したことと関係していると考えられ、伊豆の在地武士に過ぎなかった祐茂には大きなメリットだった。また、伊勢の没官領注文を作成した加藤光員は伊勢神宮祭主の家司となっており、道前郡《どうぜん》（朝明《あさけ》・員弁《いなべ》・三重《みえ》の三郡）政所職を得るとともに祭主の武力として活動した。地頭職を得た鎌倉方武士は朝廷や荘園領主に独自に奉仕するとともに、それを自らの地位向上につなげたのである（勅使河原拓也 二〇二〇）。

義経追討を名目として朝廷との交渉に臨んだ頼朝だが、肝心の義経は一向に見つからなかった。そのようななか、軍事的危機も和らぎ、文治二年には武装解除され始める。だが、頼朝にはいまだ懸念材料があった。その最たるものが背後に控える奥州藤原氏である。内乱期から奥州藤原氏は陸奥守に任じられるなどしており、これまでも度々頼朝を襲撃すると噂されていたが、結局直接の衝突はなかった。だが、お互いの存在が脅威であることに変わりはない。

## 「東海道惣官」頼朝

文治二年初頭ごろ、頼朝は藤原秀衡に書を送った。「奥の御館《みたて》」に宛てた書状の内容は「あなたは奥六郡《おくろくぐん》の主《ぬし》であり、私は東海道惣官である。魚水の思いをなすべきである。ただし距離があり、信を通じるにも不便がある。貢馬・貢金については、国の土貢《とこう》として私が管掌いたします。今年からは私が京都に伝え進《まい》らせましょう。これは勅命に従うものであります」といったものであり、これに対し秀衡からも四月に了承の旨が届いた（『吾妻鏡』文治二年四月二十四日条）。

注目すべきは、「奥の御館」「奥六郡の主」たる秀衡に対し頼朝が名乗った「東海道惣官」の肩書きである。「惣官」とは、かつて平宗盛が朝廷から任じられた畿内周辺九ヵ国の「惣官」（総官）を意識していたと思われる。地域的な支配権を朝廷から公認された者であるということを示す。その背景には、やはり寿永二年十月宣旨が想定される。朝廷より「東国」支配権を公認された頼朝が秀衡との交渉にあたりその権威を利用し、秀衡との「魚水」すなわち主従の関係を強調し上位に立とうとしたのである。

このように「東海道惣官」は頼朝の「東国」支配権を表したものとされる（石井進 一九七〇）。さらに、これが「東海道」の惣官として表されていることに注意したい。『吾妻鏡』において「東海道」はしばしば東国のこととして記されており、奥州をも含む東国全体を指すともいえるが、この書状は金や馬を都へと「伝え進らす」ことを述べたものである。頼朝にとっては、自分が関東・東北から都へとつながるルート、まさに「東海道」をおさえているということを強調する意図があったのではないだろうか。寿永二年当時と同じく、東国からの年貢の貢納を請け負った十月宣旨の趣旨を、頼朝は対抗者との政治的駆け引きにおいて最大限に利用していたのである。

ちなみに、後述のように建久三年（一一九二）に頼朝が朝廷に「大将軍」の称号を求めた際（本章第四節参照）、朝廷は「征夷大将軍」「征東大将軍」などとともに「惣官」の官を候補に挙げている。これは平宗盛が国政中枢で占めた地位を意識していた可能性もあるが（下村周太郎 二〇一八）、朝廷も頼朝の地位を「惣官」と認識していたと考えれば（保立道久 二〇一五）、他の官職と同じく東国支配を前提とした提案だったのかもしれない。

## 奥州合戦

義経はかつて自身を匿っていた奥州の藤原秀衡のもとに身を寄せ、文治四年（一一八八）初頭には奥州潜伏が朝廷のもとにも明確な情報として伝わってきていた。頼朝はその討伐を検討するが、朝廷に対しては自身の厄や母親の供養のための五重塔造営を理由に年内の追討は見送ると申し入れ、奥州藤原氏に義経を引き渡す命令を下すよう求めた。文治三年（一一八七）十月に死去した秀衡の跡を継いだ泰衡《やすひら》は朝廷の命令を拒み、義経を引き渡さなかった。

文治五年（一一八九）になり、頼朝も本格的に追討の準備を進める。二月上旬には頼朝は、七月上旬までの関東参着を命じる命令を南九州にいたるまで全国にかけた（『鎌倉遺文』三六四）。こうして軍勢が鎌倉に集結し、そのなかで数多くの西国武士が東海道を下っていったものと思われる。

だが、なかには急速な軍事動員により間に合わなかった者もいた。葉山頼宗《はやまよりむね》は「大名」とも称される安芸国の有力在庁であったが、奥州追討に従軍するために軍勢を率いて鎌倉に向かっていたところ、駿河国藁科川《わらしな》（静岡市）の辺りにて軍勢がすでに進発したとの報を聞き、間に合わなかったことを知り、そのまま帰国してしまった。後にこのことが幕府に報告され、頼宗は所領を収公されてしまった（『吾妻鏡』文治五年十月二十八日条）。頼朝が全国的な大動員をかけ、不参者に対しかくも厳しい処罰を行なったのは、奥州合戦に特別な役割があったためである。後述するように頼朝はこの奥州合戦において、前九年合戦における祖先頼義の故実を模倣していた。内乱を通じて形成された雑多な御家人制の構成員たちに、あたかも前九年合戦を追体験させることで彼らとの主従制を確固たるものにしようとしたのである（川合康 二〇二一）。

頼朝は朝廷との連携も欠かさなかった。朝廷とは六月の亡母の塔供養後に奥州を追討するとの日程を確認し、それにあわせて追討宣旨を発給するとの約束も取り付けた。六月九日の塔供養には、多数の一門・御家人が参列したのみでなく、京都から導師《どうし》が下向し後白河からも多くの贈物がなされた。塔供養には奥州合戦にむけての公武共催の壮行会という意義を見出すことができる（勅使河原拓也 二〇一九）。このさい、北条時政も伊豆の北条の地に奥州合戦の戦勝祈願のため、願成就院《がんじょうじゅいん》（静岡県伊豆の国市）を建立している。かように奥州合戦にむけての準備は周到に、着実に進められていた。

しかし、ここで頼朝にとって不測の事態が起こる。閏四月末、藤原泰衡が義経を殺害したのである。頼朝の圧迫に耐えかね、その策略に嵌められたとも評されるが、これによって頼朝の計画は大きく狂うことになり、朝廷は追討宣旨発給を見合わせた。しかし多くの軍勢が鎌倉に集結していた以上、頼朝はもはや追討を取りやめることはできなかった。こうして頼朝は七月十九日、追討を強行し、自ら軍勢を率いて出発した。頼朝はこの宣旨なしでの追討の正当化においても、奥州藤原氏は累代の家人であるという主従制の論理を援用している。泰衡は逃走の途中で家人に討たれ、奥州藤原氏は滅亡した。頼朝は遠征の日程など、細部にいたるまで前九年合戦を再現した。こうして頼朝は長年背後の脅威であった奥州藤原氏も滅ぼし、治承・寿永の内乱は終結した。頼朝が本格的に京都の朝廷と向き合うときが来たのである。

## 4 頼朝上洛と御家人制の確立

**建久元年の上洛と東海地域の諸勢力**

内乱の最中から頼朝は朝廷より度々上洛を求められ、近いうちに上洛するという噂も出たが、結局実行することはなかった。建久元年（一一九〇）、その頼朝が今度こそ上洛に向けて動き出した。

一方、この前後には東海地域およびその勢力に関わる多くのトラブルが起こっている。板垣兼信《いたがきかねのぶ》は武田信義の子であるが、内乱中、西海合戦に従軍する際、西国の惣追捕使に任じられた相模の土肥実平《どいさね ひら》が頼朝の「家人」に過ぎないとして、源氏の「門葉」である自分がその下につくことを拒否して自らを「上司」にするよう頼朝に要求する（『吾妻鏡』寿永三年〈一一八四〉三月十七日条）など、頼朝の軍制を軽視する姿勢をみせていた。その兼信は「違勅事」によって駿河国大津御厨・遠江国質侶《しとろ》荘の地頭職を相次いで改替された。葦敷重隆は後白河の知行国美濃の公領の押領を訴えられた。高田重家と山田重忠は役夫工米《やくぶたくまい》（伊勢遷宮の費用）の滞納を咎められた。重隆は常陸、兼信は隠岐、重家は土佐国に配流されることが朝廷によって決定された。

さらに、義仲とともに上洛して以来、遠江守として在任してきた安田義定が下総守へと遷任された。義定も役夫工米や稲荷社などの造営の怠慢を咎められていた。義定は頼朝を通じて朝廷に遠江守への留任を愁訴したが、受け入れられなかった。

これらの武士たちが朝廷に糾弾された際、頼朝はしいて守ろうとはしなかった。それは頼朝の朝廷に対する忠義を示すとともに、頼朝自身これらの武士の排除を望んでいたことを示していよう。だがその処罰は遅々として執行されなかった。頼朝はさらに後白河と連絡をとり、重隆・兼信・重家らを速やかに処罰すべきこと、彼らが配流された後で上洛することを申し入れている。これをうけて後白河も、重隆らを一刻も早く配流するよう官人に命令するが、対応は鈍く、後白河が「逆鱗」に及ぶ有様であった（『玉葉』建久元年十月十三日条）。

こうして配流が行なわれないまま、十月に頼朝は上洛の途に就く。昨年の奥州合戦で朝廷の宣旨を待たず出兵した頼朝は、今回も朝廷の処置を待たず自ら配流を実行することを決めたのである。頼朝は墨俣にて重隆・重家らを尋問し重隆を京都まで連行した。その後の経緯は不明瞭だが、重隆・重家・兼信らがこの後『吾妻鏡』などに登場しないことをみれば、配流が実行されたのだろう。

この上洛は、頼朝が自ら大軍を率いて東海道を通行したという点においても重要である。先述のように安田義定は下総守に遷任され上洛の顔ぶれのなかにみえないにもかかわらず、義定の配下にある浅羽氏ら遠江の武士もこの上洛に同行していた。また、頼朝は遠江や美濃で目代や在庁の饗応を受けており、ここに東海地域の現地への影響力を拡大しようという意図がみえる。また、多くの宿駅を利用しており、これが東海道の宿駅・街道の整備を促進させたことも指摘される（木村茂光 二〇一六）。さらに、尾張国野間（愛知県美浜町）の父義朝の墓に参っていることや、美濃国青墓宿（岐阜県大垣市）で義朝の所縁の者と面会していることなどは、源氏の嫡流・義朝の後継者としての演出という点で興味深い。

以上のように、この上洛には二つの意義があった。一つは、この上洛を機に公武が大きく接近したこと、もう一つは頼朝自身が東海道を通行したことである。だからこそ頼朝は、自らの軍事権門としての地位を確立するため、院政期以来の伝統的京武者でもある東海地域の武士らを排除し、その本拠に勢力を扶植するべく、自ら東海地域に臨んで政治的デモンストレーションを敢行したのである（勅使河原拓也 二〇一七）。

京都で後白河や兼実など朝廷の首脳陣との対面を果たして公武の関係を深めた上、自立的な武士たちも排除した頼朝は、平時における立ち位置を明確にする。翌建久二年（一一九一）、朝廷が発した新制には、国家の治安維持にあたる存在として、旧来の朝廷の機関とともに頼朝自身が名指しで定められた。法制上、頼朝は国家の軍事警察をつかさどる存在として公認されたのである。ここからさらに頼朝はそのための軍事力、すなわち御家人制を本格的に確立させていく。

## 守護制・御家人制の確立

この建久年間（一一九〇～九九）には、それまでの袖判下文（頼朝自身の花押《かおう》を据えた下文）を回収して政所《まんどころ》下文（家司の花押を据えた下文）に切り替えたり、守護のもと国ごとの御家人交名《きょうみょう》（リスト）を作成するなどして、守護制・御家人制を制度・システムとして定着させることが試みられた。なかでも重要なのが、大番役の御家人役化である。諸国の武士が上洛して内裏を警固する内裏大番役（京都大番役）は平安後期から行なわれていたが、頼朝はその勤仕者を御家人に限定しようとした。建久三年（一一九二）六月に美濃国を対象として発せられた下文が『吾妻鏡』に引用されている（六月二十日条）。

前《さき》の右大将家政所下す　美濃国家人等

早く大内惟義《おおうちこれよし》の催促に従うべき事

この美濃国の武士のうち、自らが家人であろうとする者は守護の大内惟義の催促に従って大番役をよく勤めるべきである。特に最近は洛中に強盗が横行しているとの話であり、それを禁圧するため上洛して勤めるべきである。家人となることを拒否する者は早く申し出よ。ただし国内の公領においては催促を加えないが、葦敷重隆の郎従は催して大番役を勤めさせよ。隠れ住んでいる者については交名を提出させよ。以上の通りである。

建久三年六月廿日　（以下、政所家司らの署名）

この下文について注目すべき点は二つある。まず、大番催促にあたって美濃国内の武士たちに大番役を勤仕するかどうかの選択を迫っている点である。これは内乱終結後も頼朝の「家人」、すなわち鎌倉幕府の御家人であろうとするかどうかを選択させることを意味する。幕府は、京都大番役の御家人役化のなかでその勤仕を御家人側に選択させ、内乱期以来の雑多な主従制を整理したのである。

いま一つ、二年前の上洛にあたって失脚した葦敷重隆の郎従が催促されている点である。重隆はこれまでみてきた通り、美濃源氏の有力者であり、その失脚の影響は大きかったと思われる。頼朝は重隆失脚後の美濃国内の秩序を自らのもとで再編成するため、彼らに大番役を課して御家人とし、さらに隠れ潜んでいる者を把握するため交名を提出させた。この建久三年の大番催促は上洛における自立的武士排除の延長といえるものでもあったのである（勅使河原拓也 二〇一七）。

こうした一連の政策が建久年間、特にこの建久三年六月ごろから活発に行なわれていった。これは前節でみた奥州合戦から続く一連の政策として捉えることができる。建久三年七月、頼朝は朝廷に対し「大将軍」の号を申請し、朝廷でいくつかの官職候補について審議の上、内大臣中山忠親の意見をもとに「征夷大将軍」を与えることが決まった（櫻井陽子 二〇一三）。こうした頼朝の御家人制確立のための一連の政策と「大将軍」（征夷大将軍）という新たな肩書とは、密接な関係があったと考えられる（川合康 二〇二一）。

### 富士の巻狩りと曽我事件

建久四年（一一九三）八月、頼朝は富士で大規模な巻狩《まきが》りを行なった。これは三月以降、信濃の三原野《みはら》、下野の那須野《なす》で行なわれた巻狩りの延長で行なわれたもので、その集大成といえるものであった。これらの巻狩りは関東の周縁をおさえるものであり、多くの御家人を参加させて頼朝の関東支配を強化する役目をもっていたとされる（木村茂光 二〇一六）。この巻狩りにおいては、当時一二歳の頼家《よりいえ》が鹿を射止めており、これをとても喜んだ頼朝の姿と武士の子として当然だとたしなめた母政子の姿が『吾妻鏡』で対比されているのが有名であり、さまざまな評価があるが（坂井孝一 二〇二一ａ）、頼朝がこの巻狩りにおいて頼家を自身の後継者としてアピールする意図があったことは間違いない。

だが、その巻狩りにおいて驚くべき事件が起きる。伊豆の伊東一族の曽我祐成《すけなり》・時致《ときむね》兄弟が一族の工藤祐経《すけつね》を討ったのである。事件の原因は治承・寿永内乱前にさかのぼるとされる。兄弟の祖父は第一節でも登場した伊東祐親であったが、伊豆における所領トラブルで祐親に恨みを抱く一族の工藤祐経は祐親の子の河津《かわづ》祐泰《すけやす》を殺害した。祐泰の子二人は母に連れられ、母は相模の曽我祐信《すけのぶ》と再婚し、二人はその継子となった。これが祐成・時致の曽我兄弟である。だが兄弟は祐経への憎しみを忘れず、祐経が頼朝の側近として出世し、ともに御家人として仕えるようになっても機会をうかがい、ついに富士の巻狩りにおいて素志を果たした。祐成はその場で討たれ、時致は捕えられ処刑された。

以上が事件の経緯の一般的な理解であり、この事件は『吾妻鏡』に記されるとともに『曽我物語』としてもまとめられ、後世歌舞伎などでも演じられて「曽我兄弟の敵討ち」として人口に広く膾炙した。一方、この事件には不審点が多く見出される。事件後には内乱期から頼朝を支えた老臣である大

図 2-4　富士の巻狩図（『月次風俗図屏風』，東京国立博物館所蔵，ColBase）
画面中部右側の馬上の人物が源頼朝，左の猪に跨るのが仁田忠常，下の落馬しているのが曽我十郎祐成．本屏風は戦国時代の成立だが，この巻狩にも参加し曽我兄弟とも戦ったとされる駿河の吉川氏に伝わったものである．そのため，祐成の落馬を描くなど兄弟への眼差しは厳しい（井戸美里 2017）．

庭景能《かげよし》や岡崎義実《おかざきよしざね》が不自然な形で出家を遂げており、さらに頼朝の弟範頼が失脚した。歴史書『保暦間記』によれば、頼朝が討たれたという誤報を聞いた範頼が政子に「(頼朝が死んでも)後には私がいます」と告げたことが頼朝の勘気を被ったとあるが、実際に彼らの失脚は曽我事件と関わってのものだった可能性が高く、範頼はこの後ほどなく殺害されたとみられる。

状況からみて、兄弟は頼朝にまで危害を加えようとした可能性がある。ここから、歴史学界においては、この事件を単なる「父の敵討ち」として捉えることには懐疑的な説が古くより提起されていた。兄弟の目的は祐経ではなく、実は頼朝と頼家であり、さらにその黒幕は弟時致の烏帽子親でもある北条時政だという説も提起され(伊藤邦彦 二〇一八)、また、兄弟の敵討ちに乗じて幕府内の不満分子がクーデター・暴発を起こしたとの説もある(坂井孝一 二〇二一a)。

現在も定説はなく真相は不明だが、この事件が頼朝に自らの支配体制への強い危機感をもたせたことは否定できない。内乱期から敵対勢力を排除してきた頼朝は、建久年間に入りようやく体制を安定させてきたが、まだ十分ではないと認識させられた。こうして頼家への継承にも備えるべく、頼朝はさらなる粛清に進む。

## 安田義定の滅亡と建久六年の上洛

こうしたなか、頼朝によって「東海道の御代官」として位置づけられつつも、なおも強大な勢力を保持していた義定がついに粛清の対象とされた。建久元年(一一九〇)の上洛に際して下総守に遷任された義定だったが、頼朝が鎌倉に帰還した直後には早くも遠江守に復帰し、依然として「遠江国には、義定の郎従が充満している」

(『鎌倉遺文』六一三)とまでいわれる勢力を誇っていた。

だが、建久四年十一月、義定の子義資《よしすけ》が突如処刑された。罪状は幕府の女房に「艶書《えんしょ》」を送ったというものであり、あまりにも過酷な刑罰であった。そして父義定もこれに連座して失脚した。頼朝にとっては、曽我事件以来揺らぐ支配体制を確固たるものにするため、東海地域に残った最大の自立的勢力たる安田義定は大きな脅威となる存在であった。翌年八月、義定は郎従とともに処刑された。

ここに義定の遠江支配は終わりを告げた。義定の失脚直後、義定の所領の浅羽荘地頭職が没収された。第一節でみた、内乱初期に義定が頼朝との交渉の末手に入れた、有力在庁浅羽氏の本領である。替わりに地頭職を与えられたのは、義資を処刑した加藤景廉《かげかど》であった。かつて頼朝が領有を承認した遠江介浅羽氏の所領を義定から奪って景廉に与えたことは、義定にかわって遠江の支配権を景廉に与えたことを意味すると考えられる(伊藤邦彦 二〇一〇、勅使河原拓也 二〇一七)。

東海地域における最大の脅威を取り除いた頼朝は、建久六年(一一九五)、二度目の上洛を敢行する。今回も大勢の御家人を引き連れた大規模なデモンストレーションであった。また、妻政子や娘の大姫もともなっており、大姫の後鳥羽《ごとば》天皇への入内《じゅだい》が協議された。今回の上洛において特筆すべきは、頼家の動向である。頼家は京都で参内し天皇に謁見し御剣を賜った。頼朝は頼家を後継者として朝廷にも披露したと考えられる。

後継者頼家の「お披露目」は朝廷に対してだけではなかった。上洛の帰途、頼朝は各国の国境付近で「境迎え」の儀を行なっている。「境迎え」とは、新任の国司を迎える儀式にならったものであり、頼朝はここで国務や訴訟に自ら臨む「善政」を施した。これは前回の上洛同様、東海道諸国に勢力を扶植するためのパフォーマンスでもあったが、同時に後継者頼家を披露する意味もあったとされる（木村茂光 二〇一六）。のち頼家は、清和源氏重宗流で三河国足助《あすけ》荘（愛知県豊田市）を本拠とし墨俣川の合戦（本章第一節参照）で戦死した賀茂《かも》（足助《あすけ》）重長《しげなが》の娘（後年実朝を暗殺した公暁《こうぎょう》の母）を妻に迎えた。頼家にとっても東海地域は重要な拠点であった。

特に重要だったのが遠江国である。今回頼朝は、長年にわたって同国を実力支配した安田義定を完全に排除した上で遠江を通行しており、今回も遠江浅羽氏らは従っていた。遠江でも国境付近の橋本宿で「善政」が行なわれたが、『吾妻鏡』はそれにつき、「遠江の在庁や守護沙汰人らがあらかじめ集まり、義定朝臣の後の国務・検断等、清濁について尋ね成敗なされた」（七月二日条）と記す。上洛には、義定の支配下にあった遠江に頼朝が自ら臨み、幕府の支配下に組み込む目的があり、これにより鎌倉幕府固有の支配領域である「東国」＝遠江・信濃以東一五ヵ国が形成された（勅使河原拓也 二〇一七）。

この二度の上洛によって、頼朝は東海地域の支配を確かなものとした。内乱期、東海地域に割拠した自立的な武士、源氏一族を排除した末、自らの支配下に収めたのである。一方、鎌倉と京都との往還のなかで協議した大姫の入内は彼女の死によって頓挫する。頼朝は建久十年（一一九九）に死去し、手筈通り頼家が次の鎌倉殿となるが、その権力は長くもたず北条氏によって排除され、頼家とその子一幡《いちまん》は外戚比企《ひき》氏もろとも殺害された。頼朝が周到に準備した後継者への権力移行は結果的に失敗に終わり、北条氏の権力が拡大していくことになる。

〔参考文献〕

石井　進『石井進著作集一　日本中世国家史の研究』岩波書店、二〇〇四年、初版一九七〇年
井戸美里『戦国期風俗図の文化史─吉川・毛利氏と「月次風俗図屛風」─』吉川弘文館、二〇一七年
伊藤邦彦『鎌倉幕府守護の基礎的研究　論考編』岩田書院、二〇一〇年
同　『「建久四年曽我事件」と初期鎌倉幕府─曽我物語は何を伝えようとしたか─』岩田書院、二〇一八年
伊藤瑠美「一一～一二世紀における武士の存在形態─清和源氏重宗流を題材に─（上）（下）」『古代文化』五六─八・九、二〇〇四年
岩田慎平「鎌倉幕府と寿永二年十月宣旨について─常陸吉田神社文書の再検討─」『立命館文学』六七七、二〇二二年
上横手雅敬『日本中世政治史研究』塙書房、一九七〇年
同　『鎌倉時代政治史研究』吉川弘文館、一九九一年
榎原雅治『中世の東海道をゆく─京から鎌倉へ、旅路の風景─』吉川弘文館、二〇一九年、初版二〇〇八年
大山喬平「没官領・謀叛人所帯跡地頭の成立─国家恩賞授与権との関連をめぐって─」『史林』五八─六、一九七五年
岡田清一『北条義時─これ運命の縮まるべき端か─』ミネルヴァ書房、二〇一九年

金澤正大『鎌倉幕府成立期の東国武士団』岩田書院、二〇一八年
川合　康『源頼朝―すでに朝の大将軍たるなり―』ミネルヴァ書房、二〇二一年
金　玄耿「平安後期における武士の階層移動―越後城氏の事例を中心に―」『日本史研究』六八二、二〇一九年
木村茂光『初期鎌倉政権の政治史』同成社、二〇一一年
同　『頼朝と街道―鎌倉政権の東国支配―』吉川弘文館、二〇一六年
坂井孝一『源氏将軍断絶―なぜ頼朝の血は三代で途絶えたか―』PHP研究所、二〇二一年a
同　『鎌倉殿と執権北条氏―義時はいかに朝廷を乗り越えたか―』NHK出版、二〇二一年b
櫻井陽子『『平家物語』本文考』汲古書院、二〇一三年
佐藤進一『日本の中世国家』岩波書店、二〇二〇年、初版一九八三年
同　『鎌倉幕府訴訟制度の研究』岩波書店、一九九三年
清水　亮『鎌倉幕府御家人制の政治史的研究』校倉書房、二〇〇七年
下村周太郎「そもそも、源頼朝は征夷大将軍を望んでいなかった?」日本史史料研究会監修・関口崇史編『征夷大将軍研究の最前線―ここまでわかった「武家の棟梁」の実像―』洋泉社、二〇一八年
髙橋昌明「以仁王令旨の発給は四月か、五月か」『日本史研究』七二〇、二〇二二年
田中克行『虹の記憶―田中克行遺稿集―』田中克行遺稿集編集委員会、一九九七年
勅使河原拓也「治承・寿永内乱後の東海地域における鎌倉幕府の支配体制形成―頼朝上洛に着目して―」『年報中世史研究』四二、二〇一七年
同　「奥州合戦をめぐる公武関係―追討宣旨発給問題を中心に―」『古代文化』七一―二、二〇一九年

同　「伊勢国における荘郷地頭制の受容」元木泰雄編『日本中世の政治と制度』吉川弘文館、二〇二〇年
長村祥知『対決の東国史一　源頼朝と木曾義仲』吉川弘文館、二〇二三年
野口　実『北条時政―頼朝の妻の父、近日の珍物か―』ミネルヴァ書房、二〇二二年
東島　誠『自由にしてケシカラン人々の世紀』講談社、二〇一〇年
同　『「幕府」とは何か―武家政権の正当性―』NHK出版、二〇二三年
彦由一太「甲斐源氏と治承寿永争乱―『内乱過程に於ける甲斐源氏の史的評価』改題―」西川広平編著『シリーズ・中世関東武士の研究三二　甲斐源氏一族』戎光祥出版、二〇二一年、初出一九五九年
菱沼一憲『中世地域社会と将軍権力』汲古書院、二〇一一年
保立道久『中世の国土高権と天皇・武家』校倉書房、二〇一五年
元木泰雄『源頼朝―武家政治の創始者―』中央公論新社、二〇一九年
森　幸夫「伊豆守吉田経房と在庁官人北条時政」『季刊ぐんしょ』再刊八、一九九〇年

# 三　東海の御家人と公武政権

熊谷隆之

## 1　鎌倉幕府開創期の東海の御家人

### 鎌倉初期の守護

建久三年（一一九二）以降、畿内近国で守護を介した国御家人《くにごけにん》に対する京都大番役への催促が始まった。最初に史料上にみえるのは、美濃国である。同年六月、源頼朝は信濃源氏の大内惟義に対して、美濃国内の「家人の儀を存ずる輩《ともがら》」、つまり鎌倉幕府の御家人になろうとする武士らの動員を命じた。

もとより、大内惟義の美濃国守護としての活動は、これ以前からみえる。しかし、ここで注目すべきは、建久三年以降、守護による大番催促の開始により、国ごとの御家人の編成が急速に進んだことである。治承・寿永の内乱という未曽有の戦争を生き抜いた武士たちが、こののち御家人制という枠組みのなかに取り込まれていく。

建久七年（一一九六）十一月には和泉国、翌年十二月には大隅・薩摩国でも、守護による大番催促が確認できる。鎌倉期を通じて受け継がれる、このようなかたちでの守護制度と御家人制は、この時期、一気に西へと展開していった。

　東海の状況は、どうだろうか。承久の乱以前の守護について、西から順にみてみると、伊賀国では、大内惟義、秀郷流藤原氏の山内（首藤）経俊《つねとし》、大内惟義の弟平賀《ひらが》朝雅《ともまさ》、大内惟義の子息大内惟信《これのぶ》が相次いで守護となる。伊勢国でも、山内経俊、平賀朝雅、大内惟信が守護を務めた。志摩・飛驒国は、史料がなく不明だが、志摩国は承久の乱後のように伊勢国と兼帯だったかもしれない。美濃国については、大内惟義・惟信父子が一貫して在職したとみられる。尾張国では、武蔵七党《むさししちとう》の一つ横山党の小《お》野成綱《ののなりつな》による守護としての活動がみえ、その地位は子息小野盛綱《もりつな》へと引き継がれた可能性が高い。

　これに対し、三河国以東については、いくつか考えるべき点がある。かつて、文治元年（一一八五）十一月に幕府が設置したのは、守護と荘郷地頭《しょうごうじとう》だったとするのが一般的であった。しかし、近年では、このとき置かれたのは国地頭《くにじとう》、すなわち国単位の地頭であり、ところが、早くも文治二年（一一八六）六月に国地頭は停廃《ちょうはい》され、それを機に、職権を軍事警察のみに縮小した国単位の守護制度へと移行していった、との理解が優勢である。

　その国地頭の廃止を示すとされる史料には、尾張・美濃・飛驒・越中国以西の国々が列記されている。つまり、鎌倉初期の三河・信濃・越後国以東には国地頭、ひいては守護が置かれていなかった可能性がある。実際、同時代史料上で「守護」を探してみると、東国の各国における初見は、西国の国々よりも時期が下る。

このうちの三河国では、源頼朝の側近安達盛長《あだちもりなが》のいくつかの活動が、守護在職の徴証とされてきた。しかし、それらは、必ずしも守護のみに特有の職務ではない。盛長を「守護」と記した史料もあるものの、それは鎌倉幕府が編纂した歴史書『吾妻鏡』の地の文、すなわち本文であって、同書が成立した鎌倉後期の認識を示すにすぎない。

鎌倉初期には、上総・上野国で国奉行《くにぶぎよう》という職制が確認でき、その職権は国内寺社の管理など、守護のそれを超える。時期が下ると、国奉行も「守護」と呼ばれるようになるが、その起源と職権は、西国の守護とは異なる。三河国における安達盛長の地位も、東国の国奉行か、それに準ずるものであった可能性がある。

遠江・駿河国についても、かつては、甲斐源氏の安田義定と武田信義がそれぞれの最初の守護で、両人の失脚後、北条義時が駿河・伊豆国の守護になったと理解されていた。しかし、安田義定の活動は、守護ではなく、任官した遠江守としてのものである。当初、安田義定と武田信義は、源頼朝の麾《き》下《か》になく、自力で遠江・駿河国を占領したのであり、両人を「守護」と記すのは『吾妻鏡』の地の文である。北条義時の在職についても明証を欠く。結局のところ、遠江・駿河・伊豆国については、承久の乱以前、守護の存在を示す徴証はない。

その一方で、遠江・伊豆国は、鎌倉殿を知行国主とする関東知行国であった時期があり、駿河国は相模・武蔵国とともに、鎌倉期を通じて関東知行国であった。これまで鎌倉初期の東国で守護とされてきた面々の地位は、知行国主のもとでの国務奉行人《こくむぶぎようにん》や国守《くにのかみ》としてのものである可能性があり、その

表3-1　鎌倉初期の遠江・駿河・伊豆国の御家人

| 国名 | 御　家　人 |
| --- | --- |
| 遠江 | 横地氏，勝田(勝間田)氏，内田氏，相良氏，久野氏，浅羽氏 |
| 駿河 | 船越氏，興津氏，岡部氏，吉川氏，矢部氏，渋川氏，庵原氏，大内氏，蒲原氏，飯田氏，手越氏，三沢氏，鮫島氏，屋気氏，宿屋氏 |
| 伊豆 | 北条氏，伊東氏，宇佐美氏(藤姓)，狩野氏，工藤氏，天野氏，宇佐美氏(平姓)，仁田氏，堀氏，近藤氏，沢氏，大見氏，那古谷氏，田代氏，加藤氏(伊勢) |

*「表2　伊豆・駿河・遠江の御家人」（高橋典幸 2005）などを参照した．

職権は守護のそれを大幅に超える。三河国以東の守護の起源や職権については、鎌倉初期における守護の設置範囲をめぐる問題とともに、今後も綿密に検討していく必要がある。

**鎌倉初期の御家人と地頭**

次に、鎌倉初期の東海で確認しうる御家人の分布と地頭職《じとうしき》の設置状況について、今度は東から国ごとにみていくことにする。

まずは、東海東部についてみる。伊豆国では、桓武平氏の北条氏一門はもとより、伊東・宇佐美・狩野・工藤・天野氏などの藤原南家流が代表的な存在である。源頼朝の挙兵の地を出自とすることもあり、幕政に参画する面々も多い。伊豆国外に有する所領も目立つ。鎌倉初期の地頭の設置は、あまり確認できない。

駿河国では、藤原南家流の船越・興津・岡部・吉川・矢部氏、遠江国では、源義家の後裔と伝える横地氏、藤原南家流の勝田（勝間田）・内《うち》田《だ》・相良・久野氏、児玉《こだま》党の浅羽氏などがみえる。駿河国では、武田信義が幕府の麾下に入って、まもなく失脚したことから、新たな地頭が設置された。これは、安田義定が幕府のもとで、ほどなく失脚した遠江国についても同様である。鎌倉初期の遠江・駿河国には、東から新たな勢

表3-2　鎌倉初期の遠江・駿河・伊豆国の地頭

| 国名 | 荘園公領 | 地　頭（出 身 国） |
|---|---|---|
| 遠江 | 質侶荘 | 板垣兼信（甲斐） |
| | 頭陀寺荘 | 安田義定（甲斐） |
| | 浅羽荘 | 安田義定（甲斐）→加藤景廉（伊勢・伊豆） |
| | 笠原荘 | 一条忠頼（甲斐）→某 |
| | 内田荘 | 内田致茂（遠江） |
| 駿河 | 益頭荘 | 北条時政（伊豆） |
| | 大岡荘 | 北条時政（伊豆） |
| | 富士神領 | 北条時政（伊豆） |
| | 大津御厨 | 板垣兼信（甲斐） |
| | 方上御厨 | 武田信光（甲斐） |
| 伊豆 | 熱海郷 | 仁田忠常（伊豆）→北条泰時（伊豆） |
| | 玉河郷 | 伊豆局（伊豆） |
| | 狩野荘牧郷 | 加藤光員（伊勢・伊豆） |
| | 河津荘 | 加藤景廉（伊勢・伊豆） |

*「表1　伊豆・駿河・遠江の地頭」（高橋典幸 2005）などを参照した．

力が早くも進出したことになる。遠江・駿河国の御家人は、幕府中枢への政治的参画も顕著とはいえない。東海東部の遠江・駿河・伊豆国における御家人と地頭をめぐる状況には、東西で段階的な相違がみられる。

次に、東海西部についてみる。なお、鎌倉初期の畿内近国以西では、各国の守護が旧来勢力の交名（連名書）を作成して鎌倉に上申し、間接的に御家人として把握する手続きがとられることが多かった。京都にほど近い伊賀・伊勢・尾張・美濃国でも、御家人交名の作成が行なわれた可能性がある。

三河国では、内乱を経てもなお、旧来勢力が少なからず御家人として存続した。新入勢力としては、小野成綱や天野遠景《とおかげ》らが地頭となっている。尾張国守護でもある小野成綱は、西三河の北部にも勢力を張った。尾張国に基盤をもち、源頼朝の母方にあたる藤原南家流の熱田大宮司の一族である中条信綱《ちゅうじょうのぶつな》も、三河国の各地に基盤を有したこ

表 3-3　鎌倉初期の伊賀・美濃・飛驒・尾張・三河国の地頭

| 国名 | 荘園公領 | 地頭 |
|---|---|---|
| 伊賀 | 壬生野郷 | 宇都宮朝綱 |
| | 阿波荘 | 某→(停廃) |
| | 広瀬荘 | 某→(停廃) |
| | 山田有丸荘 | 某→(停廃) |
| 美濃 | 鵜飼荘 | 山内某 |
| | 貞清郷 | 土岐光行 |
| | 重次郷 | 土岐光行 |
| | 土岐多良荘 | 藤原仲経 |
| | 高田郷 | (姓未詳)保房 |
| | 犬丸・菊松名 | 美濃尼 |
| | 多芸荘 | 纐纈盛康 |
| | 大榑荘 | 長沼宗政 |
| | 饗庭東荘内屋井郷 | 佐々木定綱 |
| | 中村郷 | 纐纈盛康 |
| | 遠山荘 | 加藤景廉 |
| 飛驒 | 荒城郷 | 多好方 |
| 尾張 | 日置荘 | 六条八幡宮 (預所職か) |
| | 津島社 | 板垣某 |
| | 海東荘 | 中条信綱 |
| | 堀尾荘 | 堀尾行直 |
| | 長岡荘 | 長瀬某 |
| | 富田荘 | 北条義時 |
| | 松枝保 | 一条能保室 (預所職か) |
| | 小弓荘 | 某 |
| | 篠木荘 | 鎌田正清娘 |
| | 高畠荘 | 一条能保室 (預所職か) |
| | 御器所 | 一条能保室 (預所職か) |
| | 長包荘 | 一条能保室 (預所職か) |
| | 一楊御厨 | 某 |
| | 野間内海荘 (某所) | 小野成綱娘 「図書左衛門尉」 |
| | 於田江荘・保 | 山内経俊 |
| 三河 | 高橋荘 | 小野成綱 |
| | 蒲形荘 | 天野遠景 |
| | 羽渭荘 | 丹波頼基 (預所職か) |
| | 飽海本神戸・新神戸 | 某→(停廃) |
| | 大津神戸 | 某→(停廃) |
| | 伊良胡御厨 | 某→(停廃) |
| | 薑御厨 | 某→(停廃) |
| | 橋良御厨 | 某→(停廃) |

*「美濃国地頭表」(『岐阜県史　通史編　中世』岐阜県, 1969 年),「表 2-2-1　初期の地頭等補任状況」(青山幹哉 2018) などを参照した.

表 3-4　鎌倉初期の伊勢国の地頭

| 荘園公領 | 地　　頭 | 荘園公領 | 地　　頭 |
|---|---|---|---|
| 鈴鹿荘 | 松本盛澄 | 吉久名 | 「莚間三郎」 |
| 多々利荘 | 四方田弘綱 | 糸末名 | 「中村蔵人」 |
| 萩野荘 | 中原親能，「中村蔵人」 | 福武名 | 中原親能 |
| 常楽寺荘 | 大江久兼 | 岩成(荘か) | 「庄小次郎」 |
| 昼生荘 | 中原親能(預所職) | 吉光名 | 庄田家房 |
| 富田荘 | 工藤祐経 | 光吉名 | 山内経俊 |
| 豊田荘 | 加藤光員 | 光吉得光渡吉清 | 山内経俊 |
| 池田別符 | 加藤光員 | 堀江永恒(名) | 「地《(池)》平次」 |
| 中跡荘 | 加藤光員 | 高成名 | 中原親能 |
| 栗真荘 | 大江広元 | 近富安富(名) | 市河行房 |
| 窪田荘 | 大江広元 | 末光安富(名) | 市河行重 |
| 長田荘 | 加藤光員 | 加納 | 加藤光員 |
| 遍法寺領 | 大江広元 | 永富名 | 大江広元 |
| 慈悲山領 | 大江広元 | 得永名 | 大江広元 |
| 曽禰荘 | 山内経俊 | 永藤名 | 「伊豆目代頼澄」 |
| 重安名田 | 「高野冠者」 | 光藤名 | 「伊豆目代頼澄」 |
| 慧雲寺領 | 山内経俊 | 久藤名 | 「泉乃判官代」 |
| 東園(村) | 源頼朝，中原親能 | 加垣湊 | 加藤光員 |
| 西園村 | 源頼朝，中原親能 | 新光吉名 | 加藤光員 |
| 黒田荘 | 源頼朝，中原親能 | 安富名 | 昌寛 |
| 丹生山公田 | 四方田弘綱 | 山永垣名 | 源季長 |
| 穂積荘 | 平維度(預所職) | 堀江加納 | 源季長 |
| 小倭田荘 | 大江広元(預所職) | 位田 | 加藤光員 |
| 長田荘 | 加藤光員 | 辰吉(名か) | 山内経俊 |
| 河口(荘か) | 後藤基清 | 近津連名 | 八田知重 |
| 家城荘 | 伊達為宗 | 豊富安富(名) | 中原親能 |
| 英多荘 | 山内経俊 | 曽禰荘返田 | 山内経俊 |
| 天花寺 | 源頼朝，久下重光 | 吉行名 | 伊達為宗 |
| 新屋荘 | 源頼朝，近衛局 | 福延別名 | 大江広元 |
| 木造寮田 | 「歌官《(斎宮)》寮頭」 | 石丸名 | 大江広元 |
| 永平名 | 源頼朝，宇佐美祐茂 | 末松名 | 渋谷時国 |
| 三箇山 | 伊達資綱 | 松永名 | 四方田弘綱 |
| 揚丸名 | 「尾前七郎」 | 弘清(名か) | 佐野忠家 |

| 荘園公領 | 地　　頭 | 荘園公領 | 地　　頭 |
|---|---|---|---|
| 弘抜名 | 市河行房 | 有光名 | 「白山別当」 |
| 粥安富名 | 岡部忠澄 | 葉若村 | (源頼朝か) |
| 武久名 | 加藤光員 | 井後村 | (源頼朝か) |
| 高垣名 | 中原親能 | 平野村 | (源頼朝か) |
| 安清名 | 渋谷重助 | 上野村 | (源頼朝か) |
| 本得末名 | 「長法寺五郎」 | 久吉名 | (源頼朝か) |
| 新得末名 | 「曽井入道」 | 河曲村 | (源頼朝か) |
| 松高名 | 伊達為宗 | 安楽村 | (源頼朝か) |

＊本文中で取りあげた目録から作成した（『吾妻鏡』文治3年4月29日条．目録の年次は文治5年の誤り）．他の史料から預所職と判明する荘園公領も散見するが，目録に「預所」と明記するものに限って付記した．

＊所領名と人名は，適宜，表記を改めた．

＊関東御領をふくめ，当時の伊勢国内における鎌倉幕府関係者の所領は，以上に限らない．

とが知られる。この一族は、京都と鎌倉を股にかけて活動しつつ、東海西部の各所に所領を獲得し、なかには武士化していく者もいた。

尾張国では、美濃国にかけて強大な勢力を有した尾張源氏の山田氏らが、依然、健在であった。そのほかの旧来勢力も、少なからず命脈を保ったとみられる。その一方で、一条能保《よしやす》の妻であった源頼朝の妹、熱田大宮司の一族、北条氏をはじめとする東国の御家人も地頭職などを獲得した。

美濃国では、山田氏と同族の高田重家と葦敷重隆が、源頼朝のもとで失脚する。源頼朝は、守護大内惟義に宛てた前述の下文《くだしぶみ》のなかで、葦敷重隆の郎従らに京都大番役を勤めさせるよう命じた。有力武士の粛正と並行して、彼らに仕えていた中小武士たちが、直接に御家人として編成されたのである。他方で、佐々木定綱《さだつな》、加藤景廉、長沼宗政《ながぬまむねまさ》といった有力御家人が東国から地頭として少なからず進出した。

飛騨国では、鎌倉に下っていた雅楽師の多好方《おおのよしかた》に地頭職が与えられたことが知られる。志摩国は、史料がなく、この時期の状況はわからない。

伊勢国は、元暦元年（一一八四）七月の乱で、鎌倉幕府と同盟関係にあった伊勢・伊賀平氏の謀叛が鎮圧されたこともあり、東国勢力の進出が著しい。文治五年（一一八九）三月の段階で、八二の荘園公領とその領主を書き上げた目録には、大江広元《おおえのひろもと》、中原親能《なかはらのちかよし》、山内経俊、後藤基清《ごとうもときよ》、加藤光員《みつかず》、八田《はった》知重《ともしげ》、工藤祐経、宇佐美祐茂ら、錚々《そうそう》たる有力御家人の名前が並ぶ。ほとんどは地頭職とみられるが、より上級の預所職も含まれ、関東御領《かんとうごりょう》、すなわち幕府の直轄領も多いのが特徴である。

伊勢国では、このほかにも、第二章第三節で紹介した補任状《ぶにんじょう》で著名な島津忠久の例なども知られ、地頭が他国よりも相当に密なかたちで設置されたのではないかと憶測する。ただし、その一方で、さきの目録には、伊勢平氏の松本盛澄《まつもともりすみ》、平維度《これのり》、庄田家房《しょうだいえふさ》らの名前もみえる。伊勢平氏のすべてが元暦の乱で滅びたわけではなく、やがて後述する三日平氏の乱を迎えることになる。

伊賀国では、宇都宮朝綱《ともつな》のほか、東大寺再建のために早々に停廃され、宋人陳和卿《ちんなけい》に与えられた地頭職がみえるにとどまる。しかし、元暦の乱で大将軍となって謀叛を起こした平田家継の旧領をはじめ、少なからず地頭が設置されたことは確実である。その一方で、三日平氏の乱では伊賀平氏も蜂起しており、旧来勢力も残ったものとみられる。

承久の乱後、ややあって、三河・遠江・駿河・伊豆国は鎌倉、伊賀・伊勢・尾張・美濃国は六波羅《ろくはら》の管轄下へと分かれることになる。それに先だつ鎌倉初期の東海における御家人の分布と地頭の設置状況からは、各地域における新旧の歴史的特質と、それがさらに東西へと二分されていく過程をみてとることができる。

## 2 承久の乱と東海の御家人

### 源氏将軍三代と三日平氏の乱

建久九年（一一九八）正月、土御門《つちみかど》天皇が践祚《せんそ》し、父である後鳥羽院による院政がはじまる。翌年正月には、源頼朝が没した。ときに五三歳である。すぐに一八歳の嫡子源頼家が跡を継いだが、こののち幕政は波乱が続く。

正治二年（一二〇〇）正月、源頼朝に重用されていた梶原景時《かじわらかげとき》が、有力御家人六六人の弾劾をうけて鎌倉を追放され、上洛の途次、駿河国で討たれた。討手は、国御家人の庵原《いはら》・飯田《いいだ》・吉川・渋川・矢部・三沢《みさわ》・船越・大内氏などで、その恩賞として、吉川氏は播磨国、飯田氏は丹波国に地頭職を獲得する。幕府中枢から離れた位置にいる駿河国御家人が、このようなかたちで、西国に進出する足がかりをえた。

正治二年四月、北条時政が遠江守となる。その後、源頼家やその息一幡の外戚比企能員《よしかず》と、北条時政の対立は深まり、建仁三年（一二〇三）九月、比企能員は討滅され、源頼家も二代将軍の座を追われて伊豆国に幽閉された。その知らせは源頼家の死として京都に伝わり、一二歳の源実朝《さねとも》が三代将軍となる。彼を将軍に任じ、元服させ、実朝という諱《いみな》を授けたのは、ほかならぬ後鳥羽院であった。

元久元年（一二〇四）二月、伊勢・伊賀平氏が挙兵する。いわゆる三日平氏の乱である。『吾妻鏡』で、乱の経過をみる。

二月某日、平維基《これもと》の子孫が伊賀国で、平度光《のりみつ》の子孫らが伊勢国で蜂起し、両国の守護山内経俊は無勢により逃亡して、凶徒らが近江・伊勢国間の鈴鹿《すずか》山などを封鎖したとの報が、同年三月九日、鎌倉に届いた。これをうけ、幕府は京都守護の平賀朝雅に乱の鎮圧を命じ、三月二十三日、平賀朝雅は出京する。

しかし、鈴鹿関《すずかのせき》は封鎖されており、平賀朝雅は美濃国経由で伊勢国に入り、四月十日から三日間、合戦した。その結果、富田基度《とみだもとのり》とその弟松本盛光《もりみつ》、岡貞重《おかさだしげ》、庄田佐房《すけふさ》・師房《もろふさ》父子らに勝利する。三日平氏の乱とよばれるのは、このためである。

ところが、その後も合戦は続く。四月二十九日、平賀朝雅は伊賀国で平盛時《もりとき》らを破り、乱の首謀者である若菜五郎《わかなごろう》も伊勢国で討たれた。以上が『吾妻鏡』が記す乱の経過である。

これに対し、公家の日記などの同時代史料が記す経過は、かなり異なる。それによると、実は、乱の起こった月日自体、判然としない。確実なところでは、三月十八日、平家党類との合戦があり、後日、この合戦で伊賀・伊勢国守護の山内経俊が反逆したとの噂も飛び交った。

そうしたなか、三月二十一日に、この一両日、伊勢国で謀叛が大規模化し、一〇〇〇人規模に及んでいるとの知らせが京都に届いた。後鳥羽院から追討を命じられた平賀朝雅は、三月二十二日、二〇〇騎とともに伊勢国に向かう。だが、平賀朝雅の到着以前の三月二十一日、逆賊は尾張・美濃国の軍兵に誅伐されており、四月二日、平賀朝雅は千余騎を引き連れ、帰洛した。

要するに、平賀朝雅は合戦に参加することなく、乱は鎮圧されたのである。にもかかわらず、この戦功によって、伊賀・伊勢国守護に任ぜられ、御家人としては異例の右衛門佐《うえもんのすけ》に任官し、京都での地位を急速に上昇させることになる。

ところが、元久二年（一二〇五）閏七月、平賀朝雅は、彼を四代将軍に擁立しようとした北条時政の後妻である牧の方の陰謀に加担したとして、京都で誅殺された。北条時政も伊豆国に隠退し、北条義時が執権《しっけん》となる。伊賀・伊勢国守護には、大内惟信が就任した。

**和田義盛の乱と源氏将軍の断絶**

承元四年（一二一〇）十一月、土御門天皇の弟順徳《じゅんとく》天皇が践祚する。後鳥羽院の子孫が皇位を継いでいく可能性は濃厚となり、その専制君主的地位は、ますます盤石となった。

鎌倉では、侍所別当《さむらいどころべっとう》の和田義盛が北条義時らとの対立を深め、建暦三年（一二一三）五月、和田義盛は姻戚の横山党とともに挙兵する。北条義時は三浦義村《みうらよしむら》らと連携して応戦し、和田義盛は敗北して一族とともに戦死を遂げた。この時、熱田大宮司の一族の野田朝季《のだともすえ》は、足利義氏《よしうじ》に属して戦い、和田義盛の子息朝比奈義秀《あさひなよしひで》に討ち取られたという。

かたや京都では、この頃までに、後鳥羽院のもとで畿内近国の守護や在京御家人の編成が進んでいた。そこで、その状況の一端を知るべく、建暦三年四月、法勝寺《ほっしょうじ》九重塔供養の儀で、門の警固にあたった武士の交名をみてみることにしたい。

後鳥羽院の西面《さいめん》の武士として編成された御家人としては、加藤光員と、近江・長門国守護でもある佐々木広綱《ひろつな》がみえる。守護では、伊賀・伊勢国の大内惟信、但馬国の安達親長《ちかなが》、阿波国の佐々木経《つね》高《たか》・高重《たかしげ》父子、安芸国の宗孝親《そうのたかちか》が名を連ねている。このうち、大内惟信は美濃・越前・丹波国、安達親長は出雲国、佐々木経高らは淡路国の守護にも在職している可能性がある。金持広成《かなもちひろしげ》も、これ以前に同族の在職徴証があることから、伯耆国守護かもしれない。このほか、のちに京都守護となる大江親広《ちかひろ》や、名前は不明ながら河内・備前国守護代も警固にあたっている。

この交名には、東海に基盤をもつ御家人もみえる。尾張源氏の山田重忠と朝日《あさひ》頼清《よりきよ》、熱田大宮司の一族の中条信綱・範俊《のりとし》父子、三河国の重原実広《しげはらさねひろ》である。交名にはみえないものの、西面であった可能性が指摘される御家人として、美濃国の土岐《とき》光行《みつゆき》と池田《いけだ》奉永《ともなが》がいる。院と武家権門に両属する院政期以来の京武者の系譜をひくこれらの武士たちが、承久の乱における京方の軍勢となるのである。

このような状況は、後鳥羽院と源実朝の良好な関係の結果でもある。かねて源実朝は、京都から坊《ぼう》門信清《もんのぶきよ》の娘を妻として迎えていた。坊門信清の姉七条院《しちじょういん》は、後鳥羽院の母であり、坊門家は院近臣の筆頭の地位にある。後鳥羽院と源実朝の関係は、直接に対面することはないにせよ、和歌を通じた交流をはじめ、親密さを増していく。

しかし、その後、鎌倉では、子のできない源実朝の後継者問題が浮上する。建保六年（一二一八）二月、北条政子は上洛して、後鳥羽院の乳母《めのと》である卿二位《きょうのにい》こと藤原兼子と会談し、後鳥羽院の皇子頼《より》仁《ひと》親王を後継者として鎌倉に下す相談をした。一方で、源実朝は同年正月に権大納言《ごんのだいなごん》に任じ、同年三月に左近衛大将《さこのえのたいしょう》を兼ね、同年十月に内大臣《ないだいじん》と、官位の急速な昇進を遂げ、ついには同年十二月、右大臣《うだいじん》に任官する。

ところが、建保七年（一二一九）正月、源実朝は右大臣拝賀のために鶴岡八幡宮《つるがおかはちまんぐう》を参詣した際、兄源頼家の遺児である公暁に殺害されるのである。

### 承久の乱

建保七年二月、幕府は後鳥羽院の皇子である雅成《まさなり》親王と頼仁親王のいずれかを後継者として鎌倉へ下すように要請した。後鳥羽院は断り、良好だった公武関係は、一気に冷え込んでいく。その結果、幕府と昵懇の西園寺《さいおんじ》公経《きんつね》の外孫で、九条道家《みちいえ》の子息である三寅《みとら》を後継者とすることになった。のちの九条頼経《よりつね》である。

承久三年（一二二一）四月、順徳天皇の皇子仲恭《ちゅうきょう》天皇が践祚し、九条道家が摂政《せっしょう》となった。同年五月十四日、後鳥羽院は親幕府派の西園寺公経・実氏《さねうじ》父子の幽閉とともに、京都守護の伊賀光季《みつすえ》と大江親広、それに武士たちの出動を命ずる。伊賀光季はこれに応じず、翌十五日、攻撃をうけて自害した。この日、後鳥羽院は北条義時の追討を命じる宣旨を出す。承久の乱が、始まる。

後鳥羽院の招集に応じたのは、院側近の藤原秀康《ひでやす》をはじめとして、加藤光員、五条有範《ごじょうありのり》、大江能範《よしのり》、近江・長門国守護でもある佐々木広綱、播磨国守護でもある後藤基清らの西面、守護では、京都守護大江親広、伊賀・伊勢・越前・美濃・丹波国守護大内惟信、淡路・阿波国守護佐々木経高・高重父子、尾張国守護小野盛綱、但馬国守護安達親長、安芸国守護宗孝親、それに検非違使三浦胤義《たねよし》らの在京御家人であった。このうち、佐々木広綱は石見・隠岐国、安達親長は出雲国の守護を兼ねていた可能性

表3-5　承久の乱で京方についた東海関連の御家人

| 国名 | 人　　名 |
|---|---|
| 伊勢 | 加藤光員 |
| | 加藤光兼 |
| | 加藤光定 |
| | 「加藤左衛門尉」 |
| 美濃 | 浅野光時(光綱) |
| | 「上田刑部」 |
| | 「上田」 |
| | 「打見」 |
| | 開田重国 |
| | 木田重知 |
| | 木田重季 |
| | 神地頼経 |
| | 清水頼高 |
| | 小島重茂 |
| | 小島重継 |
| | 小島重通 |
| | 高田重朝 |
| | 高田重村 |
| | 大和房重慶 |
| | 「高桑」 |
| | 「垂水左衛門尉」 |
| | 「寺本」 |
| | 「蜂屋入道」 |
| | 「蜂屋蔵人」 |
| | 「蜂屋三郎」 |
| | 「夜比兵衛尉」 |
| 尾張 | 朝日頼清 |
| | 朝日頼重 |
| | 朝日頼時 |
| | 朝日頼連 |
| | 藤原範直 |
| | 藤原範行 |
| | 藤原範広 |
| | 中島宣長 |
| | 山田重忠 |
| | 山田重継 |
| | 山田兼継 |
| | 山田重継 |
| | 山田重久 |
| | 「山田左衛門尉」 |
| | 「しもてら《(下寺)》の太郎」 |
| 三河 | 足助重成 |
| | 重原実広 |
| | 「駿川入道」 |
| | 「右馬助真平」 |
| | 「滋左衛門尉」 |
| 伊豆 | 「天野四郎左衛門尉」 |
| | 「伊藤《(東)》左衛門尉」 |

＊「「承久京方」表」(宮田敬三 2001) などを参照した.

がある。守護国数だけみれば、大軍にみえる。だが、実際、そうではなかった。

追討宣旨の知らせは鎌倉に届き、五月十九日、幕府では群議の結果、上洛戦を行なうことに決する。幕府は、東海・東山道の遠江・信濃国以東の一五ヵ国に軍事動員をかけた。北条泰時《やすとき》・時房《ときふさ》らの東海道軍、武田信光《のぶみつ》・小笠原長清《ながきよ》らの東山道軍、北条朝時《ともとき》・結城《ゆうき》朝広《ともひろ》らの北陸道軍は、上洛の途次でそれぞれ一〇万余騎、五万余騎、四万余騎の大軍勢に膨れあがる。対する京方は二万にすぎず、六月五～

六日の尾張・美濃国境での戦闘を経て、勢多《せた》と宇治《うじ》を突破され、あっけなく敗北する。六月十六日、北条泰時・時房が六波羅に入った。西国を統括する六波羅探題《ろくはらたんだい》の成立である。

承久の乱を経て、東海の多くの国々で状況は一変した。京方に与《くみ》した御家人について、東海西部からみる。伊賀・伊勢国の旧来勢力は、伊勢・伊賀平氏の度重なる乱などで壊滅しており、京方で没落した人物はみあたらない。伊勢国に多くの所領をもつ加藤光員とその一族は、京方に属したが、所領を没収されるにとどまった。

尾張国では、尾張源氏の山田重忠と朝日頼清、熱田大宮司の一族の藤原範直など、有力な旧来勢力が京方として没落する。大介職《おおすけしき》を有する国衙在庁の中島宣長《なかじまのぶなが》も京方につき、所領を接収された。山田氏も朝日氏も中島氏も、一族こぞっての滅亡は免れ、乱後にも活動はみえる。とはいえ、前代以来の尾張国内の勢力分布は、大きく変わった。

三河国では、重原実広のほか、尾張源氏の一族である足助重成が京方についた。足助重成の伯(叔)母は、公暁の母とも、公暁の弟禅暁《ぜんぎょう》の母ともいう。いずれにしても、将軍源頼家の妻だったことになる。なお、乱以前に在京御家人としての活動がみえた中条信綱・範俊父子は、京方で没落したとの説もあるが、確証はない。のちに本人とみられる人物が確認でき、京方ではなかったとみられる。

美濃国では、尾張源氏の山田氏と同族の高田氏、小島《こじま》氏、開田《かいでん》氏、木田《きだ》氏などが京方となった。土岐氏については、乱の関係史料に名前がみえることから、当主の土岐光行が京方に与したとみる説もある。しかし、土岐光行はのちの史料にもみえ、名乗りからみて弟の浅野《あさの》光時《みつとき》(光綱《みつつな》)の誤記であろう。

一方、これら東海西部の国々に対し、東海東部の遠江・駿河・伊豆国についてみると、京方に属した御家人は、伊豆国の天野氏と伊東氏の二名以外、みあたらない。繰り返しになるが、承久の乱で幕府が軍事動員をかけたのは、東海・東山道の遠江・信濃国以東の一五ヵ国である。東海東部は、多くの御家人が京方に与した東海西部とは公家政権との関わりかたが異なる、まさに幕府の直轄国とでも呼ぶべき地域であった。

## 3 承久の乱後の政争と東海の御家人

**激動の乱後**

承久の乱の結果、乱を主導した後鳥羽院は隠岐国、順徳院は佐渡国、乱と無関係の土御門院も土佐国から、のちに阿波国へ流された。後鳥羽院の兄後高倉院《ごたかくら》が院政を行なうことになり、承久三年（一二二一）七月、その皇子後堀河《ごほりかわ》天皇が践祚する。後鳥羽院らの有した莫大な数の王家領は、幕府がいったん没収し、後高倉院に返付された。これ以後、鎌倉期を通じて、皇位継承や王家領の相続などを朝廷内で決することはできなくなり、幕府が口入せざるをえなくなる。

幕府は、京方の所領三千余ヵ所を没収し、地頭職を新補《しんぽ》した。毛利《もうり》・吉川・小早川《こばやかわ》・熊谷《くまがい》・山内・大友《おおとも》・相良氏など、のちに西遷する東国御家人が西国に進出するきっかけを得たのである。幕府の管轄の及ぶ荘園公領、すなわち武家領は膨大に増えた。京方の多かった東海西部と、ほとんどいなかった東海東部の新補地頭をめぐる状況は、やはり対照的である。

乱後の西国守護は、乱以前とは異なり、概して一ヵ国単位に減り、北条氏一門をはじめ、東国に本拠をもつ有力御家人に代わった。守護の交代した東海西部について、乱後の初見を記せば、承久三年六月からほどなく、伊勢国は北条時房が守護に就任し、おそらく志摩国も兼任する。嘉禎四年（一二三八）閏二～三月、伊賀国は千葉時胤《ときたね》、美濃国は北条泰時、尾張国は中条家平《いえひら》が守護としてみえ、三河国は宍戸《ししど》某が在任したとも、あるいは不設置ともいう。院と武家権門に両属する院政期以来の京武者は乱で滅び、六波羅探題が西国守護・御家人を指揮下に置く体制が成立した。

この時期以降、東海東部でも、史料上に「守護」がみえはじめる。嘉禎四年閏二～三月以降の、遠

表 3-6　承久の乱後の新補地頭

| 国名 | 荘園公領 | 新地頭 |
|---|---|---|
| 伊賀 | 長田荘 | 島津忠義 |
| | 虎武保 | 大井朝光 |
| 伊勢 | 曽禰荘 | 本間家茂 |
| | 勾御厨 | 北条時房 |
| | 丹生山 | 北条時房 |
| | 南堀江永恒 | 北条時房 |
| | 黒田御厨 | 北条時房 |
| | 両金法師跡 | 北条時房 |
| 美濃 | 茜部荘 | 長井時広 |
| | 市橋荘 | 石川光治 |
| | 彦坂郷 | 片切為頼 |
| | 大桑郷 | 逸見義重 |
| | 伊志良荘 | 伊志良有知 |
| | 円教寺 | 里見義直 |
| | 山田荘 | 東胤行 |
| 尾張 | 海東荘 | 小山朝政 |
| | 長岡荘 | 某 |
| | 安食荘 | 某 |
| | 上菱野村 | 三浦義村 |
| | 鳴海荘 | 小笠原清時 |
| | 名和(村か) | 「小笠原四郎」 |
| | 田古郷 | 某 |
| | 大野荘 | 某 |
| 三河 | 額田郡 | 足利義氏 |
| | 碧海荘 | 足利義氏 |
| | 重原荘 | 二階堂元行 |
| | 吉良東西条 | 足利義氏 |

*「表 2　承久の乱後の新地頭補任地一覧」（田中稔 1970）などを参照した.

江国の北条時房、駿河・伊豆国の北条泰時である。遠江・信濃国以東の一五ヵ国という幕府の直轄国のなかでも、遠江・駿河・伊豆国は、鎌倉期を通じて不設置であった東側の相模・武蔵国と、明らかにこの点で相違する。とはいえ、三河国を除く東海西部の国々とは、その起源や職権が異なる可能性があることは、前述したとおりである。

## 摂家・親王将軍の時代

貞応二年（一二二三）五月、後高倉院が亡くなり、後堀河天皇の親政が始まった。幕府では、貞応三年六月、北条義時が没し、子息北条泰時が執権となる。嘉禄元年（一二二五）六月に大江広元、同年七月に北条政子が没すると、北条時房が京都から鎌倉に下り、連署《れんしょ》に就任した。執権・連署制の確立である。

嘉禄元年十二月、幕府では合議で政務や訴訟を決裁する評定《ひょうじょう》と、東海・東山道の遠江・信濃国以東の一五ヵ国の御家人が、将軍御所を輪番で警固する鎌倉番役《かまくらばんやく》を新設した。嘉禄二年（一二二六）正月、九条頼経が九歳で四代将軍となる。

京都では、貞永元年（一二三二）十月、後堀河天皇の皇子四条《しじょう》天皇が践祚し、後堀河院政がはじまった。ところが、文暦元年（一二三四）八月、後堀河院が二三歳で世を去り、四歳の四条天皇がひとり残される。後鳥羽院の怨念の所為との噂が広まった。

延応元年（一二三九）二月、後鳥羽院が隠岐国で亡くなり、同年十二月に三浦義村、延応二年正月に北条時房が没する。仁治三年（一二四二）正月、四条天皇が一二歳で頓死し、後高倉皇統はここに絶えた。

王家の家長は不在となり、公家たちの思惑もまちまちである以上、第三者の幕府が次の天皇を決めざるをえない。幕府は、佐渡国の順徳院の帰京を厭《いと》い、土御門院の皇子を選んだ。後嵯峨《ごさが》天皇である。ところが、その決定を下した北条泰時は、仁治三年六月に没する。同年九月、順徳院は、自分の皇子が皇位につけず、帰洛が不可能になったのを悟り、みずから食を絶ち、亡くなった。

幕府では、仁治三年六月、北条泰時の嫡孫北条経時《つねとき》が執権となり、寛元二年（一二四四）四月、九条頼経の子息九条頼嗣《よりつぐ》が五代将軍となる。寛元四年（一二四六）三月には、北条経時の危篤に際して、弟の北条時頼《ときより》が執権を継いだ。

京都では、寛元四年正月、後嵯峨天皇の皇子後深草《ごふかくさ》天皇が践祚し、後嵯峨院政が始まると、幕府は後嵯峨院に徳政を要求した。その結果、同年十月、院評定制が整備され、幕府は九条道家に代えて西園寺実氏を、公家政権と幕府を取り次ぐ関東申次に指名する。皇位継承、摂関以下の人事、政務形態など、公家政治全般に対し、北条氏一門の嫡流の当主である得宗《とくそう》を中心として幕府が干渉する得宗政治は、すでにはじまっていた。

このうちの関東申次の交代は、寛元四年五月、九条頼経を京都へ強制送還した宮騒動《みやそうどう》など、幕府と九条家の関係悪化にもとづくものである。その宮騒動に続いて、宝治元年（一二四七）六月、北条氏と三浦氏の全面衝突が起こった。宝治合戦である。

このとき、美濃国の池田奉氏《ともうじ》は、勲功を挙げて所領を賜ったと伝える。しかし、北条氏一門以下の伊豆国出自の有力者を除けば、鎌倉の政争と東海の御家人の関わりは、ほとんど確認できない。反面、承久の乱を経て、東海西部の御家人は、公家政権に直属することこそなくなった。とはいえ、京都やその周辺で活動を続ける面々もいる。この時期の東海の御家人は、京都とも鎌倉とも、ほどよい距離にいたといえよう。

建長元年（一二四九）十二月、幕府は引付《ひきつけ》で訴訟を審理し、評定へ上程して裁許を決する裁判制度を整えた。建長四年（一二五二）四月、九条頼嗣が上洛して、後嵯峨院の皇子で十一歳の六代将軍宗《むね》尊《たか》親王が鎌倉へ下る。天皇と将軍は、兄弟となった。康元元年（一二五六）十一月には、北条時頼が執権を辞して出家する。しかし、その政治的立場は変わらない。京都では、正元元年（一二五九）十一月、後深草天皇の弟亀山《かめやま》天皇が践祚し、鎌倉では、弘長三年（一二六三）十一月、北条時頼が三七歳で没する。

その嫡子である北条時宗《ときむね》が一四歳で連署に就任するのは、文永元年（一二六四）八月、執権に就任するのは文永五年（一二六八）三月のことである。文永三年（一二六六）七月には、宗尊親王の妻の密通事件を口実に宗尊親王を京都に帰し、子息の惟康《これやす》王（のち源惟康、惟康親王）が三歳で七代将軍となる。文永九年（一二七二）二月には、後嵯峨院が後継者の決定を幕府に一任したまま、世を去った。

## 4 モンゴル襲来と東海の御家人

### 文永の役と高麗出兵計画

幾度となくモンゴル国使が列島を訪れるなか、文永八年(一二七一)九月、幕府は鎮西《ちんぜい》諸国の守護を務める少弐資能《しょうにすけよし》、大友頼泰《よりやす》、島津久経《ひさつね》と、鎮西に所領をもつ東国御家人に下向を命じた。承久の乱後、三河国に地頭職を獲得した二《に》階堂《かいどう》氏の一部が鎮西に下り、定着するのは、これ以後のことである。

文永十一年(一二七四)十月十九日、筑前国の博多湾に入ったモンゴル艦隊は、十月二十日、いったん上陸するが、帰艦し、その夜、撤退する。文永の役である。

戦闘はあっけなく終わったものの、一度目の襲来が列島に与えた影響は、比類なく大きかった。幕府は、これ以後、本来は幕府の管轄の及ばなかった荘園公領、すなわち本所一円地《ほんじょいちえんち》の住人をも軍事動員することになる。京都大番役をはじめとする御家人役を、非御家人も勤めるようになった。

その結果、幕府は、鎌倉後期には「仁治以往」、つまり北条泰時の執権期以前から御家人役を勤めていた者のみを、御家人と認めるようになる。例えば、尾張国二宮である大県社《おおあがたしゃ》社官の原高国《はらたかくに》が、近年の大番役勤仕にすぎないとして、幕府から御家人と認められなかった例もあった。御家人制の最終的な枠組みを形づくらせたのは、一度目の襲来である。

建治元年(一二七五)末、幕府はモンゴル軍を手引きした朝鮮半島の高麗《こうらい》への出兵を計画し、鎮西方面の一一ヵ国以上の守護を交代させ、「異賊制罰《(征伐)》の大将軍」として任国に下らせた。このとき、毛利・吉川・小早川・熊谷・山内氏など、守護以外の御家人も大挙、西下する。

まもなく出兵自体は、中止となった。しかし、これを機に、治承・寿永の内乱と承久の乱による西国における大規模な所領の獲得を前提として、東から西への、おそらくは列島史上初めての大移動がはじまる。西下した一族は、そのまま活動拠点を移すかたちで定着した。織田・豊臣政権のもとで一変するまで続く、列島における武士勢力の地域的分布の大枠を形づくらせたのも、一度目の襲来である。

それと並行して、幕府の出先機関としての六波羅と博多についても機構の整備が進められた。それにともなって、畿内近国の守護は、北条氏一門と伊賀国の千葉氏を例外として、在京御家人が務めるようになり、幕府の吏僚《りりょう》も関東・六波羅・博多に各一族が家系ごとに分かれる。尾張国守護中条氏や熱田大宮司の一族の海東《かいとう》・千秋《せんしゅう》氏らが在京し、六波羅評定衆に就任するのも、これ以後のことであった。彼らが南北朝期以降まで活動拠点とする場を形づくらせたのも、一度目の襲来である。

## 六条八幡宮造営注文

この頃の御家人制のありかたを示す貴重な史料として、建治元年五月に作成された「六条八幡宮造営注文《ろくじょうはちまんぐうぞうえいちゅうもん》」（口絵参照）がある。幕府は、前年の文永十一年七月に焼失した京都の六条八幡宮を再建すべく、その費用の総額六六四一貫文を「鎌倉中」「在京」「諸国」に分類された御家人四六九人に割りあてた。

ここに記される人名は、末尾に「跡」と付くものがほとんどで、これに先だつ寛元～建長年間の

表 3-7 「六条八幡宮造営注文」にみえる東海関連の御家人

| 分類 | 人名 | 貫文 | 比定者 |
|---|---|---|---|
| 鎌倉中 | 相模守 | 500 | 北条時宗 |
| | 武蔵前司入道跡 | | 北条経時 |
| | 最明寺跡 | | 北条時頼 |
| | 武蔵守 | 300 | 北条義政 |
| | 陸奥入道跡 | | 北条重時 |
| | 武蔵入道跡 | | 北条長時 |
| | 修理権大夫跡 | 300 | 北条時房 |
| | 越後入道分 | | 北条時盛 |
| | 左京権大夫跡 | 200 | 北条政村 |
| | 遠江入道跡 | 200 | 北条朝時 |
| | 備前々司跡 | | 北条時長 |
| | 足利左馬頭入道跡 | 200 | 足利義氏 |
| | 駿河入道跡 | 60 | 北条有時 |
| | 越後守 | 80 | 北条実時 |
| | 中条出羽前司跡 | 100 | 中条家長 |
| | 大宰少弐入道跡 | 60 | 狩野為佐 |
| | 伊東大和前司跡 | 60 | 伊東祐時 |
| | 矢(天)野和泉前司跡 | 70 | 天野政景 |
| | 伊東薩摩前司跡 | 35 | 安積祐長 |
| | 伊賀式部入道跡 | 25 | 伊賀光宗 |
| | 同隼(人脱)入道跡 | 7 | 伊賀光重 |
| | 同判官四郎跡 | 10 | 伊賀某 |
| | 宇佐美左衛門尉跡 | 20 | 宇佐美祐政 |
| | 狩野馬入道跡 | 12 | 狩野某 |
| | 狩野六郎左衛門入道跡 | 5 | 狩野某 |
| | 伊賀次郎左衛門尉跡 | 4 | 伊賀光房 |
| 在京 | 遠山大蔵権少輔跡 | 15 | 遠山景朝 |
| | 備中刑部権少輔跡 | 10 | 海東忠成 |
| | 古(土)岐左衛門尉跡 | 6 | 土岐光行 |
| | 栢枝(植)左衛門尉跡 | 5 | 栢植某 |
| 尾張国 | 治部権少輔跡 | 8 | 某 |
| | 内海左近大夫跡 | 5 | 内海某 |
| | 山田左近大夫入道 | 3 | 山田重親 |
| | 佐久間二郎兵衛入道 | 3 | 佐久間某 |
| | 平尾出雲前司跡 | 3 | 平尾某 |

| 分類 | 人名 | 貫文 | 比定者 |
|---|---|---|---|
| 三河国 | 中条馬助入道跡 | 10 | 中条範俊 |
| | 下条左衛門大夫入道跡 | 8 | 下条某 |
| | 足助佐渡前司 | 6 | 足助重方 |
| | 和田右衛門尉跡 | 7 | 和田某 |
| | 西部(郡)中務入道跡 | 6 | 西郡某 |
| | 和田四郎左衛門(尉脱)跡 | 3 | 和田某 |
| 遠江国 | 野部介 | 6 | 野部某 |
| | 山名庄地頭等 | 10 | (不明) |
| | 赤佐左衛門(尉脱)跡 | 5 | 赤佐某 |
| | 井伊介跡 | 3 | 井伊某 |
| | 平□(宇)太郎跡 | 4 | 平宇某 |
| | 左(佐)野中務丞跡 | 4 | 佐野某 |
| | 貫名左衛門入道跡 | 5 | 貫名某 |
| | 西郷入道跡 | 3 | 西郷某 |
| | 内田庄司跡 | 5 | 内田致茂 |
| | 東西谷五郎跡 | 3 | 東西谷某 |
| 駿河国 | 矢部七郎左衛門入道跡 | 5 | 矢部某 |
| | 同八郎左衛門入道 | 5 | 矢部某 |
| | 吉河左衛門入道跡 | 5 | 吉川経光 |
| | 賀嶋左衛門尉跡 | 5 | 賀島某 |
| | 矢部六郎左衛門尉跡 | 3 | 矢部某 |
| | 松野左衛門入道跡 | 3 | 松野某 |
| | 岡部左衛門尉跡 | 4 | 岡部某 |
| | 奥(興)津左衛門入道跡 | 4 | 興津某 |
| | 船越右衛門尉跡 | 3 | 船越某 |
| 伊豆国 | 土肥木工助跡 | 5 | 土肥某 |
| | 三戸尼跡 | 5 | (不明) |
| | 狩野弥三郎入道跡 | 3 | 狩野某 |
| | 南条七郎左衛門入道跡 | 3 | 南条時員 |
| | 江間平内兵衛入道跡 | 4 | 江間某 |
| | 田代豊前々司跡 | 3 | 田代某 |
| | 平井三郎入道跡 | 3 | 平井某 |
| 美濃国 | 伊志良左衛門(尉脱)跡 | 6 | 伊志良有知 |

*「表 7　六条八幡宮造営注文」(海老名尚ら 1993) などを参照した.

『吾妻鏡』の記事に現れる人物が多いとされる。そもそも伊賀・伊勢国の項はなく、それ以外の「鎌倉中」以下についても、御家人がどれほど網羅されているのか、心もとないが、これをもとに東海に関わる御家人について概観する。

「鎌倉中」には、伊豆国に出自をもつ北条氏一門、狩野為佐《ためすけ》、伊東祐時《すけとき》と弟安積祐長《あさかすけなが》、天野政景《まさかげ》、宇佐美祐政《すけまさ》らがみえる。幕政に参画するこれらの面々は、負担額も莫大であった。有していた所領の規模がうかがわれる。狩野氏以外は「伊豆国」の御家人と重複せず、逆に「伊豆国」の武士は数が限られ、負担額も少ない。「遠江国」「駿河国」についても、同様である。東海東部の御家人は、『吾妻鏡』に現れることもほとんどなく、鎌倉での活動は顕著ではなかった（三）とみられる。

次に、東海東部の御家人と比較しつつ、東海西部の「尾張国」「参河国」「美濃国」についてみる。人数は、やはり少ない。しかし、負担額をみてみると、「尾張国」にみえる尾張源氏の山田重親《しげちか》など、承久の乱で相当に所領を減らしたとみられる武士を含むにもかかわらず、それでも平均すると、東海東部よりも多い。「尾張国」には三浦氏一族の佐久間《さくま》某、「美濃国」には八田氏一族の伊志良有知《いじらありとも》がみえ、地頭として西へ進出した東国出自の武士がこちらに分類されているのも、東海東部と異なる。

何より注目されるのは、位階と官職である。国守、近衛大夫将監《このえのたいふのしょうげん》、衛門大夫《えもんのたいふ》の経験者が複数含まれ、東海東部よりも高位の位階や官職を有する。これは、東海の東部と西部とで、公家政権と御家人との距離が異なることを反映したものといえよう。

これらの国御家人に対し、「在京」にも東海西部ゆかりの武士の名前がみえる。加藤氏一族の遠山《とおやま》景朝《かげとも》は、美濃国の荘園名を名字にもつ。海東忠成《ただなり》は、大江広元の子息で、熱田大宮司の一族の猶子《ゆうし》となり、その子孫は六波羅評定衆を務めた。土岐光行は、いわずと知れた美濃源氏の雄である。柘植《つげ》某は、平清盛の弟平頼盛の郎党で、平治の乱後、源頼朝の助命を嘆願したことで知られる伊賀平氏の平宗清《むねきよ》の後裔ともいう。この注文では「鎌倉中」にみえる中条家長の子孫も、六波羅評定衆となった。彼らの子孫は、モンゴル襲来以後、鎌倉幕府の滅亡にいたるまで、六波羅の政務や、京都と畿内近国の治安維持を担うことになる。

## 内乱と外寇の果て

治承・寿永の内乱、承久の乱、文永の役で、武士勢力の地域的分布は、列島規模で激変した。このうち、東海のその後の歴史に対して大きな影響を与えたのは、一度目の外寇ではなく、それに先だつ二度の内乱である。

その変化の様相は、東海の東部と西部とで、国ごとに地域ごとに、段階的なちがいをもつ。これは、京都と鎌倉に政権が分極化した、鎌倉期というきわめて特異な時代にあって、その中間で東西に帯状に立地した、東海の歴史の大きな特色にほかならない。

弘安四年（一二八一）五月に始まる弘安の役は、文永の役とは比べものにならぬほどの大激戦であった。正真正銘、国家存亡の危機であった。三河国に地頭職をもつ二階堂氏や、遠江国に出自をもつ相良氏が襲来に備えて鎮西に移り、そのまま定着したような動きも、なかにはあった。けれども、二度の外寇は、東海のその後の歴史に与えた影響という意味では、少々妙な物言いかもしれないが、さほどのできごとではなかったのである。

弘安七年（一二八四）四月、北条時宗が没する。その嫡子北条貞時《さだとき》の外祖父安達泰盛《やすもり》と、乳母の夫である平頼綱《よりつな》は対立を深め、翌年十一月、両派は激突した。この霜月騒動《しもつきそうどう》は、二度の外寇以上に、東海の歴史を大きく変えることになる。――だが、それは、本巻のあつかうところではない。

〔参考文献〕


青山幹哉「治承・寿永の内乱」『愛知県史　通史編2　中世1』愛知県、二〇一八年
青山幹哉・松島周一「承久の乱とその後」『愛知県史　通史編2　中世1』愛知県、二〇一八年
網野善彦「美濃国」『網野善彦著作集四』岩波書店、二〇〇九年、初出一九六九～八〇年
上杉和彦『大江広元』吉川弘文館、二〇〇五年
海老名尚・福田豊彦「「六条八幡宮造営注文」と鎌倉幕府の御家人制」福田豊彦『中世成立期の軍制と内乱』吉川弘文館、一九九五年、初出一九九三年
大山喬平「文治国地頭制の停廃をめぐって―文治二年六月廿一日頼朝書状の検討―」『横田健一先生還暦記念　日本史論叢』横田健一先生還暦記念会、一九七六年
勝山清次「鎌倉幕府の成立と守護の支配」『三重県史　通史編　中世』三重県、二〇二〇年
川合　康『日本中世の歴史3　源平の内乱と公武政権』吉川弘文館、二〇〇九年
同　「鎌倉幕府の成立と伊賀国」『伊賀市史一　通史編　古代中世』伊賀市、二〇一一年
木下竜馬「新出鎌倉幕府法令集についての一考察―『青山文庫本貞永式目追加』―」『古文書研究』八八、二〇一九年

熊谷隆之「鎌倉幕府支配の展開と守護」『日本史研究』五四七、二〇〇八年
同　「悪党の時代」『伊賀市史一　通史編　古代中世』伊賀市、二〇一一年
同　「鎌倉幕府支配の北陸道における展開」『富山史壇』一六八、二〇一二年
同　「モンゴル襲来と鎌倉幕府」『岩波講座日本歴史7　中世2』岩波書店、二〇一四年
同　「鎌倉幕府支配の西国と東国」川岡勉編『戎光祥中世史論集一　中世の西国と東国―権力から探る地域的特性―』戎光祥出版、二〇一四年
同　「蒙古襲来と幕府支配の変容」西山良平・勝山清次編『日本の歴史　古代・中世編』ミネルヴァ書房、二〇二一年
五味文彦「『吾妻鏡』の筆法」『増補　吾妻鏡の方法―事実と神話にみる中世―　新装版』吉川弘文館、二〇一八年、初出二〇〇〇年
高橋典幸「鎌倉幕府と東海御家人―東国御家人論序説―」『鎌倉幕府軍制と御家人制』吉川弘文館、二〇〇八年、初出二〇〇五年
田中　稔「承久の乱後の新地頭補任地〈拾遺〉―承久京方武士の一考察補論―」『鎌倉幕府御家人制度の研究』吉川弘文館、一九九一年、初出一九七〇年
長村祥知「後鳥羽院政期の在京武士と院権力―西面再考―」『中世公武関係と承久の乱』吉川弘文館、二〇一五年、初出二〇〇八年
宮田敬三「「承久京方」表・分布小考」『源平合戦と京都軍制』戎光祥出版、二〇二〇年、初出二〇〇一年
渡邉正男「史料紹介　丹波篠山市教育委員会所蔵「貞永式目追加」」『史学雑誌』一二八―九、二〇一九年

コラム2

# 美濃国の大豆戸

## ――承久の乱合戦の地――

長谷　健生

大豆戸《まめど》（摩免戸・大豆渡）は、承久の乱における合戦の地として『吾妻鏡《あずまかがみ》』『承久記《じょうきゅうき》』に登場する地名である。尾張国と美濃国の国境の木曽川（史料上は「尾張河《おわりがわ》」）沿いに位置し、現在の岐阜県各務原市前渡《まえど》地域に比定される。木曽川における大豆戸は、軍勢の渡河が容易な浅瀬として、歴史の表舞台に現れる。

承久三年（一二二一）五月、後鳥羽《ごとば》院の挙兵に対抗すべく、幕府軍は京を目指して軍を進めた。東海道を北条泰時《ほうじょうやすとき》ら一〇万騎、東山道を武田信光《たけだのぶみつ》ら五万騎、北陸道を北条朝時《ともとき》ら四万騎の大軍で進んだ。京方軍は西進する幕府軍を食い止めるべく、濃尾国境の木曽川に、藤原秀康《ふじわらひでやす》・三浦胤義《みうらたねよし》らが一万七五〇〇騎の軍勢を散開した。

六月五日夜、幕府東山道軍が大井戸《おおいど》（岐阜県可児市土田《どた》）を渡河し、京方軍を打ち破り、大豆戸方面に進軍した。翌六月六日、東海道軍も大豆戸で渡河し、京方軍を攻撃した。京方軍は三浦胤義、山田重忠《しげただ》らが奮戦するも、幕府軍を食い止めることはできず、敗走した。京に戻った藤原秀康は後鳥羽院に「摩免戸合戦」（『吾妻鏡』）での敗北を報告している。

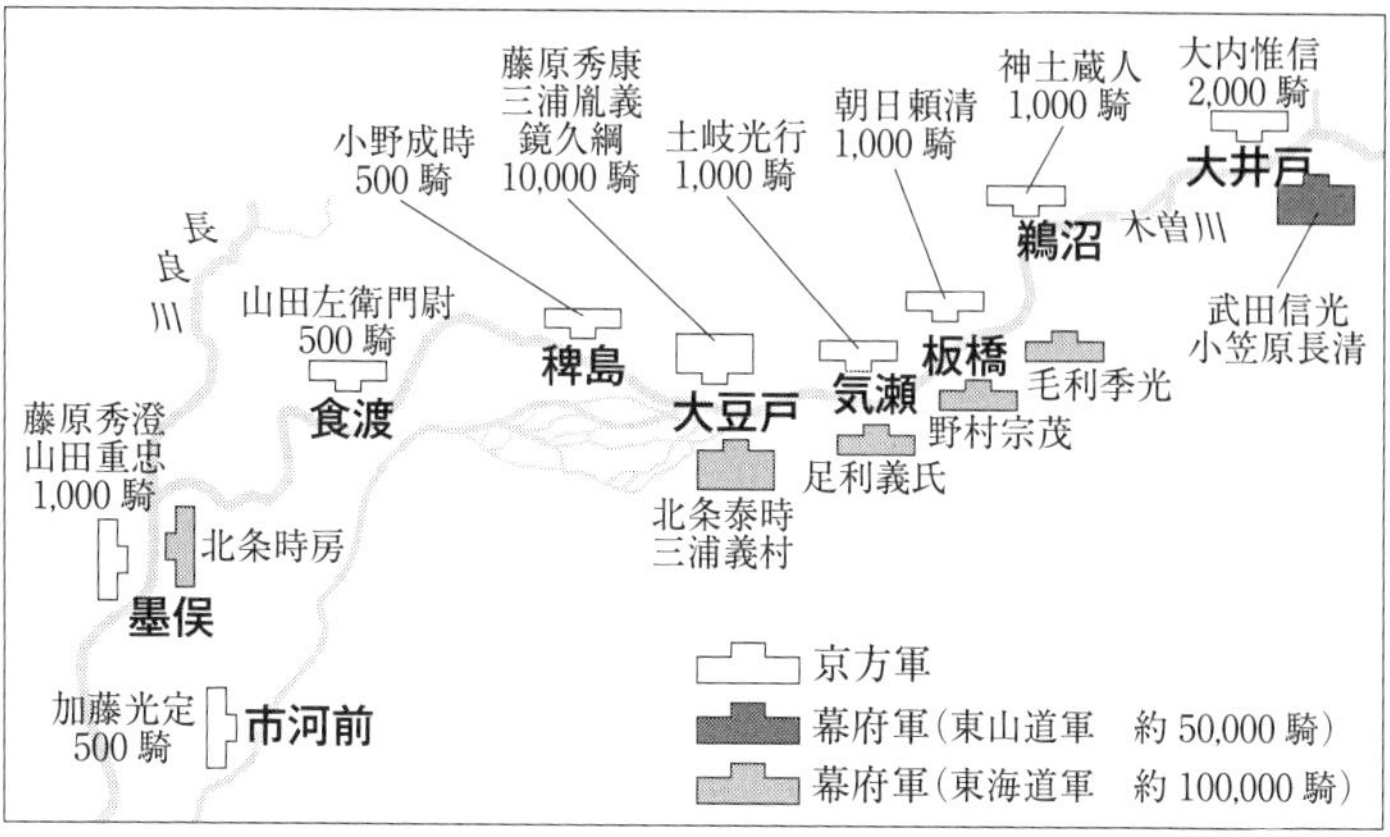


図　承久の乱布陣図（『流布本承久記』をもとに作成）

図　各務原市域南部の独立丘陵と中世木曽川の浅瀬（地理院タイル〈傾斜量図〉をもとに作成）

改めて両軍の布陣をみると、大豆戸で幕府軍は北条泰時・三浦義村《よしむら》、京方軍は藤原秀康・三浦胤義と、総大将格が大軍を率いて対峙している。両軍ともに、浅瀬である大豆戸を重要視していることがみてとれる。他の渡河地点については、上流の大井戸《おおいど》で泳ぎが得意な者が浅瀬を探したことや、下流の食渡《じき》（岐阜県岐南《ぎなん》町印食《いんじき》カ）で堂を壊して筏《いかだ》を作ったことが

図　承久の乱合戦供養塔（各務原市指定重要文化財）

『慈《じ》光寺《こうじ》本承久記』に記される。しかし大豆戸では、幕府軍が渡河に苦労する描写がないことから、渡河が非常に容易な浅瀬であったことが推察できる。

天正十二年（一五八四）九月十七日、小牧長久手の戦いの最中、羽《は》柴《しば》秀吉《ひでよし》が「川縁《かわべり》大豆戸」に陣を張った（龍野神社旧蔵文書）。浅瀬という戦略上の重要地点であること、濃尾平野を一望できる前渡不動山があったことが布陣した理由と思われる。また、慶長五年（一六〇〇）八月二十二日、関ヶ原の戦い前哨戦である「米野《こめの》・新加《しんか》納《のう》の戦い」においても、大豆戸より少し下流の河田《こうだ》・松原（各務原市川島河田町・川島松原町）の浅瀬を東軍の池田《いけだ》照政《てるまさ》らの軍勢が徒歩で渡河し、西軍織田《おだ》秀信《ひでのぶ》の家臣が守備する新加納（各務原市新加納町）の砦を攻撃している。

承久の乱、信長の美濃攻略戦、関ヶ原の戦い前哨戦など、木曽川中流域はしばしば合戦の地となった。そのさい大豆戸・河田などの浅瀬は、渡河地点として重要視された。さらに地形に目を向けると、木曽川の北、各務原台地の南端には、城山、伊木山、前渡不動山、三井山などの独立丘陵が並んでいる。濃尾平野を一望することができるこの山々には、中世の城郭遺構が確認できるものもある。合戦の際には格好の見張り台となったことが想像できるのである。この地域を一つの城に見立てるならば、木曽川が堀、山々が櫓《やぐら》、浅瀬が堀にかかる橋、といったところであろうか。

現在、前渡不動山には、「承久の乱合戦供養塔」と伝えられる五輪塔が安置されており、毎年六月に地元の有志によって供養祭が行なわれている。五輪塔は、型式からみて室町時代～江戸時代初期のものと推定されるが、大豆戸が承久の乱において合戦の地であったことを思い起こさせるシンボルとして、重要な史跡である。

〔参考文献〕
坂井孝一『承久の乱』中央公論新社、二〇一八年
野口実編『承久の乱の構造と展開―転換する朝廷と幕府の権力―』戎光祥出版、二〇一九年
『愛知県史　通史編2　中世1』愛知県、二〇一八年
『各務原市史　通史編　自然・原始・古代・中世』各務原市、一九八六年

コラム3

# 伊豆と北条氏

田辺 旬

平安末期の北条《ほうじょう》氏は、伊豆国田方《たがた》郡北条（静岡県伊豆の国市）を本拠地とする武士であった。北条は国府の置かれた三島《みしま》の南に位置しており、天城山《あまぎさん》から駿河湾《するが》へ流れる狩野《かの》川と三島から下田《しもだ》にいたる道が通じる交通の要衝である。北条氏の館は狩野川沿いの守山《もりやま》の麓にあったとされており、一九九六年に「史跡北条氏邸跡」として国史跡に指定された。十二世紀半ばの遺構も発見されており、鎌倉幕府成立以前から北条氏の拠点として機能していたことが確認されている。中国大陸から輸入された陶磁器や、儀式や宴会で用いられた土器《かわらけ》が出土しており、京都や鎌倉との交流が盛んであったことがうかがわれる（池谷初恵 二〇一〇）。

鎌倉幕府の歴史書である『吾妻鏡《あずまかがみ》』では北条時政《ときまさ》を「平直方《なおかた》の五代孫」とするが、その家系は不明な点が多いとされてきた。『源平闘諍録《げんぺいとうじょうろく》』では時政の祖父時家《ときいえ》が北条介《ほうじょうのすけ》の婿となったとされており、北条氏の系図には時家に「伊豆国住人」と注記するものがあることから、北条氏は伊勢平氏の家系であり時家の時代に伊豆を拠点としたと考えられるようになった（佐々木紀一 一九九九）。北条氏は交通の要衝を本拠地として京都と強い結び付きをもっていたが、伊豆国においては新興勢力であり工藤茂光《くどうしげみつ》や伊東祐親《いとうすけちか》に比べれば武士団としての規模は大きくはなかったと考えられる。

幕府成立後に北条氏は鎌倉に常住するようになったが、時政・義時《よしとき》父子はしばしば北条に下向しており、北条は拠点として維持された。時政は邸宅に隣接して願成就院《がんじょうじゅいん》を創建しており、文治五年（一一八九）六月に落慶供養《らっけいくよう》が行なわれ、源頼朝の長命と安穏、「子孫繁昌、家門安穏」が祈願されている。その後も願成就院は北条氏の氏寺《うじでら》として伽藍《がらん》が整備されていった。時政は仏像制作を運慶《うんけい》に依頼しており、運慶作の阿弥陀如来像《あみだにょらい》や毘沙門天像《びしゃもんてん》が現存している。また、北条氏は伊豆国の一宮《いちのみや》である三島社《みしましゃ》（現在の三嶋大社、静岡県三島市）との関係を強めており、時政や義時は神事経営のために伊豆に下向している。

時政は牧の方《まきのかた》事件で失脚すると伊豆に隠退したが、建保三年（一二一五）正月に北条で死去した。同年十二月には、義時御願《ごがん》による願成就院の南新御堂《みなみしんみどう》の供養が行なわれている。また、嘉禎二年（一二三六）六月には、泰時《やすとき》が願成就院で父義時の十三回忌供養を行なった。泰時自身も北条に下向しており、伊豆国と駿河国の御家人が参集している。鎌倉前期には願成就院で仏事が行なわれており、北条は拠点として機能していたのである。

十三世紀半ば以降には、『吾妻鏡』に北条や願成就院の記事がみられなくなり、北条の館跡の出土遺物の量も減少することから、北条の館と願成就院は衰退していったと考えられている（秋山哲雄 一九九七）。北条氏と伊豆の関係は希薄になっていったが、鎌倉期を通して北条氏は二所《にしょ》詣《もうで》によって定期的に伊豆に赴いている。二所詣は幕府の宗教行事であり、神仏習合の霊場であった走湯山《そうとうさん》（現在の伊豆山神社、静岡県熱海市）・箱根山《はこねさん》（現在の箱根神社、神奈川県箱根町）と三島社に参詣した。源頼朝・実朝《さねとも》、藤原頼経《よりつね》、宗尊《むねたか》親王といった歴代将軍が二所詣を行なっており、将軍自らが参詣しない場合には奉幣《ほうべい》使が派遣された。北条氏一門も将軍の参詣に供奉したり、奉幣使を務めたりしている。また、北条氏自身による二所詣も行なわれており、『吾妻鏡』には政子や泰時の参詣記事がある。時宗《ときむね》は将軍宗尊の二所詣に供奉しており、高時《たかとき》は自ら二所詣を行なっている。鎌倉末期にいたるまで北条氏は伊豆との関係をもち続けたのである。

元弘三年（一三三三）五月、北条氏は鎌倉幕府とともに滅亡した。最後の得宗《とくそう》となった高時は自害したが、生母の覚海円成《かっかいえんじょう》は一族の女性たちとともに鎌倉を退去して北条に隠棲した。円成は後醍醐《ごだいご》天皇から北条の館を安堵《あんど》されており、円成寺《えんじょうじ》を建立して一門の菩提《ぼだい》を弔《とむら》った。のちに円成寺には足利直義《ただよし》によって所領《しょりょう》が寄進《きしん》されている。幕府滅亡後に伊豆は北条氏の女性たちの生活拠点となったのである。また、高時遺児の時行《ときゆき》は伊豆で挙兵して南朝に帰参しており、北条氏の残党も伊豆で活動していた。

建武元年（一三三四）四月、金沢文庫《かねさわぶんこ》を開設した北条実時《さねとき》の曽孫にあたる顕宝《けんぽう》は、伊豆の修禅《しゅぜん》寺《じ》再興のために願文《がんもん》をしたためた（平雅行 二〇〇〇）。そこでは修禅寺を「家門氏寺」として興行すること、源頼朝が伊豆国で「天下《てんか》一統《いっとう》」の本望を遂げたことに言及した上で、「彼国一族繁昌本□□」と述べている。頼朝による幕府草創の地である伊豆を北条氏一族の「繁昌」のもととする認識が示されている。護良《もりよし》親王の令旨《りょうじ》において「伊豆国在庁北条遠江前司時政之子孫東夷《とうい》」と蔑称されていることから、伊豆国の武士という北条氏の出自はマイナスにイメージされがちであるが、北条氏自身は幕府草創の地である伊豆を一族繁栄のもととなった場所として意識していたのである。

〔参考文献〕

秋山哲雄「都市鎌倉における北条氏の邸宅と寺院」『北条氏権力と都市鎌倉』吉川弘文館、二〇〇六年、初出一九九七年
池谷初恵『鎌倉幕府草創の地』新泉社、二〇一〇年
佐々木紀一「北条時家略伝」『米沢史学』一五、一九九九年
平　雅行「鎌倉山門派の成立と展開」『大阪大学大学院文学研究科紀要』四〇、二〇〇〇年

# 四　東海の荘園制

前田英之

## 1　東海における荘園制の始まり

### 荘園制の成立

十一世紀末、封戸《ふこ》制の崩壊にともない、朝廷は貴族・寺社の代替財源として荘園の立荘を認可した。十二世紀前半の鳥羽院政期には立荘数が劇的に増加し、国ごとに差はあるにせよ一国の田数全体の過半を荘園が占めるにいたったとみられる。中世荘園は、太政官符《だいじょうかんぷ》などで四至《しいし》（境界）が画定され、荘園領主が境界内の人々と彼らの活動の場である耕地・集落・山野河海などを一つの領域として一元的に支配した点に特徴があった。このような荘園領主による領域支配が公的に認められた荘園は「領域型荘園」と呼ばれ、十一世紀中葉に登場して十二世紀には中世荘園の主流となった。こうした中世荘園に依拠した社会体制が荘園制であり、室町期までの中世社会を特徴づけるシステムであった。

本章では、東海地域における荘園制の成立とその鎌倉期への展開について分析する。

## 分析方法

以下では、東海地域を（Ⅰ）伊賀国、（Ⅱ）伊勢国・志摩国、（Ⅲ）美濃国・尾張国、（Ⅳ）三河国・遠江国・駿河国、に区分し（飛騨国・伊豆国は荘園の史料所見が僅少であるため分析対象から外した）、各ブロックにみられる特徴を抽出したい。

かつて荘園は、在地領主が国司に対抗するために開発所領を貴族・寺社に寄進することで形成されたものと理解されてきた（寄進地系荘園論）。だが近年では、荘園制成立史を政治史的な視角から説明する理解が提起されており、院・女院《にょいん》や摂関家が荘園の設置を各国の国衙に命じる立荘行為が重視されるようになった（佐藤泰弘 一九九三）。立荘は、私領・免田《めんでん》や寄進地の券契《けんけい》（土地の所有権を示す証拠文書）をもとに進められたが、立券（領域を決定して境界に牓示《ぼうじ》を打つこと）の際に院近臣の知行国主らが主導して周辺の国衙領などを囲い込んで領域を画定したため、立荘前の所領からは大きく姿を変えた巨大な領域型荘園が形成された（川端新 二〇〇〇、高橋一樹 二〇〇二）。

では、東海地域における中世荘園の形成にはどのような特徴がみられるのか。院政期の政治過程や知行国支配といった中央からの働きかけと、東海地域固有の政治的・地理的条件との双方に目配りしながら分析を加える。その上で、鎌倉幕府の成立が東海の荘園制に及ぼした影響についても検討する。なお紙幅の都合、自治体史を典拠とした場合は巻数のみを記す。

## 伊賀国の荘園制

まずは、東海地域の他国と比べて早く、十一世紀中葉から荘園の形成が顕著だったことが指摘されている（Ⅰ）伊賀国から分析を始めたい。

十一世紀前半、「当国猛者」と呼ばれ国内に二八ヵ所の所領を有した藤原実遠《さねとお》は、所領の経営に行き詰まり、それらは荒廃したという。十一世中葉以降、こうした実遠所領を含む国内各地で、荘園形成の動きが目立つようになる。永承四年（一〇四九）前後に伊賀守であった藤原公則《きんのり》の任期中には、摂関家領・興福寺領・東大寺領・伊勢神宮領（神戸《かんべ》の新免田）などが認められ、伊賀国内の「三分之二」が荘園化したという（『平安遺文』七〇一・七〇四）。これらの荘園のなかには、東大寺領黒田《くろだ》荘のように天喜四年（一〇五六）に獲得した官宣旨を根拠に四至を画定させ、領域内の国使不入・国役免除が認められた領域型荘園として十二世紀以降に継続した荘園もあった（正木有美 二〇〇八）。だが、十一世紀段階に形成された荘園の多くは国免荘《こくめんしょう》（国司の免判で認定された荘園）であり、名張《なばり》郡以外でその後の展開を跡づけることは難しいが、後任の国司が申請して停廃されたケースは少なくなかったとみられる。

伊賀国において十二世紀以降に確認できる主な所領は、①伊勢神宮領、②東大寺領、③六条院領、④摂関家領および春日社・興福寺領である（『三重県史　通史編　中世』）。

①は、国造による貢進との伝承を持つ伊賀神戸・阿保《あお》神田（伊賀《いが》郡）、六箇山《むこやま》（名張郡）のほか、五〇〇町を超える伊賀神戸からの出作地、御園《みその》などが所在した（本章第二節）。

②は、伊賀国の北と南に位置した玉瀧杣《たまたきそま》（阿拝《あへ》郡）・板蠅杣《いたばえ》（名張郡）の開発にともない成立した玉瀧・湯船《ゆぶね》・鞆田《ともだ》・槇山《まきやま》・内保《うちほ》荘や黒田荘がよく知られ、東大寺文書に関連史料が残るため膨大な研究史を有す。玉瀧杣は、天徳二年（九五八）に東大寺に施入されたとされ、東大寺により木津川とそれに合流する鞆田・柘植《つげ》川を通り奈良へ材木を搬出するルートや山野の開発による治田の形成が進めら

れた。ただし、玉瀧杣では、天喜四年に官宣旨を獲得しても四至内の支配は十分ではなく、治田をめぐる国衙との相論や、杣内の鞆田村の私領をもとに六条院領鞆田荘を立券させた平正盛・忠盛らとの相論（平家滅亡後は六条院との相論）は長く続き、荘園としてのまとまりは希薄化した（熊谷隆之 二〇一七）。その一方で、板蠅杣から発展した黒田荘は、名張川に合流する宇陀《うだ》川西部の山麓地帯（のち本荘）から東部の国衙領（のち新荘）へと出作を展開させた。十二世紀中葉の僧覚仁らによる現地支配の強化は後に実を結び、承安四年（一一七四）には後白河院庁により名張一郡の寺領化が認められた（『平安遺文』三六六六）。他にも、平家滅亡後に服部《はっとり》川沿いの広瀬《ひろせ》・阿波《あわ》・山田《やまだ》有丸《ありまる》荘（山田《やまだ》郡）が源頼朝の手を経て東大寺領に加えられた。

③は、永長二年（一〇九七）に平正盛が山田郡・阿拝郡の私領を六条院（白河院娘媞子内親王の仏堂）に寄進し、それをもとに周囲の所領を囲い込み立荘された山田荘・鞆田荘ほか五ヵ荘である。これが前述の東大寺との相論の原因になった（中村直勝 一九三九、赤松俊秀 一九六三、前田英之 二〇一七）。六条院領は実質的な平家領として領有され、平家貞・平田家継ら平家の最有力家人が現地の支配を担った。④は、久安年間（一一四五～五一）ごろの藤原忠通《ただみち》知行国期に形成された後に最勝金剛《さいしょうこんごう》院《いん》領となった大内《おおうち》荘・浅宇田《あそだ》荘（伊賀郡）・音羽《おとわ》荘（阿拝郡）のほか、春日社領壬生野《みぶの》荘（阿拝郡）・興福寺領予野《よの》荘（伊賀郡）などが挙げられる（『伊賀市史一』）。

以上、伊賀国の荘園制は、国内に拠点を確保した権門や知行国主により、おおよそ柘植川（阿拝郡）・服部川（山田郡）・長田川（伊賀郡）・名張川（名張郡）に沿って所領が形成されるという方向性が基調であった。ただし、伊勢神宮領や東大寺領、六条院領では、住民らが国衙領に出作して荘域を拡大する試みが十二世紀後半になっても続けられており、十二世紀末に文治記録所の裁定によって出作田の領有関係が確定されたことをもって荘域がある程度定まり、所領配置が固まった（前田英之 二〇一一）。

伊賀国では、十一世紀から荘園（国免荘）の形成が確認できるものの、中世荘園の多くは十二世紀以降に成立したものであり、荘園制の枠組みが定まったのは十二世紀末であった。この点をふまえて、以下では、中世荘園の数が激増した十二世紀前半の鳥羽院政期以降を中心にブロックごとの荘園制の成立と展開を概観する。それに先立ち、伊賀国でも早い時期から確認できた伊勢神宮領について、東海各国の状況をまとめて検討しておきたい。

## 2 東海の伊勢神宮領

**神宮領の中世的編成**

律令制下の伊勢神宮は、朝廷から給付された神田・神戸に依存していたが、律令制の崩壊後、朝廷は神宮に自前で財政を維持させる方針をとり、神宮領では中世的編成が進んだ（棚橋光男 一九八三、鎌倉佐保 一九九五、勝山清次 二〇〇九）。

その一つは、神郡内の田地の再編成である。伊勢国では、九世紀までに成立した神三郡（度会《わたらい》・多気《たき》・飯野《いいの》郡）に加え、十世紀に員弁《いなべ》・三重《みえ》・安濃《あのう》郡、十一世紀に朝明《あさけ》郡、文治元年（一一八五）に飯《いい》高《たか》郡が伊勢神宮に寄進され、国内十三郡のうち八郡が神郡となった。これら神郡では、十一世紀末までに祭主による支配が確立し、①神田の拡大、②常供田《じょうくでん》（二宮の朝夕の御饌《みけ》、四度祭の祭料を負担する直轄田）の設置、③戸田（口分田の系譜をひく公田）の維持と寄戸制（神官・職掌人らへの給与）、といった方法で編成が進められた。神田・常供田・戸田の存在は、伊勢国の荘園制を規定することになる。

もう一つが、御厨・御園の設置である。神宮に供祭物を貢納した御厨・御園は、十一世紀以降、伊勢だけでなく東海各国で形成された。御厨・御園の性格は多様であるが、おおよそ、①内外宮の直轄領とされ、住人を神人《じにん》として掌握し、塩・魚介・蔬菜《そさい》（青物）などを貢進させた伊勢国安濃津御厨・二見《ふたみ》御厨・若菜御園のようなタイプ、②荒木田・度会氏ら禰宜《ねぎ》・権禰宜《ごんのねぎ》が成立に関わり相伝された遠江国鎌田《かまた》御厨・伊勢国寛《ゆたけ》御厨のようなタイプ、③貴族や大中臣氏一族（祭主・宮司が輩出）らが私領や在地有力者から募った土地を神宮に寄進し、自身は給主（荘園の領家・預所に該当）となった伊勢国智積《ちしやく》御厨（中御門《なかみかど》家）・石榑《いしぐれ》御厨（久我《こが》家）のようなタイプ、に類型される。御厨・御園の多くは東海各国での中世荘園の形成に先行して成立したため、東海の荘園制の展開を方向付けることになった。

### 二つの神領注文

東海各国で成立した神宮領の検討に先立ち、十二世紀末に神宮によって作成された二つの神領注文「建久三年八月日伊勢神宮神領注文」（『神宮雑書』所収、『鎌倉遺文』六一四。以下「建久三注文」）と「建久四年二宮神官注文」（『神鳳鈔（御巫本）』に付された朱点のもととなった注文。以下「建久四注文」）の性格について言及しておきたい。

「建久三注文」は、建久二年新制（一一九一）をうけて神宮が作成したもので、神宮領の建立年紀・給主交名・年貢員数などを記して文治記録所に提出された。だが「建久三注文」には、神宮領の田数、臨時雑役、神戸や志摩国所在の神領などのデータが記されていなかったため、朝廷から再度の提出が求められた。その指示に応じて提出されたのが「建久四注文」であった（西垣晴次 一九七六）。以上の経緯から推察されるように、二つの神領注文の記載には神宮が朝廷からの調査の指示に抵抗した姿勢が反映されており、「建久三注文」は伊勢国内の神郡所在の神領、伊勢国公郡・国外の直轄領的な神領の記載を欠くこと、「建久四注文」にも直轄領的な神領は含まれないことが明らかにされている（稲本紀昭 一九八五、『三重県史 通史編 中世』）。以下、両注文の性格を念頭に置きつつ神官領の検討を進めよう。

## 伊勢国・志摩国の荘園制

伊勢国では、十二世紀末までに八郡（度会・多気・飯野・員弁・三重・安濃・朝明・飯高郡）が神郡となり、伊勢神宮の強い影響の下で荘園制が成立した。

神郡では、先述の通り、祭主のもとで田地の中世的編成が進められた。加えて、多数の御厨・御園も設置された。「建久三注文」には神郡所在の御厨・御園は掲載されていないため詳細は不明とせざるを得ないが、多くは十一世紀前半〜中葉に成立したとみられ、「建久四注文」では約二四〇ヵ所が確認できる。神郡内で関連史料がまとまって伝存する所領の一つに寛御厨（三重郡）があり、外宮権禰宜（民有年）の所領寛丸名をもとに、祭主の許可を得て成立した様相が具体化されている（勝山清次 二〇〇九）。神宮以外を領主とする所領は多くはないが、東寺領大国荘《おおくに》（多気・飯野郡）については、条里地割の復元や櫛田《くしだ》川両岸に広がる立地、水害などの分析が進められている（水野章二 二〇〇九）。
公郡（桑名・鈴鹿・河曲・奄芸《あんげ》・一志郡）でも御厨・御園は多く、約九〇ヵ所が確認できる（建久四注文）。「建久三注文」は直轄的な神領のデータを欠くが、四一の御厨・御園が載るため大まかな傾向は看取でき、①成立時期は長元〜永承年間（一〇二八〜五三）が多い点（瓜生《うりゅう》御厨・大古曽《おおごそ》御厨・江嶋《えじま》御厨・山辺《やまべ》御園など）、②給主の記載がある二五ヵ所のうち禰宜・権禰宜の所領は三ヵ所に過ぎない点（伊勢国外では二七のうち一七を占める）、が特徴とされる。また北伊勢では、伊勢平氏関係所領が散見し、近衛《このえ》家領益田荘〈平致経〉、六条院領木造《こつくり》荘〈平頼盛〉、祇園社領岡本《おかもと》保・九条家領和田《わだ》荘〈平忠盛〉、醍醐寺領曽禰《そね》荘・近衛家領須可荘〈平信兼〉などが挙げられる。そのため鎌倉期になると、謀叛人跡では荘郷地頭制が展開し、関東御領・北条氏領の供給基盤にもなった（『三重県史 通史編 中世』）。

神宮の影響は志摩国の荘園制にも及んでおり、伊雑《いさわ》神戸・麻生浦《おうのうら》御厨など海岸沿いに立地する所領の多くは御厨・御園であり、約七〇の神宮領が確認できる（『神鳳鈔』）。

**東海各国における神宮領の分布**

表4−1は、先に示した二つの神領注文および『神鳳鈔』（一三六〇年頃成立）をもとに、東海各国での神宮領の成立時期を示したものである。表4−1最上欄は、朝廷からの康和三年（一一〇一）の神宮領注進命令をうけて、嘉承三年（一一〇八）に神宮から提出された注文を天永記録所で審理し、永久三年（一一一五）六月十七日付の宣旨で公認された所領の数である。この時点で認められた所領が「建久三注文」の多数を占めていることか

表 4-1　東海地域の伊勢神宮領

| 史料名 | | 伊賀 | 美濃 | 尾張 | 三河 | 遠江 | 駿河 | 伊豆 |
|---|---|---|---|---|---|---|---|---|
| 建久 3 年 8 月日伊勢神宮領注進状(1192) | 永久 3 年(1115)以前成立 | 7 | 1 | 16 | 7 | 9 | 5 | 1 |
| | 永久 3 年～12 世紀前半成立 | | | | | 1 | | |
| | 12 世紀後半成立 | | 1 | 1 | 3 | 1 | | |
| | 「往古神領」とのみ記載 | 1 | 1 | 2 | | | | |
| | 成立年代不明, 記載なし | | 2 | 1 | 2 | 2 | | |
| | 計 | 8 | 5 | 20 | 12 | 13 | 5 | 1 |
| 建久 4 年二宮進官注文(1193) | | 8 | 3 | 15 | 22 | 6 | 7 | 1 |
| 〈参考〉『神鳳鈔』(1360 頃) | | 13 | 8 | 55 | 39 | 23 | 8 | 2 |

ら、東海地域の神宮領の多くは十二世紀初頭までに建立されていたとみられる。つまり、東海の荘園制を理解するには、鳥羽院政期に本格化する中世荘園の形成以前に多くの神宮領が設置されていた点に注意する必要がある。そこで以下では、東海各国の主な神宮領を概観し、ブロックごとにそれらの特徴をみていきたい。

（Ⅰ）伊賀国の神宮領は、伊賀神戸（伊賀郡）を核にして展開した。伊賀神戸は、長元三年（一〇三〇）時点では免田六六町であったが、神民が周辺に出作して五〇〇余町となった。伊賀郡猪田《いだ》郷では約三六四町のうち神戸出作田が三〇一町を占めた（「伊賀国大田文断簡」）。十二世紀末の文治記録所による調査後、伊賀神戸は一円的な神領一五〇町に落ち着き、その出作地には穴太《あなほ》・比志岐《ひじき》・田原《たわら》・若林《わかばやし》御園が成立した（勝山清次　一九九五）。

（Ⅲ）美濃国では、中河《なかがわ》御厨（安八《あんぱち》郡）が国内神戸五〇戸の済所《さいしょ》として設定された（『神宮雑例集』）。尾張国では、伊勢・志摩国に次いで多くの神宮領が設置されたが、所在地を比定できる所領の半数以上が中島《なかしま》郡・丹羽《にわ》郡に所在した。中島郡の本神戸・新神戸には、神宮の主張によると十二世紀初頭に「神戸治開田」として本免五〇〇余町・新免二〇〇余町が組み込まれたとされ（『平安遺文』一八六〇）、これが笶生《のぶ》御厨五四〇町（『神鳳鈔』）となった。このブロックの神宮領は、河川氾濫の影響を被りにくい国衙周辺の平野部という好立地に設定された点に特徴がある。なお、「建久三注文」に記載された御厨・御園は、ほぼ十二世紀初頭に成立していたが、表4－1に示した通り尾張国では十三世紀以降も増加が続く。これと同様の傾向は三河国でも確認できるが、その背景についてはあわせて後述する（本章第五節）。

（Ⅳ）三河国では、尾張に次ぐ数の神宮領が確認され、それらの多くは渥美郡に集中していた（本神戸・新神戸・薑《はじかみ》御園・伊良胡《いらご》御厨など）。これは伊勢との海上交通との兼ね合いからと想定されている。次に遠江国では、浜名湖北岸一帯を占定した浜名《はまな》神戸や、封戸物の便補所に指定された都田《みやこだ》御厨（『神宮雑例集』）のほか、東海道沿いに刑部《おさかべ》御厨・蒲御厨・鎌田御厨・山口《やまぐち》御厨・小高《おたか》御厨などが設置された。駿河国でも、東海道に沿って大津《おおつ》御厨・小楊津《おやいづ》御厨・岡部《おかべ》御厨・方上《かたのかみ》御厨・高部《たかべ》御厨・大沼《おおぬま》鮎沢《あゆさわ》御厨などが所在した。水陸の交通と関わって神宮領が形成された点にこのブロックの特徴が見受けられる。

ここまで概観してきた通り、東海地域の神宮領は、荘園の立荘が激増する鳥羽院政期以前に成立していたものが多く、それらには平野部の安定耕地や交通の要衝など好条件の地を占めるという傾向がうかがえた。東海の荘園制にみられる特徴の一つはこの点にあった。以上をふまえ、次節からはブロックごとに荘園の形成と展開を跡づけていくことにしたい。

## 3　美濃国・尾張国の荘園制

### 国衙領（公領）の分布

美濃国・尾張国の荘園制にみられる特徴の一つに、濃尾平野のうち河川の影響が少ない安定した地域に国衙領（公領）が多く分布していた点を挙げておきたい。

美濃国の国衙領は、八条院領の一部を構成し、八条院没後は後鳥羽院、承久の乱後は後高倉院・安嘉門院《あんかもんいん》・室町院・亀山院と伝領され、大覚寺統《だいかくじとう》の経済基盤になったとみられる。嘉元四年（一三〇六）の「昭慶門院領目録」（『鎌倉遺文』二二六六一。近年の研究では、鎌倉後期に大覚寺統が所持した所領の目録との理解が示されている）によると、一二三郷が確認でき、それらの大半は国衙が設置された不破《ふわ》郡や安八《あんぱち》・大野《おおの》・本巣《もとす》・各務《かがみ》郡など濃尾平野の条里制施行地域、すなわち河川氾濫の影響を被りにくい地域に分布した。

尾張国の国衙領も、国衙が所在した中島《なかしま》郡や海東《かいとう》郡北部など河川の被害が少ない平野部に分布していた。国衙領の中核は、郡域を超えて散在した大規模な在庁名（在庁官人が徴税請負人となった名）によって占められていた（上村喜久子 二〇一二）。弘安五年（一二八二）の浄金剛院《じょうこんごういん》（後嵯峨院御願寺）領千世氏荘《ちようじ》坪付注進状（『鎌倉遺文』一四六七三）によると、千世氏名のうち立荘された田一三町余は中島・愛智《あいち》郡に、畠一九町余は丹羽《にわ》・中島郡に散在していた。鈴裳《すずかけ》名は、中島・愛智《あいち》・丹羽郡に散在する田一三町余と中島・丹羽郡の畠三七町余が浄金剛院領となった一方、田八〇町は伊勢神宮領であった（『神鳳鈔』）。在庁官人らは、一つの名で伊勢神宮や真清田《ますみだ》・大県《おおあがた》・熱田社（尾張国一・二・三宮）など複数寺社の料田畠を請負うことにより私領の保全を図っていたのである。熱田社では、十三世紀以降に免田が激増したが、それは在庁官人ら国衙領の名主が料田畠を引き募ったことに起因するとされる。真清田・大県・熱田社領は、大まかに類型すれば、領域的なまとまりを持つ一円領と散在所領とで構成された点に特徴があるが、後者の多くは国衙領に由来し、国衙側の立場では料田と位置づけられる性格の所領であった。

**院分国美濃**

美濃国の荘園制を検討する前提として、元永二年（一一一九）に白河院の分国となって以降（『中右記』同年正月二十四日条）、鳥羽院政期に一時的に藤原家成《いえなり》の知行国となったものの（後述）、中世前期を通じて院分国だった点をおさえておく必要がある。八条院領として伝領された国衙領が平野部に温存された背景にはこの点があったとみられる。

このため、美濃国での荘園形成は国衙領の分布に規定され、中濃・東濃を中心に展開することになった（稲葉伸道 一九九〇）。数が多いのは摂関家領であり、十二世紀前半までに多くが形成されていたとみられる。『執政所抄』（一一一八〜二一年頃成立）によると、東濃の賀茂《かも》郡に山上《やまのうえ》・河辺《かわべ》荘、武芸《むぎ》郡に揖深《いぶか》・蜂屋《はちや》・神野《かみの》荘、恵那《えな》郡に苗木《なえぎ》・遠山《とおやま》荘などがみえる一方、平野部では本巣郡に仲村《なかむら》荘が確認できるにとどまる。建長五年（一二五三）「近衛家所領目録」（『鎌倉遺文』七六三一）には一五ヵ所の記載があるが（摂津・山城に次いで多い）、やはり賀茂郡（山上・河辺荘など）、武芸郡（揖深・上有《こうず》智《ち》・武義・神野荘など）、恵那郡（遠山荘）といった東濃に厚く分布している。なお、東濃での摂関家領の成立には美濃源氏が関わった可能性が指摘されている（『岐阜県史　通史編　中世』）。

王家領は、十二世紀前半までさかのぼるものは白河院領の弾正荘《だんじょう》（本巣郡）などに限られる（『中右記』元永元年八月十一日条）。数が多いのは長講堂《ちょうこうどう》領で九ヵ所が確認できる（『鎌倉遺文』五五六）。茜部荘との相論で知られる平田荘《ひらた》（厚見郡）や、もと藤原頼長《よりなが》領の深萱荘《ふかがや》（賀茂郡）、摂関家領であった蜂屋南・北荘（武芸郡）などで構成され、十二世紀後半に同領に組み込まれたとみられる。王家領の多くは、後白河院政期以降に国主の院との関係で形成され、やはり国衙領を避けて東濃に設定されたものが多かった。

### 藤原家成の美濃国知行と立荘

院分国の期間が長かった美濃国であるが、鳥羽院政期の国守の異動は、保延二年（一一三六）藤原忠雅《ただまさ》（藤原家成娘婿）→保延五年（一一三九）信経《のぶつね》（信経姉妹が家成妻）→天養元年（一一四四）家明《いえあき》（家成子）→仁平二年（一一五二）家教《いえのり》（家成子）であり、約二〇年間、藤原家成により知行された（五味文彦　一九八四）。

家成は、諸国の国司を歴任して院に経済奉仕を行なった大国受領系院近臣（美濃以外にも但馬・讃岐・越後・備後国を知行）の筆頭であり、「天下の事、一向家成に帰す」（『長秋記』大治四年八月四日条）と評された（佐伯智広　二〇一五）。鳥羽院の御願寺《ごがんじ》（宝荘厳院《ほうしょうごんいん》・安楽寿院・金剛心院《こんごうしんいん》など）を造営したことでも知られるが、院御願寺に付属させる荘園を自身の知行国で立荘し、それらを自己の家領としたことから、「立荘推進勢力」と位置づけられている（高橋一樹 二〇〇二）。美濃国でも、仁平年間（一一五一〜五二）に院庁下文を獲得して真桑《まくわ》荘を、おそらくは同時期に河崎《かわさき》荘を立荘させ、これらは四条家（家成子の隆季《たかすえ》が祖）領として室町期まで領有された（『師守記』貞治元年十一月十一・十六日条など）。注目されるのは、真桑・河崎荘が国衙領の密に分布する大野郡に形成された点であり、立荘行為を知悉した家成が主導したがゆえに平野部に設定できた例外的なケースとみられる。

## 尾張国における立荘と平家

尾張国においても、領域型荘園の立荘が本格化したのは鳥羽院政期であった。安楽寿院領狩津《かりつ》荘・野間内海荘は、康治二年（一一四三）以前に立荘され、四至内への使者入部停止と国役免除が認められている（『平安遺文』二五一九）。

天養元年、国守平忠盛は、国内諸郡に散在する皇后（美福門院得子）宮職領畠の替地として春日部郡篠木《しのぎ》郷を充てたいと鳥羽院庁に申請し、院庁の許可を得て篠木荘が立券された（『平安遺文』二五三六・四〇）。篠木荘は、春日部《かすかべ》郡司の開発所領をもとに、忠盛の主導で庄内川の氾濫原と未開の山野が囲い込まれた広大な領域型荘園であった。忠盛は播磨国ほか六ヵ国の国司を歴任しており、京武者という側面を除けば他の大国受領系院近臣と同様の活動がみられ、鳥羽院やその関係者に仲介する手法で荘園を成立させていた。また、忠盛が国司を務めた時期には真清田・大県・熱田社領の整備も進んだ。真清田社は、忠盛の仲介によって鳥羽院領となり（のち安楽寿院領→八条院領）、領家職は忠盛以降、子の頼盛へ継承された。大県社も鳥羽院領となっており、現地の丹羽郡司一族が忠盛に接近して寄進が実現したと推定されている（上村喜久子 二〇一二）。熱田社領は、大宮司藤原季範とその子女が京都に進出して鳥羽院周辺の王家関係者に仕えたことを背景に、上西門院（鳥羽院・待賢門院の娘）領となった（藤本元啓 二〇〇三）。

保元・平治の乱後に増加した平家知行国のなかには尾張・三河・遠江国が含まれ、東海地域での獲得が目立つ。特に尾張の国守は、平治元年（一一五九）平頼盛→応保三年（一一六三）平重衡→仁安元年（一一六六）平保盛と、平家一門により継承された（〜一一六八年十一月まで）。重衡・保盛（頼盛

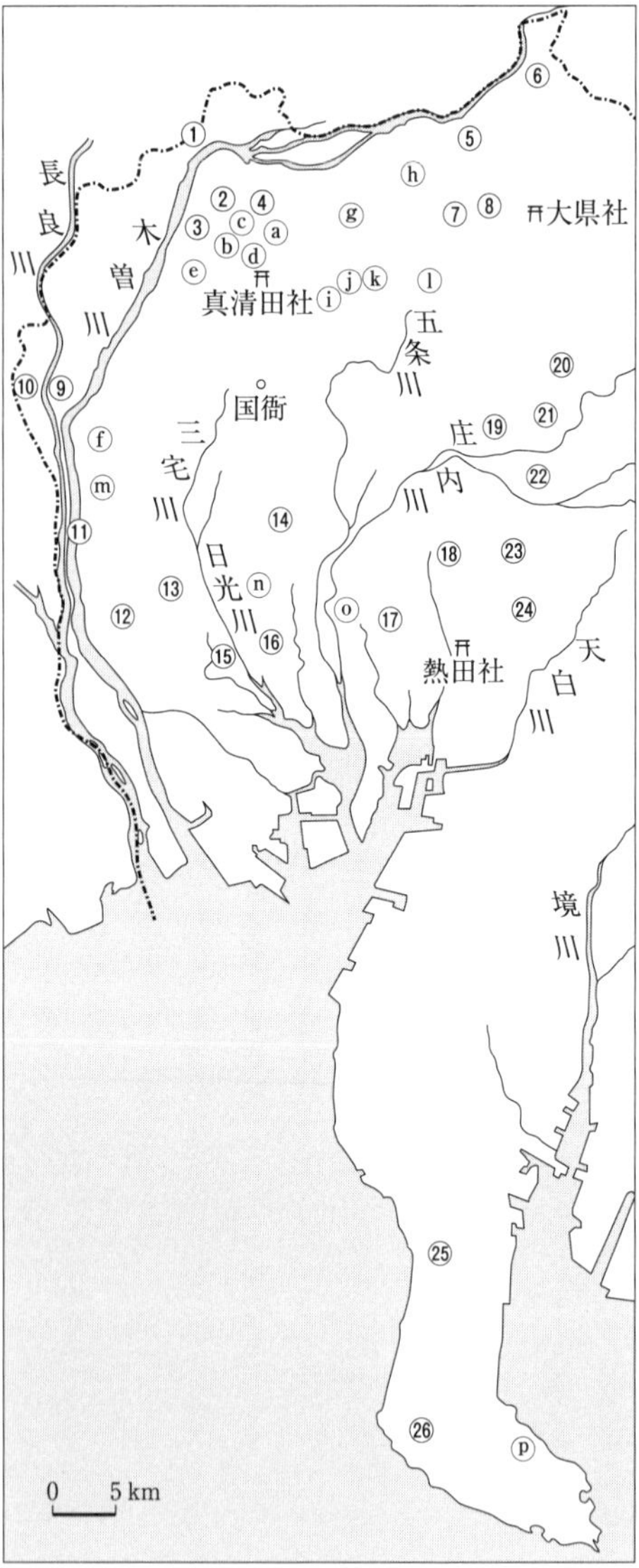

図 4-1　尾張国主要所領（中世前期）

〔図 4-1 付表〕

| 郡名 | 所　領　名 | 領　　主 |
|---|---|---|
| 葉栗郡 | ①藤掛荘 | 長講堂領 |
| | ②松枝保 | (国衙領) |
| | ③玉井荘 | 賀茂別雷社領 |
| | ④上門真荘 | 長講堂領 |
| 丹羽郡 | ⑤山名荘 | 仁和寺領 |
| | ⑥小弓荘 | 近衛家領 |
| | ⑦稲木荘 | 長講堂領 |
| | ⑧羽黒荘 | — |
| 中島郡 | ⑨長岡荘 | 近衛家領 |
| | ⑩堀尾荘 | 近衛家領 |
| 海西郡 | ⑪大成荘 | 東寺領 |
| | ⑫櫟江荘 | 摂関家領 |
| | ⑬日置荘 | 摂関家領 |
| 海東郡 | ⑭海東荘 | 蓮華王院領 |
| | ⑮富吉荘 | 高倉院法華堂領 |
| | ⑯冨田荘 | 近衛家領 |
| 愛智郡 | ⑰高畠荘 | 賀茂別雷社領 |
| | ⑱那古屋荘 | 建春門院法華堂領 |
| 春日部郡 | ⑲安食荘 | 醍醐寺領 |
| | ⑳篠木荘 | 長講堂領 |
| | ㉑柏井荘 | 八条院領 |
| 山田郡 | ㉒狩津荘 | 安楽寿院領 |
| | ㉓山田荘 | 八条院領 |

| 郡名 | 所　領　名 | 領　　主 |
|---|---|---|
| 愛智郡 | ㉔御器所保 | (国衙領) |
| 智多郡 | ㉕枳豆志荘 | 摂関家領 |
| | ㉖野間内海荘 | 長講堂領 |
| 中島郡 | ⓐ本神戸 | 伊勢神宮 |
| | ⓑ新神戸 | |
| | ⓒ笑生御厨 | |
| | ⓓ酒見御厨 | |
| | ⓔ御母板倉御厨 | |
| | ⓕ野田御園 | |
| 丹羽郡 | ⓖ瀬辺御厨 | |
| | ⓗ高屋御厨 | |
| | ⓘ託美御園 | |
| | ⓙ搗栗御厨 | |
| | ⓚ新溝御厨·神領 | |
| | ⓛ揚橋御園 | |
| 海西郡 | ⓜ立石御厨 | |
| 海東郡 | ⓝ伊福部御厨 | |
| 愛智郡 | ⓞ一楊御厨 | |
| 智多郡 | ⓟ新加神戸 但馬保 | |

＊『講座日本荘園史 5』342 頁の図をもとに作成.

| 荒野 | 原山 | 池河 |
|---|---|---|
| 255町6段300歩 | 108町 | 33町1段120歩 |
| 178町5段120歩 | | |
| 434町2段60歩 | 108町 | 33町1段120歩 |

須磨千頴 1983〕〔上村喜久子 2012〕を参照して作成.

子）期の知行国主は頼盛であり（五味文彦 一九八四）、頼盛が国守・国主として知行した期間は一〇年に及ぶ。その間、頼盛の主導による立荘が散見する。丹羽郡の長講堂領稲木《いなき》荘は、丹羽郡司一族が頼盛と提携し、立荘が実現したとされる（上村喜久子 二〇一二）。海東郡の蓮華王院《れんげおういん》領海東《かいとう》荘は、頼盛が領家職を獲得したが、郡の大半が荘域に組み込まれていた（『平安遺文』四一五三、『鎌倉遺文』一五一五）。稲木荘・海東荘は、尾張国では例外的な国衙周辺の平野部での立荘であり、頼盛の主導性がうかがえる。頼盛は、院政の宗教施設（長講堂・蓮華王院は後白河御願寺）に付属させることを名目に立荘を実現し、それらを自らの家領としており、藤原家成と同様、立荘推進勢力に相応しい動きをみせていた（前田英之 二〇一七）。尾張国の平家領はこれらの他にも、賀茂別雷社《かもわけいかずちしゃ》領高畠《たかはた》荘、国衙領御器所《ごきそ》保・松枝《まつえだ》保（『吾妻鏡』建久三年十二月十四日）などが想定されている。

なお、鳥羽院政期以前では、十一世紀末の摂関家知行国期に摂関家領の長岡《ながおか》・堀尾《ほりお》・冨田《とみだ》荘などが河川流域に集中的に形成されたことが注目されており、こう

表4-2　安食荘の荘域構成

| 領　　主 | 田 | 畠 | |
|---|---|---|---|
| | | | 醍醐寺に納める代糸 |
| 醍醐寺領 | 104町3段300歩 | — | — |
| 大県社領 | 4町 | 9町3段60歩 | (7両) |
| 熱田社領 | 51町5段300歩 | 49町240歩 | (12両1分□朱) |
| 伊勢神宮領 | 7段120歩 | 3町8段180歩 | (7両1分1朱) |
| 皇后宮領朝日荘 | 1町1段 | 6町1段300歩 | (欠落) |
| 左大将家領 | | 6町5段240歩 | (11両3朱) |
| 中将家領 | | 2町8段120歩 | (5両3朱) |
| 如意寺領 | | 2段240歩 | (欠落) |
| 季貞私領 | | 5段300歩 | (5朱) |
| 吉道私領 | | 4町5段120歩 | (5両1朱) |
| 秋元私領 | | 6段120歩 | (桑なし) |
| 郡司領 | | 1町7段300歩 | (桑なし) |
| 国衙領 | | 43町60歩 | (38両5朱) |
| 計 | (原本欠落) | 128町6段120歩 | (87両2分4朱) |

＊康治2年7月16日「安食荘検注帳案」(醍醐寺文書) をもとに［弥永貞三・

した開発と伊勢平氏諸流の尾張進出との関連が指摘されている（網野善彦　一九八一）。

**尾張国の領域型荘園**

尾張国での立荘は、国衙領や伊勢、真清田・大県・熱田など神社領の分布域の周囲、すなわち河川流域において顕著にみられた（図4－1）。木曽川・長良川沿いには、③賀茂別雷社領玉井《たまい》荘、摂関家領の⑨長岡・⑩堀尾・⑫櫟江《いちえ》・⑬日置《へき》荘、⑪東寺領大成《おおなり》荘などが、庄内川流域には、⑲醍醐寺領安食《あじき》荘、⑳篠木荘、㉑八条院領柏井荘、㉒安楽寿院領狩津荘、⑯近衛家領冨田荘などが形成された。

尾張国の荘園制の特徴としては、中島郡・丹羽郡など国衙周辺の平野部には国衙領・伊勢神宮領や真清田・大県・熱田社領が密に分布すること、その一方で木曽川・長良川・庄内川流域では摂関家領・王家領の領域型荘園が目立つこと、が指摘できよう。

近年、領域型荘園の内部構造について、本免田に加えて国衙領ほかの他領を包摂した複合的な荘域で構成されたことが注目されている（高橋一樹 二〇〇二、前田英之 二〇二二）。尾張国では、国衙領や伊勢神宮領ほかの神社領が中世荘園の形成に先行して成立しており、またそれらが郡域を超えた散在性を特徴としていたことはすでに論じた。以下では、先行所領と領域型荘園との関係について安食荘（春日部郡）を例に具体化しておきたい。

安食荘は、延喜十四年（九一四）に醍醐寺に施入されたが、その後国司によって収公され、康治二年（一一四三）に醍醐寺僧の定海《じょうかい》が知行国主藤原忠実に再興を訴え、改めて寺領として立券された。立券時の検注帳（『平安遺文』二五一七）が残ることから、荘域の検証作業が進められており、庄内川を南限に、北側の自然堤防（河川の氾濫により土砂が堆積した微高地）上に畠地が広がり、条里制跡地の耕地を維持しながら、荘域に組み込んだ荒野や原山の開発を見込んで領域が設定されたと考えられている（弥永貞三・須磨千頴 一九八三）。表4－2は、検注帳をもとに安食荘の内部構造を示したものであり、田・畠の他に荒野・原山・池河などが包摂されたことが確認できる。田は、醍醐寺領の定田一〇〇余町に加え、大県・熱田・伊勢神宮・皇后宮領が包摂された。畠は、醍醐寺の定畠はないものの、包摂した国衙領ほか他領の桑畠からは桑代糸が徴収されていた。尾張国の領域型荘園も先行して成立した他領を四至内に包摂しており、荘域内は複雑な構成となっていた。

**荘園年貢**　美濃国・尾張国では、絹・綿・糸を年貢とする荘園が多い。美濃国の東大寺領大井《おおい》荘・茜部《あかなべ》荘では年貢の多くを絹が占めた（大山喬平 一九七八）。尾張国海東荘の年貢も主に絹・糸・綿で構成された（『鎌倉遺文』二四九一二）。茜部荘では、木曽川の氾濫や河道変更により土砂が堆積し、河川の自然堤防上が桑畠とされた（『平安遺文』二四六九）。桑畠の形成は先に扱った尾張国安食荘でもみられた。河川の影響を被りやすい濃尾平野に立地した荘園では、その地理的条件をうけ養蚕に依存した産業構造がとられた（大山喬平 一九七八）。したがって（Ⅲ）ブロックでは、絹・糸・綿を年貢とする所領が厚く分布した。

その一方で、（Ⅱ）ブロックの伊勢国の荘園年貢をみると、絹が多いものの、米・油・柴木・簾など畿内荘園が負担した品目も目立つ（勝山清次 二〇〇九）。伊勢国では東海型・畿内型が併存しており、（Ⅱ）伊勢国・志摩国と（Ⅲ）美濃国・尾張国の両ブロックを境に、地理的条件に規定されて荘園年貢の特色が分かれていた。

## 4　三河国・遠江国・駿河国の荘園制

**勧修寺流藤原氏による三河・遠江国知行**　鳥羽院政期の三河・遠江国の国司人事は、ほぼ勧修寺《かじゅうじ》流藤原氏により独占されており、そのことが両国での荘園形成に影響したとみられる。勧修寺流は、院の政務を補佐した実務官僚系院近臣の筆頭であり、白河院政期の藤原為房以降、「夜の関白」(『今鏡』)の異名で知られる顕隆やその子顕頼《あきより》らが輩出した(元木泰雄 一九九六)。彼らの院近臣としての活躍を背景に、三河国では保延三年(一一三七)顕長《あきなが》(顕頼弟)→久安元年(一一四五)顕広《あきひろ》(顕頼養子)→久安五年(一一四九)顕長→久寿二年(一一五五)藤原惟能《これよし》(知行国主は顕長と判断)→保元二年(一一五七)惟方《これかた》(顕頼子)、遠江国では保延三年顕広→久安元年顕長→久安五年惟方、と勧修寺流によって国主・国守が歴任された。ただし、荘園制の成立という視点で捉えた時、勧修寺流は先に触れた家成や平家のような立荘推進勢力ではなかった点に注意しておく必要がある(高橋一樹 二〇〇二)。

三河国では、西部の碧海《へきかい》・加茂《かも》・幡豆《はず》郡には大規模な荘園が形成されたが(後述)、中部・東部は、額田《ぬかた》・設楽《したら》郡は国衙領として温存され、国衙所在地の宝飯《ほい》郡や八名《やな》郡でも荘園数は少ない。また、渥美《あつみ》郡には伊勢神宮領が集中的に設置された(本章第二節)。三河国での立荘が国全体に広がらなかった要因としては、古代からの絹糸産地であり、院政の密教事業として注目される勧修寺流による経塚造営事業の拠点でもあったことから(上川通夫 二〇一二)、院政の経済基盤と位置づけられていた点があげられよう(『新修豊田市史二』)。院近臣藤原顕長による知行が二〇年近く続いた事実は右の推測を裏づけてくれる。

次に遠江国では、河村荘《かわむら》(『平安遺文』補三五七)・初倉荘《はつくら》(同二九八六)・美薗《みその》御厨などで勧修寺流の関与が確認できる。美薗御厨は、「往古」からの神宮領であったものが顛倒《てんとう》されたが、天養二年(一一四五)守藤原顕広により再興、仁平元年(一一五一)守藤原惟方の時に免除宣旨を獲得して興善《こうぜん》院《いん》（安楽寿院末寺。藤原惟頼《これより》建立）に寄進され、後に八条院領となった（建久三注文、『鎌倉遺文』二二六六一）。勧修寺流が連続して国守に補任される以前、遠江国は院近臣の高階宗章《たかしなむねあき》により一五年以上（一一二二〜三七）知行されていた。三代御起請符地《さんだいごきしょうふのち》（白河・鳥羽・後白河が認可した荘園）であった法金剛院領原田《はらだ》荘、蓮華王院領飯田《いいだ》・相良荘、円勝寺領質侶荘、長講堂領曽賀《そが》荘、熊野山領山名《やまな》荘などが形成される素地はこの時期に整えられたのだろう（『鎌倉遺文』九二一五）。ただし、国衙領三三郷が室町期まで存続して官物一七〇〇石余を負担していたことから（「貞治元年西園寺実俊施行状」）、三河国と同様、院政の経済基盤という性格に規定された荘園制が展開したとみられる。

### 東海道沿いに形成された荘園

遠江国・駿河国では、伊勢神宮領が東海道に沿って設定された（本章第二節）。加えて、東海道の陸上交通と関わって牧から展開した荘園も散見する。『延喜式《えんぎしき》』によると、遠江国には牧ノ原台地の南端に白羽《しろは》官牧、駿河国には岡野《おかの》馬牧・蘇弥奈《そみな》馬牧などが確認できる。白羽官牧の崩壊後、付近に相良牧・質侶牧・笠原牧が成立したが、これらはいずれも十二世紀以降に荘園となった（『静岡県史　通史編一』）。笠原牧は嘉承元年（一一〇六）以前に、相良牧は天永二年（一一一一）にそれぞれ立荘され、後者は後に蓮華王院領となった。質侶牧は、大治四年（一一二九）に周辺の湯日《ゆい》郷・大楊《おおやなぎ》郷を囲い込んで立券され、円勝寺領となった（川端新 二〇〇〇）。また、岡野馬牧は後に大岡牧と呼称され、平頼盛を領家とする大岡《おおおか》荘に展開している（『平安遺文』四一五一）。牧を前身とする荘園が散見した点も（Ⅳ）ブロックの特徴としてあげられよう。

表 4-3　池田荘の荘域構成

| 地種 | 面　　積 | |
|---|---|---|
| 田 | 385 町 4 段 1 丈 | 見作 261 町 2 段 3 丈<br>年荒 60 町 2 丈<br>田代 64 町 1 段 1 丈 |
| 畠 | 164 町 3 段 2 丈 | |
| 常荒 | 49 町 1 段 3 丈 | |
| 野 | 58 町 1 段 3 丈 | |
| 河 | 30 余町 | |
| 浜 | 2 余町 | |
| 河原 | 40 余町 | |
| 在家 | 50 宇 | |

＊嘉応 3 年 2 月日「池田荘立券文」(松尾神社文書) をもとに作成.

**河川流域に形成された荘園**

太平洋に注ぐ河川の下流域に多くの荘園が形成された点も、(Ⅳ)ブロックの特徴といえよう。三河国では、西部において荘園の形成が目立つと指摘したが、特に矢作川流域に大規模荘園が集中している。碧海《あおみ》郡の碧海荘・近衛家領志貴《しき》荘、加茂郡の八条院領高橋《たかはし》荘、幡豆郡の九条家領吉良《きら》荘などがそれに該当し、高橋荘・吉良荘は郡規模の荘園であった。

遠江国でも、天竜川流域では長講堂領山香《やまか》荘・新熊野社領羽鳥《はとり》荘・松尾社領池田《いけだ》荘・頭陀《ずだ》寺領河勾《かわわ》荘・蒲御厨などが、駿河国との境界を流れる大井川沿いでは質侶荘・初倉荘など王家御願寺領・権門寺社領が数多く確認できる。なお、文献史料での所見には恵まれないが、伊豆国でも狩野川流域に狩野《かのう》荘・江馬《えま》荘などが点在した（『静岡県史　通史編一・二』）。

**遠江国池田荘**

天竜川河口に立地する池田荘は、嘉応二年（一一七〇）に遠江守藤原季能《すえよし》により「所帯券契」が松尾社に寄進され、翌年立券された領域型荘園である（『鎌倉遺文』二七一五）。立券文（『平安遺文』三五六九）によると、荘域内に国衙領が組み込まれており、知行国主の俊盛《としもり》（季能の父）が主導した立荘と推測されている（『静岡県史　通史編一』）。池田荘の構造で注目されるのは、田三八五町余のうち年荒（隔年・数年おきに耕作する田）が六〇町、田代（開発予定地）が六四町余を占め、常荒・野・河川を含めると荘域の半分近くが立券時には不安定地だった点である（表4－3）。これは池田荘の東限を流れる天竜川の影響と考えられ、天竜川によって形成された自然堤防群の微高地を拠点にその周囲や低地へと開発が進められた様相を示しているという（谷岡武雄　一九六六）。池田荘の荘域は、水害が多発した天竜川下流域の開発や再開発を見込んで設定されたとみられる。

池田荘の西に隣接した蒲御厨でも、十二世紀に蒲検校《かばけんぎょう》を中心に大規模な開発が行なわれ、耕作地の増加にともなう居住地の拡大や集落の形成が指摘されている（湯浅治久　二〇一一）。同時期には、池田荘北西部の新熊野社領羽鳥荘や、その西に位置した美薗御厨でも整備が進められた。こうした天竜川下流域に位置した所領で相次いだ開発をうけて、天竜川の流路はある程度整理されたとみられ、貞応二年（一二二三）成立の紀行文『海道記《かいどうき》』では「大河にて水の面三町あれば」と、天竜川は川幅の広い大川として登場する。その一方で、同じ遠江国でも大井川下流域は中世後期に初倉荘の開発が進んだが（黒田日出男　一九六九）、十三世紀段階では複数の流路が乱れており（『東関紀行《とうかんきこう》』「はるばると広き河原のうちに一すぢならず流れわかれたる河瀬ども、とかく入り違ひたるやうにて」）、整備は進んでいない。大井川と比較すれば、天竜川下流域での開発の進行具合をうかがい知ることができよう。

## 5 鎌倉幕府の成立と東海の荘園制

**伊勢国から始まった荘郷地頭制**

治承四年(一一八〇)八月に挙兵した源頼朝は、戦功をあげた配下の武士に敵方武士が所持していた荘園所職を没収して与えた。立荘に際して寄進者が得た地位は、貴族の場合は領家職や預所職、荘園現地で活動した領主の場合は下司・荘司・公文職などであったが、頼朝は後者の荘園所職や国衙領(公領)の郡司・郷司職などを自身の判断で味方の武士に分け与えた。挙兵当初は反乱軍であった頼朝が東国で独自に創出したこのような軍事体制は、寿永二年(一一八三)十月宣旨で朝廷から追認されることとなり、頼朝軍の軍事行動にともない没収地とされた荘園の所職は頼朝配下の武士に対する軍功の対象となったのである(川合康二〇〇四)。

元暦二年(一一八五)三月の壇ノ浦合戦で平家を滅ぼした後、頼朝は謀叛人跡没官領のさまざまな所職を「地頭職」という統一名称で御家人に給与することとし、鎌倉殿独自の恩賞給付体制の整備にとりかかった。地頭職補任の初見史料は、六月十五日に伊勢国一志郡の波出御厨・須可荘の地頭職に惟宗忠久を任じたものである(『平安遺文』四二五九・六〇)。元暦元年に伊勢・伊賀国で平田家継・伊藤忠清ら平家家人が起こした反乱を鎮圧し、また伊勢国の平信兼を追討した後、頼朝は加藤光員に命じて残党や謀叛人所領の調査書(「光員注文」)を作成させた。その注文をもとに、頼朝は謀叛人跡に一斉に地頭職を補任していったのである（大山喬平 一九七五）。荘郷地頭制は、伊勢・伊賀や志摩国の伊勢平氏関係所領から始まり、以後、全国の謀叛人跡に対する補任が一般化されていった。

### 源頼朝上洛と地頭の再編成

伊勢国を嚆矢とする地頭制の展開において、東海地域でまず注目されるのは、頼朝上洛時に着手された東海道の政治的再編成にともなう地頭の設置である。

治承四年の富士川合戦後、伊豆国は幕府直轄地とされたが、駿河国は武田信義、遠江国は安田義定により軍事占領された。結果、甲斐源氏が東海道沿いに多くの地頭職を獲得することになり、強い影響力を有した（高橋典幸 二〇〇五）。そこで頼朝は、建久元年（一一九〇）の上洛に先立つ八月十三日、東海地域を拠点とする葦敷重隆・高田重家（重宗流美濃源氏）や板垣兼信（信義の子）らを排した（勅使河原拓也 二〇一七）。葦敷は美濃国国衙領に地頭職を有したようで、没官地は後に守護大内惟義が獲得した（『吾妻鏡』文治六年四月四日条、建久五年閏八月十日条）。板垣は駿河国大津《おおつ》御厨・遠江国質侶荘の地頭職を没収された（同文治五年五月二十二日条、建久元年八月十九日条）。また、建久六年の帰洛時には、頼朝は青墓駅（近江・美濃国境）・萱津宿（尾張国）・橋本駅（三河・遠江国境）・黄瀬川駅（駿河・伊豆国境）で守護・在庁官人らを集めて「善政」を施している（木村茂光 二〇〇二）。これは、建久五年八月の安田義定滅亡をうけて東海道沿いの在地勢力との主従関係を確認したものとされ、頼朝による東海道の政治的編成と評価されている（川合康 二〇〇五）。

東海道が頼朝によって編成されていくなかで、地頭職の設置・再配置も進められた。義定による遠江国支配の象徴だった勧学院領浅羽《あさば》荘の地頭職は、加藤景廉に給与された（『吾妻鏡』建久四年十二月五日条)。また、東海道の宿駅が所在する荘園に北条氏の地頭職が目立つことも指摘されており、駿河国では大岡荘(車返《くるまがえし》宿)・金剛心院領蒲原《かんばら》荘(蒲原宿)・高部《たかべ》御厨(興津宿)、遠江国では池田荘(池田宿)・大池《おおいけ》荘(掛川宿)などが北条氏領となった(奥富敬之 一九七八・八〇)。なお、特に遠江国では北条氏領が多く、右の他にも河村《かわむら》荘・蒲御厨・村櫛《むらくし》荘など一二ヵ所が検出されている(岡田清一 一九八八)。

加えて、元久元年(一二〇四)三月に伊勢国の平家残党が蜂起した「三日平氏の乱」も、地頭職が展開する契機となった(『四日市市史一六』)。後鳥羽院は京都守護平賀朝雅を追討使として派遣したが、それ以前に加藤光員や尾張・美濃武士の攻撃により大勢は決していたという。乱後、謀叛人跡の「当国之散在田畠」に「伊勢国三日平氏跡新補地頭」が設置されており(『吾妻鏡』元久元年十一月四日条)、伊勢国の地頭職設置所領が増加した要因の一つとなった。

## 承久の乱と新補地頭

承久三年(一二二一)に発生した承久の乱では、後鳥羽院政期において美濃国が院分国、尾張国・三河国は坊門家・七条院の知行国であったことが関係してか、美濃・伊賀・伊勢国の守護大内惟信や尾張国の守護小野盛綱など少なからざる武士が京方(後鳥羽院方)に参加した。そのため、東海地域では新補地頭の補任が多い(第三章第二節も参照)。

三河国では、乱後に守護に任じられた足利義氏が額田《ぬかた》郡・碧海《あおみ》荘・吉良《きら》荘の地頭職を獲得した(『滝山寺縁起』)。尾張国では、海東《かいとう》荘の小山朝政ほか新補地頭一〇名が確認できる(『愛知県史　通史編2』)。伊勢国では、北条時房が守護となり、勾《まがり》御厨・丹生山《にゅうやま》・黒田《くろだ》御厨ほか一六ヵ所を獲得した

(『吾妻鏡』承久四年三月三日条)。時房以後の守護は不明な時期もあるが、鎌倉末期まで金沢氏が在職しており、北条氏領は時房流領・得宗領を軸に三五ヵ所(陸奥国に次いで多いという)が検出されている(『三重県史 通史編 中世』)。北条氏領の分布は、伊勢国での荘園制の展開に規定され(本章第二節)、北伊勢の三重・河曲・鈴鹿・奄芸郡に集中した。

以上のように、東海地域では鎌倉前期の政治過程と密接に関わりながら地頭制が展開した。これは同時に、東海の荘園制に占める幕府の守備範囲が拡大したことを意味した。

**尾張国冨田荘と地頭**

寛治年間(一〇八七~九四)に尾張守藤原忠教《ただのり》(師実子《もろざね》)の主導により摂関家領(後に近衛家領)として形成された冨田荘《とみだ》は、伊勢湾を南限として庄内川河口域に形成された三角州に立地し、荒廃公田や未開地を包摂した領域型荘園であった。

冨田荘では、承元五年(一二一一)以前から地頭職が設置されていた。同年、地頭北条義時は近衛家に荘園年貢の請文を提出しており(『鎌倉遺文』一九八四六)、鎌倉前期の時点で冨田荘は地頭請となっていたことが判明する(大山喬平 一九七八)。その後、得宗家に相伝された地頭職は、弘安六年(一二八三)に北条時宗により円覚寺に寄進された。

数ある荘園絵図のなかでも著名な円覚寺所蔵「冨田荘絵図」(図4-2)は、地頭(北条氏→円覚寺)による冨田荘支配の到達点を示すものと評価されている(上村喜久子 二〇一二)。絵図の研究成果によると、冨田荘の支配は、まずは図の中央左寄りの十二ヶ里(正方形に近い一二の区画)の維持・再開発から始まり、東部・南部へと開発が進んだとみられる。南部の開発については、河川の護岸から

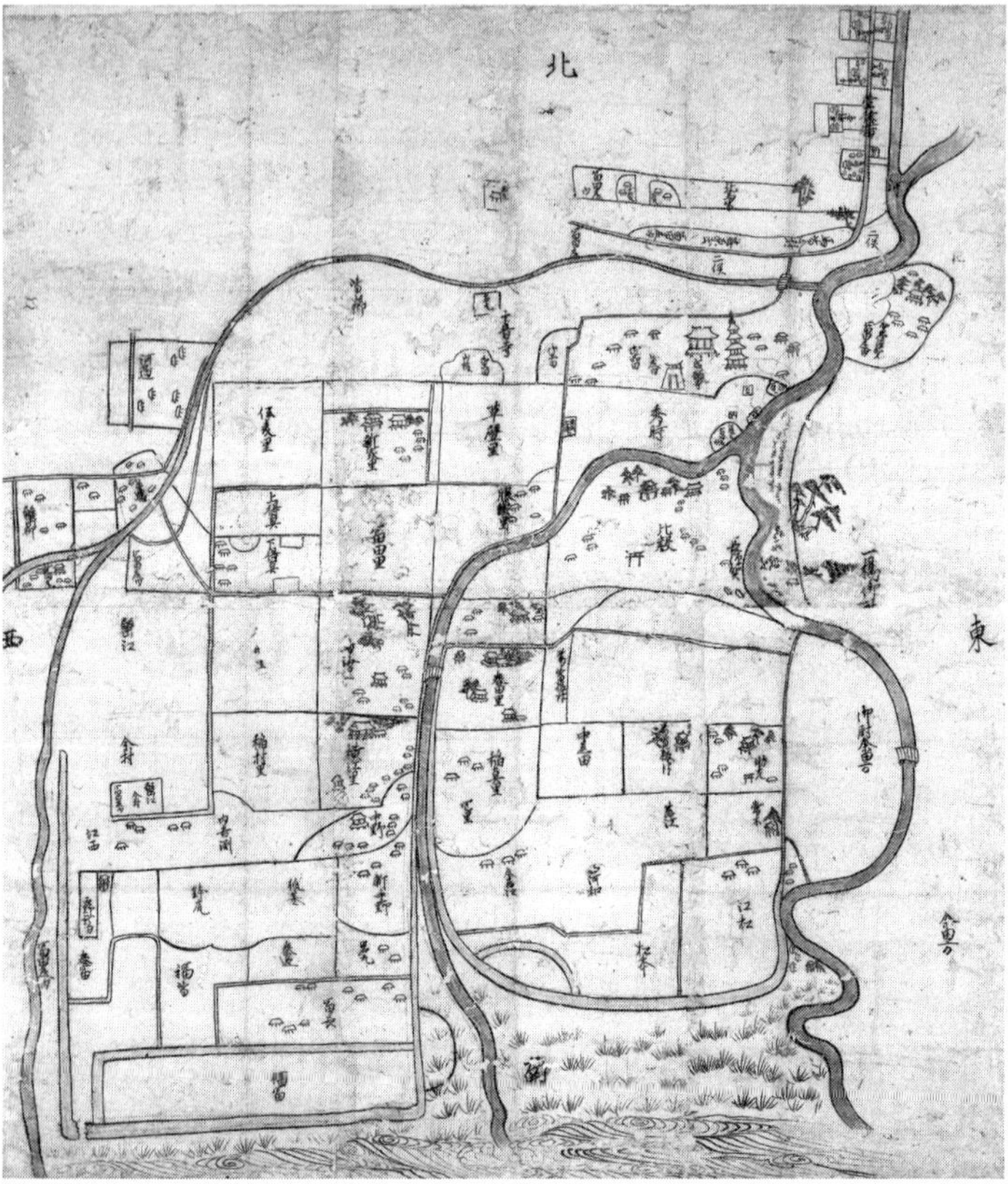


図 4-2　冨田荘絵図（円覚寺所蔵）

海岸線へと堤防が延びていた様子が描かれ（荘園の南部を囲む太い線）、干拓により田地が広げられていったと推測されている。地頭政所は横江里に設置されたが（『鎌倉遺文』一四九五六）、絵図中央の同地には大規模な屋敷が描かれている。鎌倉期に進められた開発は地頭の主導によるものと理解されており、荘園絵図からも荘園制支配体系に地頭が定着していった様相が読み取れる。

### 増加する伊勢神宮領と弘安徳政

尾張国・三河国では、十三世紀以降も伊勢神宮領が増え続けていた（表4－1）。その要因の一つには、特に尾張国で顕著にみられた在庁官人による国衙領の寄進が挙げられ、鈴裳《すずかけ》・千与《ちよ》氏恒貞《うじつねさだ》などが神宮領となった（本章第三節）。

もう一つの要因が、幕府や御家人による寄進であった。内乱初期の時点で外宮権禰宜度会光倫《わたらいみつとも》が頼朝に神領回復を訴えたことが知られるように（『吾妻鏡』養和元年十月二十日条）、幕府と神宮との関わりは早くから始まった。幕府には神宮の御師《おんし》（御祈禱師）が出仕しており、彼らを給主とした御厨が幕府関係者の寄進によって関東・東海地域に成立した。将軍家から寄進された所領も少なからずあり、尾張国では一楊《ひとつやなぎ》御厨、三河国では飽海《あくみ》本神戸・新神戸・大津《おおつ》神戸・伊良胡《いらご》御厨・薑《はじかみ》御厨・橋良《はしら》御厨（地頭職）の寄進が確認できる。その他の東海地域でも、伊勢国では林崎《はやしざき》御厨や安楽《あんらく》村・井後《いじり》村・葉《は》若《わか》村・西園村、遠江国では都田《みやこだ》御厨・蒲御厨・鎌田御厨、駿河国では方上《かたのかみ》御厨などが寄進された。

鎌倉後期になると、給主の代替りにともない、貴族や御家人らとの婚姻や分割相続・売却により給主職は分散し、別相伝される神宮領も出てきた。こうした状況下で、弘安七～九年（一二八四～八六）にかけて幕府による伊勢神宮御厨興行法（追加法六〇二）が発令された（海津一朗 一九九四）。北条時宗の死後、弘安七〜八年に安達泰盛の手で「弘安徳政」と称される幕政改革が進められ、その一つとして九州の主要寺社や伊勢神宮を対象に神領興行法が発令されたのである。御厨興行法では、不易法（執権北条時頼在職以前の判決は改沙汰しない）・年紀法（二〇年以上の知行権は理非を問わず認定）を無効とし、「非器の輩」（神事に携わらない者）の神領知行を停止して所職を神官に返付するよう命じた。伊良胡御厨では、御厨内神田のうち武家被官・甲乙人の知行地が幕府により没収され、神宮に渡されている（『勘仲記』弘安九年十二月三日条）。他の神宮領でも、志摩国麻生浦御厨、一楊御厨、鎌田御厨、方上御厨などで適用が確認できる。ただし、興行令は全ての神宮領を対象としたわけではなく、幕府寄進の神領が対象だったとの指摘がある（稲葉伸道 二〇一二）。

以上のように、鎌倉期の東海地域でみられた荘園制の展開には、①伊勢・尾張国などで平家領・伊勢平氏領が多く、それらの没官地が関東御領・北条氏領、地頭職設置所領となった点、②頼朝による東海道の再編成や承久の乱といった鎌倉前期の政治過程と密接に関わって地頭職が配置された点、③東海地域に広範に伊勢神宮領が展開するなか、幕府がその保護に動いた点、に特徴があり、政治的・地理的条件を背景に幕府権力が組み込まれやすい構造的特質を有したことを指摘しておきたい。

〔参考文献〕

赤松俊秀「杣工と荘園—伊賀国玉滝・黒田荘—」『赤松俊秀著作集三』法蔵館、二〇一二年、初出一九六三年

網野善彦「尾張国」『網野善彦著作集4』岩波書店、二〇〇九年、初出一九八一年
稲葉伸道「美濃国」『講座日本荘園史五』吉川弘文館、一九九〇年
稲葉伸道「鎌倉中・後期における王朝の神社政策」『日本中世の王朝・幕府と寺社』吉川弘文館、二〇一九年、初出二〇一二年
稲本紀昭「建久三年「伊勢太神宮領注文」と『神鳳鈔』」『史林』六八―一、一九八五年
弥永貞三・須磨千頴「醍醐寺領尾張国安食荘について」『醍醐寺文化財研究所研究紀要』五、一九八三年
上村喜久子『尾張の荘園・国衙領と熱田社』岩田書院、二〇一二年
大山喬平「没官領・謀叛人所帯跡地頭の成立」『史林』五八―六、一九七五年
同『日本中世農村史の研究』岩波書店、一九七八年
岡田清一「遠江国と北条氏」『鎌倉幕府と東国』続群書類従完成会、二〇〇六年、初出一九八八年
奥富敬之「鎌倉末期・東海道宿駅地域の地頭―相模・伊豆・駿河の分―」竹内理三博士古希記念会編『続荘園制と武家社会』吉川弘文館、一九七八年
同「鎌倉末期東海道宿駅地域の地頭―遠江・三河・尾張・美濃・近江の分―」竹内理三編『荘園制社会と身分構造』校倉書房、一九八〇年
海津一朗『中世の変革と徳政』吉川弘文館、一九九四年
勝山清次『中世年貢制成立史の研究』塙書房、一九九五年
同『中世伊勢神宮成立史の研究』塙書房、二〇〇九年
鎌倉佐保「伊勢神宮の神郡支配の構造と特質」『駿台史学』九五、一九九五年
上川通夫「中世山林寺院の成立」『日本中世仏教と東アジア世界』塙書房、二〇一二年

川合　康『鎌倉幕府成立史の研究』校倉書房、二〇〇四年
同　「鎌倉幕府の成立と「鎌倉街道」」『平成一五〜一六年度科学研究費補助金研究成果報告書』、二〇〇五年
川端　新『荘園制成立史の研究』思文閣出版、二〇〇〇年
木村茂光「建久六年頼朝上洛の政治史的意義」『初期鎌倉政権の政治史』同成社、二〇一一年、初出二〇〇二年
熊谷隆之「伊賀国玉滝杣の成立と四至」『歴史のなかの東大寺』法蔵館、二〇一七年
黒田日出男「中世後期の開発と村落諸階層」『日本中世開発史の研究』校倉書房、一九八四年、初出一九六九年
五味文彦「院政期知行国の変遷と分布」『院政期社会の研究』山川出版社、一九八四年
佐伯智広『中世前期の政治構造と王家』東京大学出版会、二〇一五年
佐藤泰弘「立券荘号の成立」『日本中世の黎明』京都大学学術出版会、二〇〇一年、初出一九九三年
高橋一樹「中世荘園の立荘と王家・摂関家」元木泰雄編『日本の時代史七　院政の展開と内乱』吉川弘文館、二〇〇二年
高橋典幸「鎌倉幕府と東海御家人」『鎌倉幕府軍制と御家人制』吉川弘文館、二〇〇八年、初出二〇〇五年
棚橋光男『中世成立期の法と国家』塙書房、一九八三年
勅使河原拓也「治承・寿永内乱後の東海地域における鎌倉幕府の支配体制形成」『年報中世史研究』四二、二〇一七年
中村直勝「伊賀国玉滝荘」『中村直勝著作集四』淡交社、一九七八年、初出一九三九年

西垣晴次「中世神宮領の構造」和歌森太郎先生還暦記念論文集編集委員会『古代・中世の社会と民俗文化』弘文堂、一九七六年
藤本元啓『中世熱田社の構造と展開』続群書類従完成会、二〇〇三年
前田英之『平家政権と荘園制』吉川弘文館、二〇一七年
同「鎌倉期の荘園制と複合的荘域」『日本史研究』七〇三、二〇二一年
正木有美「東大寺領伊賀国黒田荘の「成立」」『日本史研究』五五六、二〇〇八年
水野章二「伊勢国大国荘の立地環境と水害」『中世の人と自然の関係史』吉川弘文館、二〇〇九年
元木泰雄『院政期政治史研究』思文閣出版、一九九六年
湯浅治久「遠江蒲御厨と蒲検校」高橋慎一朗編『列島の鎌倉時代』高志書院、二〇一一年

コラム4

# 伊賀国黒田荘

永野　弘明

現在の三重県名張市一帯は、かつて「黒田《くろだ》荘」と呼ばれた東大寺領荘園であった。この黒田荘に関連する史料は、十世紀から十六世紀のものまで「東大寺文書」を中心に一四〇〇点以上が残されており、戦前より膨大な研究成果が発表されてきた。紙幅の都合上、黒田荘の歴史展開を丹念に追うことは叶わないため、その詳細は優れた概説（稲葉伸道 一九九三、守田逸人 二〇二三）に譲り、本コラムでは住人・荘民・土民などと呼ばれた黒田荘現地の人々の動向についていくつか事例を紹介し、中世の民衆の姿に迫ってみたい。

平安時代の末、黒田荘には安倍三子《あべのさんのこ》という女性がいた。彼女は矢川《やがわ》の地に私領田を所持していたが、荘民の一人で荘官を務めていた江八郎貞成《ごうはちろうさだなり》にこの地を押領されてしまった。さらに、東大寺の黒田荘経営担当者である覚仁《かくにん》が貞成の田地所有を認めたため、三子は二五名の荘民と一味《いちみ》同《どう》心《しん》（同じ目的の下に力を合わせて心を一つにすること）して貞成の非法を訴え出る。そこで覚仁は貞成以外の現地の荘官に事情を問うたところ、荘官らは三子に道理があることを起請文《きしょうもん》を立てて主張した。起請文とは自らの発言に偽りがないことを表明し、もし不実があれば神罰・仏罰を蒙《こうむ》ることを神仏に誓う強烈な意志を表明する文書のことである。こうした現地からの主張を受けて、覚仁は貞成の所有を認めるという自らの裁定を覆し、最終的には三子の所有を認めることとなった（『三重県史　資料編　古代・中世（上）』〈以下『県史』〉三二七・三二八号）。荘園領主の東大寺であっても現地の人々の意向を無視することはできず、決して好き勝手に支配することはできなかったのである。こうした民衆の動向は荘園領主だけでなく、国衙《こくが》や地域の有力者にも大きな影響を与えた（永野弘明　二〇二一・二〇二二）。

続けて鎌倉時代の事例をみてみよう。嘉元二年（一三〇四）六月、東大寺僧たちは黒田荘内に新たな税を賦課しようとし、検注《けんちゅう》という土地調査を行なうため使者数十人を派遣しようとした。これを受けて現地の百姓らは「耕作作業を中止し、山林に交わる」と主張し、起請文を書いて東大寺へ提出した。「山林に交わる」とは、百姓らが集団的に居住地から山野などに立ち去ることで領主へ年貢減免などを要求する訴訟行為（逃散《ちょうさん》）のことで、中世の人々が有していた基本的な権利であった（入間田宣夫　一九八〇）。その結果、東大寺は検注を断念するに至っている（『県史』九五八号）。この事例からも、領主としたたかに交渉し、時にはその支配に抵抗する中世民衆の姿をうかがうことができるであろう。

鎌倉時代後半から南北朝時代にかけての黒田荘では、領主東大寺への抵抗運動が激化し、その中心を担った現地の人々は「悪党」と呼ばれた。正安二年（一三〇〇）八月、東大寺衆徒らは「伊賀国黒田荘の悪党観俊《かんしゅん》以下の輩《ともがら》」が、所々に城郭を構え強盗などの悪行に及んでいることや、作物を刈り取ったり民屋を奪い取ったりして年貢を抑留していることを嘆いている(『県史』九三四号)。また、悪党清高《きよたか》入道の縁者である彦太郎《ひこたろう》は越前国大野《おおの》郡牛原《うしがはら》荘地頭の家人であったように(『県史』一〇九八号)、彼らは黒田荘外にも関係を築きより広域的に活動するようになり、なかには朝廷と独自に結びつく者もいた。こうした状況に対し、東大寺は六波羅《ろくはら》探題《たんだい》や朝廷の力も利用して対処しようとし、現地支配体制の強化も試みている(稲葉伸道 一九九三)。

ただし、悪党の一族のなかには東大寺と関係を深める者もいたように、民衆たちは常に領主と対立していたわけではない。現在、毎年三月十二日に営まれる東大寺二《に》月堂《がつどう》修二会《しゅにえ》(お水取り)で使用される松明《たいまつ》は、黒田荘故地一《いち》ノ井《の い》の松明講《たいまつこう》によって調進されている。この行事は、宝治三年(一二四九)に東大寺僧聖玄《せいげん》が黒田荘内の田地六段(現在の一ノ井極楽寺《ごくらくじ》の西側にある小字「松明田」に該当か)を二月堂に寄進したことに端を発すると考えられ、領主の宗教行事と地域の人々を結ぶ生きた歴史資料と位置づけられている(横内裕人 一九九七)。この松明調進は荘園故地ならではの七〇〇年以上も続く民俗行事であるが、東大寺と現地の人々が長きにわたって築いてきた関係により維持されているといえるだろう。

このように荘園現地の様子を探ってみると、そこには歴史の表舞台には現れにくい民衆たちのさまざまな活動が垣間見えるのであり、今を生きる我々の生活はその積み重ねの上に成り立っていることを実感できるのではないだろうか。読者の皆様も、ぜひ先人たちの営為に思いを寄せながら荘園の世界に踏み込んでいただければ幸いである。

〔参考文献〕
稲葉伸道「東大寺領伊賀国黒田荘」『日本中世の国制と社会』塙書房、二〇二三年、初出一九九三年
入間田宣夫「逃散の作法」『百姓申状と起請文の世界』東京大学出版会、一九八六年、初出一九八〇年
永野弘明「平安~鎌倉初期黒田庄荘官考」『年報中世史研究』四六、二〇二一年
同　「名張郡司丈部氏の下司化と荘民」『古文書研究』九三、二〇二二年
守田逸人「伊賀国黒田荘―戦後歴史学の象徴的フィールド―」鎌倉佐保・木村茂光・高木徳郎編『荘園研究の論点と展望―中世史を学ぶ人のために―』吉川弘文館、二〇二三年
横内裕人「東大寺二月堂修二会と黒田荘―在地に刻まれた荘園支配―」『日本中世の仏教と東アジア』塙書房、二〇〇八年、初出一九九七年

コラム5

# 伊勢神宮領
## ―遠江国浜名神戸―

朝比奈　新

伊勢神宮のある伊勢国と古代から伊勢湾や遠州灘を挟んだ海上交通で結ばれている尾張・三河・遠江国には、伊勢神宮の所領が数多く存在していた。遠江国には伊勢神宮が国造貢進《くにのみやつここうしん》と主張し、律令制下に寺社が賜う給与である食封《じきふ》よりも成立が古いとされている古代・中世の伊勢神宮領浜名《はまな》神戸《かんべ》がある。現在の静岡県浜松市浜名区三ケ日《みっかび》町に位置し、浜名湖《はまなこ》と接している猪鼻湖《いのはなこ》北岸一帯に比定されており、船で伊勢国とつながっていた。そのため、古代から中世において行なわれた土地区画制度である条里《じょうり》制が古くから敷かれるなど開発が進んでいた地域でもあった。

浜名神戸が史料上、もっとも早く登場するのは、承暦四年（一〇八〇）である。遠江守源基清《もときよ》が伊勢神宮領尾奈御厨《おなのみくりや》に対し、寛徳二年（一〇四五）の荘園整理以後に成立したという理由で荘園を停止して、三十余町の作田を刈り取る事件を起こした。その際に隣接する浜名本神戸（後に浜名神戸と称される）の田も刈り取ってしまったのである。被害にあった伊勢神宮は訴えを起こしたが、審議の結果、尾奈御厨での基清の主張は認められてしまう。しかし、浜名本神戸田の刈り取りは失錯とされたことから、浜名神戸は寛徳二年以前に荘園として成立していたのである。

この事件では、基清が現地に到着した際、住人は皆ことごとく逃げていた。基清は誰もいなくなった住人宅に寄り、田の面積などの検査を行なったのである。このことから、浜名神戸内には住人がいて、すでに十一世紀には人々の生活する空間が存在していたのであった。

古代から開発が行なわれ、人々が暮らしていた浜名神戸であったが、鎌倉時代に入ると、神戸内の寺院である大福寺《だいふくじ》を介して再開発が行なわれるようになる。承元元年（一二〇七）、大中臣《おおなかとみの》時定《ときさだ》によって浜名神戸内にある荒野が大福寺に寄進されている。猪や鹿に荒らされて、何の利益も生み出さない荒廃した土地であっても、仏の役に立つと考え寄進していたが、実際は再開発を期待したものであった。

十四世紀前後にも、現地の荘官である刀禰《とね》実阿《じつあ》のもと、多くの人夫が集められ再開発が進められた。元々、伊勢神宮が干ばつなどに備えるために設置していた畠が河原になってしまったため、大福寺へ寄進することで再開発が可能となったのである。通常は伊勢国にいたと考えられる浜名《はまな》神戸司《かんべのつかさ》が了承していることから、現地荘官が独断で進めた開発ではなかった。荘園領主である伊勢神宮の内宮・外宮を統括するトップの立場にいた祭主《さいしゅ》や神戸司らが神宮領の再開発を目的に寄進を行なっていたのである。現地で開発を担当した刀禰実阿は、十四世紀前半に浜名神戸内にある岡本《おかもと》郷の刀禰職《とねしき》を辞した後、同じ浜名神戸内の宇志《うし》に拠点を移し、荒廃した条里制が敷かれていた土地を新たに開墾していた。実阿が浜名神戸内で精力的に再開発を進めたのにはわけがあった。岡本郷の刀禰職は、伊勢神宮の祭主が任命することになっていた。実阿は率先して再開発を行なうことで、祭主から現地荘官職に任命されることを期待していたのであった。また、大福寺が祭主の御祈禱所《ごきとうしょ》となっていたため、田畠を大福寺へ寄進することによって、祭主から再開発への援助を得ることができたのである。

再開発の実態については、明治期以降に作成された地籍図《ちせきず》と土地台帳を基にした現地での聞き取り調査によって多くのことが判明した。一つの井堰《いせき》から複数の荘官名《しょうかんみょう》が混在する小字《こあざ》へ水を引いていた痕跡がみられたのである。このことから、現地荘官層が共同で田地まで水を引いて開発を行なっていたのである。そのなかには氾濫原《はんらんげん》が多く含まれており、浜名神戸の広範囲の地域で水害による再開発を荘官層が共同で担っていたことがわかる。再開発が行なわれた宇志は古代から条里制が施行されていたものの、猪鼻湖に面している地が湖中に水没したという言い伝えが残っている。そのことから、刀禰実阿が岡本郷から宇志に拠点を移したのも、災害によって荒廃した田地の再開発が目的であったのである。

このような再開発が行なわれた背景には、弘安七年（一二八四）以降、鎌倉幕府が発令した所領の取り戻しを認める神領興行法《しんりょうこうぎょうほう》があった。今まで祭主大中臣《おおなかとみ》氏の一族によって私領化され、間接的な支配形態に留まっていた所領が神領興行法によって否定されたことで、祭主定世《さだよ》は伊勢神宮領内の村落に対し、直接的な支配ができるようになったのである。その際に、大きな役割を果たしたのが、祭主定世の御祈禱所に定められた神戸内の地域寺院大福寺であった。十三世紀後半以降の浜名神戸では、領内に影響力を持っていた大福寺を介して、祭主定世主導による浜名神戸内の村落や住人への直接的な掌握が行なわれた時期であった。荘官層による再開発は、祭主定世の所領回復による経済基盤の強化が背景にあったのである。浜名神戸では、地域寺院大福寺が重要な役割を果たすことで荘園領主と村落の一体化がみられた。そのことで再開発が容易になり、近世へと続いていく村落へと再編されていったのである。

〔参考文献〕

朝比奈新『荘園制的領域支配と中世村落』吉川弘文館、二〇二四年
石上英一「神戸と御厨」『静岡県史　通史編一　原始・古代』静岡県、一九九四年
大山喬平「戦国大名領下の荘園所領—遠江国浜名神戸大福寺—」『小葉田淳教授退官記念　国史論集』小葉田淳教授退官記念事業会、一九七〇年

# 五　中世寺社の胎動

小原嘉記

## 1　東海道交通と地方寺社

### 京と鎌倉の間

東海地方の大きな特徴の一つは、活発な東海道交通といえるだろう。中世の政治的拠点である京と鎌倉を結ぶ東海道は、前代にも増して多くの人々が盛んに行き来する交通の大動脈であった。東海道を旅する人々は沿道にあったさまざまな寺院・神社を目にしていたであろうことは容易に想像される。実際に鎌倉期の紀行集などからそうした様子をうかがうことができる。例えば、『海道記』の作者は尾張の熱田宮で「路次の便詣」を行ない、駿河の「宇度《うど》の浜」（静岡市）を通過した際には山中にあった天台末寺の久能寺《くのうじ》を見上げ、同寺の由来を書き記している。『東関紀行』の作者は鎌倉に向かう途次で伊豆三島社に参拝し、箱根《はこね》神社においても祈りを捧げた。

こうした大きな地方寺社ではないが、遠江の言任《ことのまま》の社（事任八幡宮）も当時の旅人には馴染み深い神社であった。当社は『枕草子』（「社は」）にもその名がみえ、歌枕として都でもよく知られていた。

『海道記』『東関紀行』などで同社の前を通り過ぎるさいに和歌が詠まれているのはもちろんのこと、文永三年（一二六六）に鎌倉から京に送還された宗尊親王も、この地を通り過ぎる際に不遇な身の上を歌にして詠じている（「中書王御詠」）。道中にある著名な寺社は人々の旅情をかきたてるものであったろう。

建治元年（一二七五）に蒙古合戦の恩賞を求めて鎌倉に向かった竹崎季長《たけざきすえなが》は、三島社と箱根神社に立ち寄って宿願成就を祈って布施を進めた（「蒙古襲来絵巻」）。訴訟などのために鎌倉に向かう人々が、関東の入り口にあって、しかも幕府の尊崇厚い両社の神に参拝し、幕府法廷での成功を祈念する様子は、東海道交通が有する政治性を象徴的に示すものということができる。このように東海道沿いにある寺社は、地域住民の信仰を集めるだけでなく、東海道を往来する多種多様の人々からも信心を寄せられる、開かれた信仰の場という特性を持っていた。東海道からは外れるが、飯田街道沿いにある三河国足助《あすけ》八幡宮は「殊《こと》に当社ハ遠国旅人この所に来るをふかく憐み給うなり」と述べており（「足助八幡宮縁起」）、旅人の参詣を積極的に呼び込もうとする神社側の意図が明確である。荘郷レベルの寺社でも街道交通を意識した動きを示し始めていたのである。

このほかにも、東海道に点在した宿には幾多の寺院が存在した。その光景は「尾張国冨田荘絵図」（円覚寺所蔵、口絵・第四章参照）に描かれた萱津宿の様相からうかがうことができるが、これらの寺院は宿泊地・駐屯地としても利用されており（榎原雅治 二〇一九）、一種の交通インフラとして機能していた。これも幹線道路が走る地域の特徴的な寺院のあり方といえる。

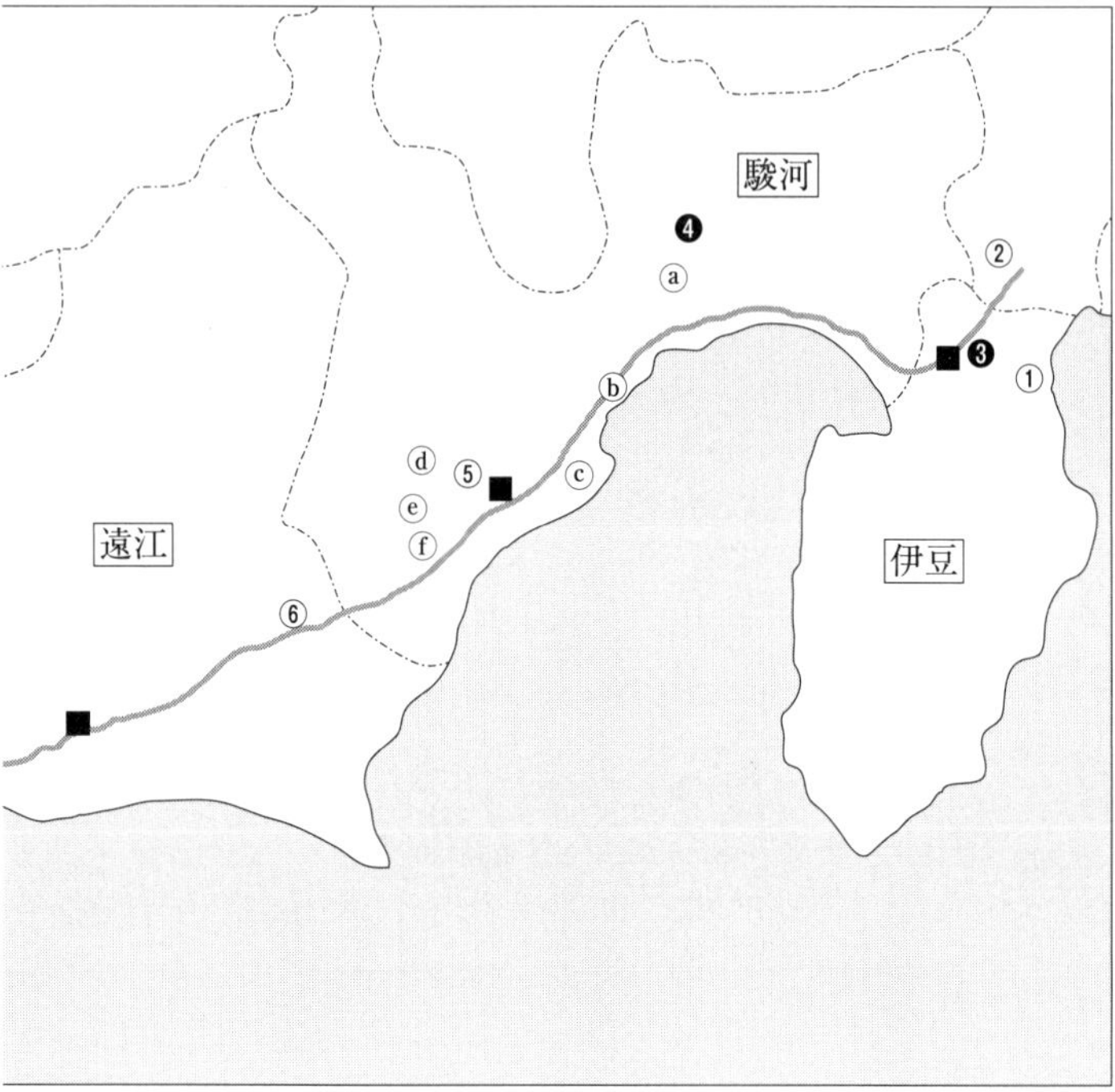


ⓖ大福寺　ⓗ普門寺　ⓘ東観音寺　ⓙ財賀寺　ⓚ滝山寺　ⓛ実相寺（三河）

神部神社（惣社）　⑥言任八幡宮　⑦砥鹿神社　⑧足助八幡宮　⑨伊良湖神
南宮社　⑯伊富岐神社　⑰多度神社　⑱外宮　⑲内宮

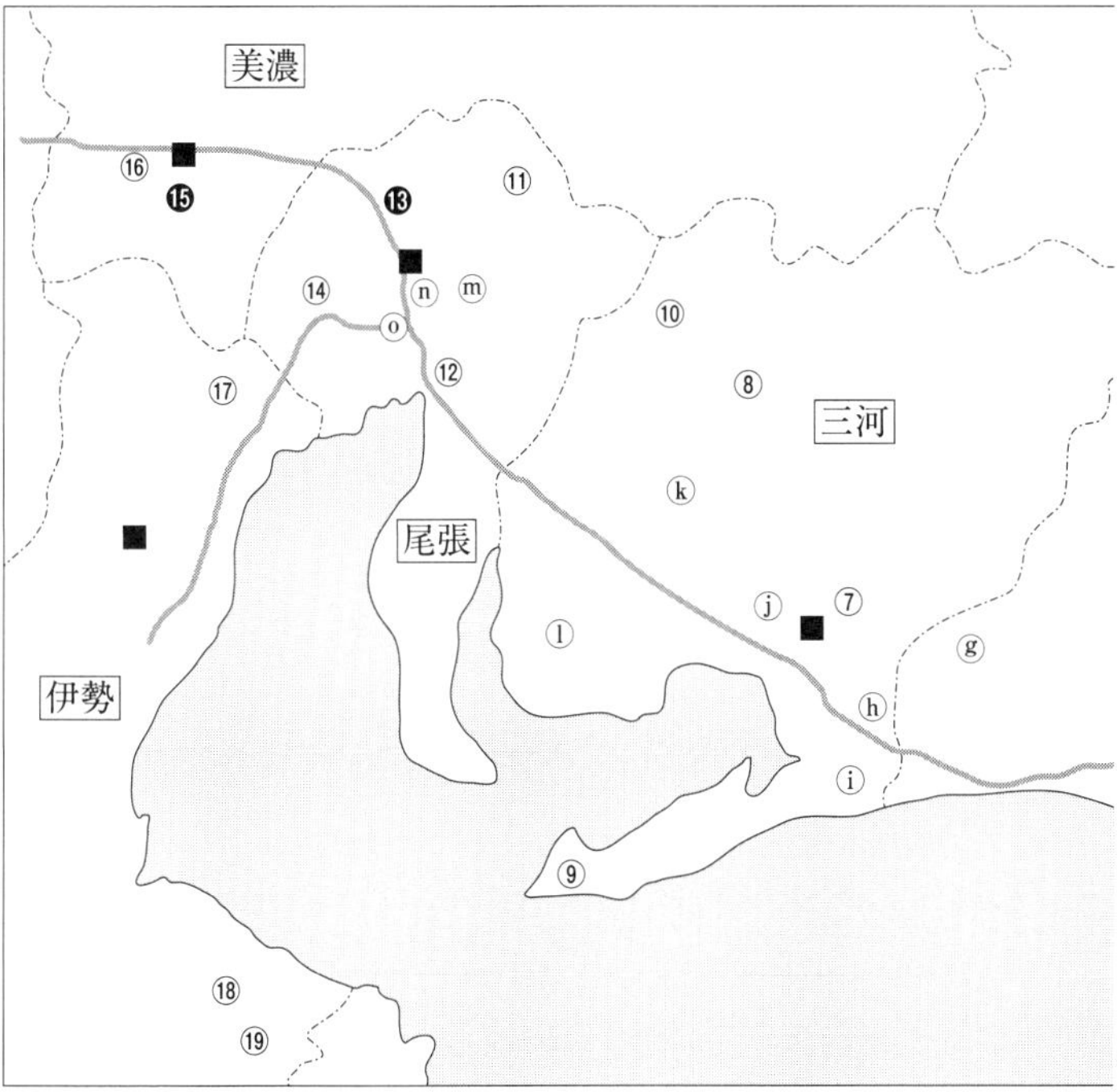


図 5-1　本章でふれる主な寺社

〔寺院〕

ⓐ実相寺（駿河）　ⓑ清見寺　ⓒ久能寺　ⓓ慈悲寺　ⓔ建穂寺　ⓕ大窪寺

ⓜ長母寺　ⓝ七寺　ⓞ甚目寺

〔神社〕

①走湯山（伊豆山神社）　②箱根神社　❸三島神社　❹富士浅間神社　⑤

社　⑩猿投神社　⑪大縣神社　⑫熱田社　⓭真清田神社　⑭津島神社　⓯

＊白抜き数字は一宮，■は国府，—は東海道（鎌倉街道）

## 宗教者の往来

鎌倉期には京・鎌倉のそれぞれの地において朝廷・幕府の保護をうけながら顕密仏教をはじめ禅宗・律宗などの新たな宗派も展開していった。それにともない僧侶たちの京・鎌倉間の往来もより盛んになり、彼らの移動は東海地方にも少なからず宗教的な影響を与えたと考えられる。

踊念仏《おどりねんぶつ》で有名な一遍《いっぺん》は、弘安五年(一二八二)に鎌倉から京に向かうなかで三島社に立ち寄って説法を行ない、多くの道俗が熱心に聴聞したという。さらに翌年に彼は尾張の萱津宿付近の甚目寺で七日間の断食行法を行なった。この時には東海道の交通・流通を掌握する尾張・美濃の悪党が一遍のもとに参じる人々の通行の安全を保証しており、甚目寺において広範囲にわたる地域住民への教化がなされた(「一遍聖絵」)。その際には甚目寺僧によって同寺の毘沙門天《びしゃもんてん》の霊験もあわせ説かれただろうから、一遍の来寺は甚目寺が広い信仰を集める上で大きなきっかけになったと思われる。いずれにしても、一遍のこうした宗教活動が、後に街道沿いに築かれた道場を布教の拠点にして時宗寺院が展開していくことの礎になったと考えられる。

鎌倉には多くの渡来僧が招かれた。建長五年(一二五三)に創建された建長寺の住持に迎えられた蘭渓道隆《らんけいどうりゆう》や兀庵普寧《ごったんふねい》は来日した最初期の南宋僧であったが、東福寺開山の円爾弁円《えんにべんえん》は渡宋経験を通じて彼らとも旧知の間柄だったことから、建長六年以降数度にわたって鎌倉に赴き、蘭渓・兀庵のほか北条時頼らの武家と交流を深めた。このように円爾は東海道を往来するなかで、弘長元年(一二六一)に弟子の無伝聖禅《むでんしょうぜん》に請われて駿河国清見寺《せいけんじ》の落慶法要を行なった(「東福寺開山聖一国師年譜」)。

図5-2　三島社に参詣する一遍（「一遍聖絵」巻6，清浄光寺所蔵）

清見寺は建長の初め頃に無伝が天台宗の古寺を復興して禅宗に改めたところであった。また三河国吉良荘の地頭吉良満氏《みつうじ》は荘内に実相寺《じっそうじ》を建立し、開山として文永八年（一二七一）に円爾を迎えた。彼は一日で住持を辞して弟子の無外爾然《むがいにねん》に譲り、鎌倉へ赴いた。円爾は名目上の開山として招かれたのであろうが、それが鎌倉への下向にあわせたものであったことが知られる（「東福寺開山聖一国師年譜」）。

尾張国長母寺《ちょうぼじ》の無住道暁《むじゅうどうぎょう》は師である円爾との関係を回想するなかで、鎌倉に下向する円爾を三河の八橋で接待したことを記している（梵舜本『沙石集』巻三）。長母寺も円爾を祖師とする臨済宗聖一派の禅院であるが、実は無住が入る以前の同寺は律宗寺院であった。長母寺の律院化は、南都での戒律復興運動の担い手である西大寺《さいだいじ》の叡尊《えいそん》が弘長二年（一二六二）に鎌倉に向かう途中に同寺に立ち寄ったことにある。この時に叡尊は住僧および在家衆二三〇人に菩薩戒《ぼさつかい》を授け、説戒には三〇〇〇人が集まり結縁《けちえん》したという（『関東往還記』）。律僧と交通路の関係はつとに指摘されているが、叡尊も街道を往来するなかで教線を拡大していったのである。

## 濃尾の神々

平安後期から中央・地方の寺院で行なわれた修正会《しゅしょうえ》・修二会《しゅにえ》などでは、仏事の冒頭に神分作法（神名帳奉読）によって法会を護持する神々が勧請された（上島享 二〇一〇）。これらの法会には娯楽性も備わっており、一般民衆も対象にして説法が行なわれていた。神分による神降ろしで読み上げられる神名は、人々からすると地域を守護してくれる身近な神として認識されるものだったろう。荘園の百姓らが作成する起請文にみえる神仏も、こうして彼らが法会の場で耳にした身近な神々が主に記載されていたと思われる。例えば延元元年（一三三六）の東大寺領美濃国茜部荘百姓等起請文（成巻本東大寺文書）には、

> 上は(a)梵天・帝尺・四大明王、下は(a)淡魔法王・五道大神、(b)王城鎮守八幡大菩薩・賀茂・春日・稲荷・北野・日吉山王七社、殊には(c)伊勢天照大神・熊野・白山・伊豆・古（筥）根・三嶋権現、(d)当国鎮守南宮・高山・伊富貴、(e)当庄鎮守八幡大菩薩・ひた森明神、惣じて日本六十余州の大小の神の御はち（罰）を、百姓等の身中八万四千の毛穴毎に罷り蒙るべく候。

とある。起請文に現れる神仏の構成をみると、(a)は仏教東漸の歴史を示すインド・中国に由来する神々、(b)は朝廷を守護する王城鎮守二十二社の内の主たる神々、(c)は伊勢・熊野に代表される広域的な神、(d)は国鎮守である南宮社《なんぐうしゃ》（一宮）・伊富岐《いぶき》神社（二宮）など、(e)の荘鎮守は荘園領主である東大寺より勧請された八幡神と荘園現地に鎮座する式内社の比奈守《ひなもり》神社で、〈外来の神―王城鎮守―広域的な神―国鎮守―荘鎮守〉のごとき重層的な体系を形作っていることがわかる。

(a)~(c)は列島各地で作られた起請文などでおおよそ共通しており、地域的差異はみえづらい部分となる。ただ、(c)のうち白山は中世の東海地方において広く信仰されており、西部荘の起請文も白山権現牛玉宝印《ごおうほういん》の裏に書かれていた。ある程度の地域性は看取されるだろう。また、(c)に伊豆・箱根・三島といった鎌倉幕府が篤く信奉する神々がみえている。これは鎌倉期を通じて幕府の強い影響がこの地域に及んでいたことの結果といえるだろう。

これに対して、(d)(e)の部分こそが地域性の顕著なところとなる。一般的には国郡・荘郷・村落の各レベルの鎮守が姿をみせるが、それは必ずしも国郡・荘郷の行政的枠組みによって規定されているわけでもない。起請文ではないが、尾張国七寺《ななつでら》一切経巻末印記には一切経の守護を託された神々として、伊勢・白山・熊野・山王の広域的別格神をはじめ、国鎮守（一宮・二宮・三宮）の真清田社・大県社・熱田社、七寺近在の多度社（伊勢）・津島社（尾張）・南宮社（美濃）・千代社《せんだいしゃ》（尾張国衙近傍）がみえている（井後政晏 二〇〇五）。これらは七寺（稲薗山寺）の鎮守十五所権現にあたると思われるが、国鎮守の一宮・二宮・三宮と尾張国外の神々によってあたかも濃尾平野を囲むような形になっている。これがこの地域の人々の生活・文化圏の実態であったと考えられる。

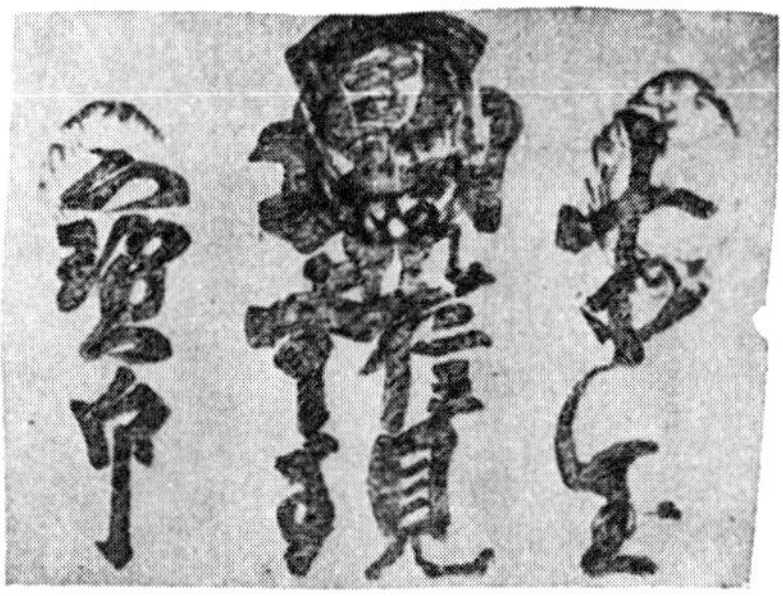

図5-3　西部荘百姓等起請文の白山権現牛玉宝印（東大寺成巻文書54巻369号）

遠江国浜名神戸内の北原御薗の地に大中臣時定《ときさだ》が承元元年（一二〇七）に建立した大福寺は、三河との国境付近に位置する密教寺院であった。同寺の衆徒が元応二年（一三二〇）に作成した起請文には、伊勢・熊野などの広域的な神が列記された部分に「東国守護二所・三島大明神」（大福寺文書）とあるのが注目される。遠江国は北条氏一門の大仏《おさらぎ》氏が守護職を相承し、国務を兼ねる時期も少なからずあったし（石井進 一九九七）、嘉禄元年（一二二五）十二月に定められた鎌倉番役の催勤国の西端も遠江国とされた。このように政治的には東国のテリトリーに組み込まれていたことが、起請文の神文にも影響を与えているのだと考えられる。

一方、大福寺から距離的にはそれほど隔たっていないが、三河国渥美郡東端の遠州灘に面した崖上にある東観音寺《とうかんのんじ》には大永六年（一五二六）書写の縁起が伝わっている。その巻末には同寺の鎮守として一八社が書き上げられている。それらを大まかに類別すると、伊勢・熊野・白山（広域的な神）、住吉・賀茂・松尾・平野・山王（王城鎮守）、熱田・富士浅間・諏訪・出雲・宇佐（地方の明神大社）、伊豆・箱根・三島・鹿島（関東鎮守）、伊良湖（地元の鎮守）に分けられる。注目点の一つは熱田社がみえることである。熱田大宮司家の本貫は三河国額田郡であったが（藤本元啓 二〇〇三）、熱田社の分布は基本的には尾張国が中心となっていた。ただ、三河国宝飯郡にある財賀寺《ざいかじ》の鎮守には同国一宮の砥鹿《とが》大権現と並んで熱田大明神も地域の神として勧請されており（「文明三年鎮守八所権現棟札」）、中世の熱田信仰は三河までは及んでいたようである（上村喜久子 二〇一二）。

## 三河・駿遠の神々

二つ目は駿遠両国に特徴的な富士浅間の神がみえることである。中世後期に御師によって富士講

図 5-4　東観音寺参詣曼荼羅（古境内図，東観音寺所蔵，豊橋市教育委員会提供）

（富士山信仰）の拡大があったことが背景にあるのだろう。そして三つ目は海運との関係である。中世末に描かれた「東観音寺参詣曼荼羅」（東観音寺所蔵）には寺前の海に停泊したり航行したりする大小の商船が描かれている。鹿島・住吉・伊良湖の神はまさに東観音寺と太平洋海運とのつながりを示すものと考えられよう。境内と津泊とが密着した寺院の特性をみてとることができる。

駿遠両国については、戦国期の古文書の神文に八幡・天満自在天神・富士浅間・白山・秋葉の神々が多くみられる。特に浅間神社は両国とその周辺地域に広く分布しており、この地域の中心的な信仰の一つであった。また駿河国富士郡にあった実相寺《じっそうじ》の鎮守八所権現は、鎌倉期の史料によると「金峰・熊野・山王・吉備」と「浅間・走湯・筥根・三嶋」とされており（北山本門寺文書）、後者の地域的な神々からは当該地方と東国との近さがうかがえる。

## 2　国衙と寺社

### 中世的宗教秩序の形成

諸国における中世的宗教秩序の形成と地方寺社の展開を考えるさいに、その起点として重視すべきは受領の活動である（上島享 二〇一〇）。受領は十世紀末頃から徴税を強化するなど強力な国内支配を行ない始めた。このような受領専権の確立は何も政治的・経済的な分野のみに限られていたわけではなく、国内の寺社も受領支配の影響のもとで大きく再編されていくことになった。

もともと律令制下では、国司が主催する各種の仏事は国分寺《こくぶんじ》・定額寺《じょうがくじ》もしくは国庁で行なわれていたが、十世紀中葉にはそれらの施設の多くで破損が進み機能不全に陥っていた。そうしたなかで受領は従来とは異なる形の新たな講経法会を始めた。『今昔物語集』（二〇—三五）によると、美濃国において疫病が発生して多数の死者が出た時、国内の有力者（在庁や郡郷司）が在京の受領に申請して国府近傍の南宮社で臨時の百座仁王講《ひゃくざにんのうこう》を執り行なったという。攘災のための法会が国分寺ではなく社前で行なわれているのである。こうした社頭の仏事は十世紀中頃から朝廷で行なわれていたあり方を、受領が任国に移入して成立したものだと考えられる。受領が行なう神前での講経法会は、神威を増幅させて神から冥助を受けるための法楽であったが、そうした仏事催行の場になった神社には国鎮守という新たな性格が加わり、やがて一宮・二宮という形に再編されていった。

この美濃国の説話で注意されるのは、仁王講の実施にあたって国内の有力者たちが受領の許可を得るという手続きを踏んでいる点である。これは受領が国内の祭祀権・法会催行権を掌握していたことを端的に示すものといえる。この時の美濃守は在京していたが、当時の受領は任国と京都を往来することが珍しくなく、恒例の仏神事であれば受領が在国して行事を主催したことだろう。そして百座とあるように、この法会が百人もの僧侶を招請して盛大に挙行された点も注目される。受領は国内の主要寺院に対し参集を命じたものと思われるが、地方寺院にはそれだけの人的資源と能力が備わっていたのである。おそらくそうした寺院の多くは天台宗の聖《ひじり》（遁世僧）のネットワークを通じて平安中期に形成された山林寺院であっただろう（上川通夫 二〇一二）。それらは受領の動員に応じることで寺領の安堵を得るなど、経済的な恩恵を得ることもできていたものと考えられる。

受領による国内寺院の統制は、各寺に対する催役という形で現れた。例えば大治元年（一一二六）に某国の国分尼寺は、国司が前例なく「大般若書写打紙」の夫役を課してきたことを愁訴《しゅうそ》している（古文書集一）。また、鳥羽院政期に長らく三河守の任にあった藤原顕長は同国の滝山寺に対して大般若経六〇〇巻のうち三〇巻（三帙）分の書写を命じたという（「滝山寺縁起」）。以上はいずれも寺側が抵抗を示した事例ではあるが、受領による国内寺院への所課自体はそれなりに一般化していたものと思われる。

このように国衙の祈禱をはじめ、受領が課すさまざまな所役を勤める寺院は、十一〜十二世紀の間に「国衙の寺」という形に再編されていった。

## 受領の祈り

では受領は国内の仏神事で何を祈ったのだろうか。新任国司は赴任すると着任儀礼として諸社を巡拝する国司神拝とともに、国庁において百座仁王会を行なった。このうち一一世紀末の甲斐国における任初の百座仁王会の呪願文《じゅがんもん》が『朝野群載《ちょうやぐんさい》』（巻二二）に収められているが、そこには「運上せる調物は、往年に陪増し、任中の公文《くもん》は、合期に勘畢す。……昇進光華、天下に独歩す」との章句がみえる。ここでは、朝廷への貢納物を滞りなく進納して、正税帳などの公文の監査をパスし、任後の受領功過定《ずりようこうかさだめ》で合格の成績判定を得て、官位昇進を果たすという内容が祈念されているのである。

こうした内容の祈りは国鎮守における神事でも同様であった。安元二年（一一七六）の年紀のある安芸国厳島客人宮の神事における国司祝詞《のりと》（新出厳島文書）をみると、「官位をば一々に階《のぼ》らしめ給いて、五穀豊穣・蚕養如意にして、国内興福・人民安穏にして、四度《よど》の公文は任中に勘じ畢わり……」とあり、やはり官位昇進と任中の公文勘済のことが述べられている。治国の賞による栄達が受領主催の恒例の仏神事で祈られる典型的な内容であった。

以上をふまえた上で注目したいのは、熱田社で正月に行なわれる踏歌《とうか》神事である。この祭事は五穀豊穣を祈るもので、舞人の舞の後に詞頭が神前で頌文《しょうもん》を読み上げたが、文永七年（一二七〇）の奥書をもつ頌文の古写本（田島家文書）には、

田畠の業い茂くして、泰《やす》らかにして、官物期に叶いて成り易く、四度の返抄、擁《とどこお》り無くして、当州の国宰、治国利民の誉れ諸国に勝れて、放還花洛の日は、誉れしめて紫台に繋がれ給いて……

と記されている。この神事は熱田社が独自に行なう年中行事であって、国衙が主催するものではないが、納官済物の完納と四度公文（大帳・調帳・朝集帳・正税帳）の監査のパス、そして任後の昇進を願う内容がみえており、先にみた受領の祭文と全く同じである。この頌文の一節は、平安後期の受領が国鎮守に捧げた祭文を取り込んで作られたものと理解できる。受領が執り行なった仏神事が、その後に地方寺社で行なわれるようになる年中行事に一定の影響を与えていたことが知られよう。

ところで受領が祈願する内容は、上述のような定型的なもの以外にも、個人的な願いも祈られていた。尾張国の受領であった大江匡衡《まさひら》は長保四年（一〇〇二）に一時的に京上するにあたって熱田社で臨時祭を行なった（『朝野群載』巻三）。これは息子の大江挙周《たかちか》が翌年正月の人事で蔵人《くろうど》・式部丞《しきぶのじょう》に任

じられることを祈願してのものだった。神前で読み上げられた祭文には、この宿願が成就したならば「挙周をして臨時祭を奉らしむ」とあり、国司としての公的祭祀とは一線を画している。受領にとって国鎮守は自身の守護神でもあり、私的な願いをも受け止めてもらえる存在になっていたのである。

### 国司写経

尾張守大江匡衡は長保四年の祭文のなかで、大般若経を書写・供養して熱田社に奉納することを述べており、任終年の寛弘元年（一〇〇四）に同社に捧げた願文には「当国守は代々鎮守熱田宮のおんために大般若経一部六百巻を書き奉り、已《すで》に恒例の事となす」（『本朝文粋』巻一三）と書かれていた。匡衡は四年の任期の間に書写したといっており、受領による任中の大般若経六〇〇巻の書写は一般的な事業であったといえる。

東海地方で現存する国司写経の実例としては、修福寺《しゅうふくじ》（静岡県南伊豆町）所蔵の大般若経の奥書に「国司通国《みちくに》」とあるものが挙げられる。通国とは大江通国のことで、長治元年（一一〇四）には伊豆守であった。また同寺の大般若経のなかには「大治五年」「源盛頼」という奥書を有するものもある。盛頼《もりより》は国司ではないが、父の盛雅《もりまさ》が大治五年（一一三〇）当時は伊豆国司の任にあった。おそらく父の代官として伊豆国に下向するなどして、写経に関与したものと思われ、国司写経に準じるものと理解できる。大般若経は長い歴史のなかで所蔵場所を転々とすることはよくあるので、修福寺の国司写経が本来どこにあったものかは不明であるが、一宮などの国鎮守への奉納経に由来する可能性も十分にあるだろう。

ところで十二世紀中頃に三河守藤原顕長が国内諸寺に大般若経書写を割り当てていたことは先に述

べたが、彼については一族の繁栄を祈願する埋納経を行なっていたことが知られている。強制的な写経命令は鎮守における法楽のためではなく、この個人的な祈願のために出されたものなのかもしれない。彼は国司の地位を利用して、渥美半島で操業する大アラコ窯で経筒外容器を製作しており、実際に埋納された壺が静岡県三島市・山梨県南部町・神奈川県綾瀬市から出土した。それらには「三河守藤原朝臣顕長」などの刻銘があり、富士山を囲むようにして埋納されていたことが知られる（五味文彦 二〇一六）。

おそらくそれは末代上人《まつだいしょうにん》による富士山への一切経埋納に触発されたものだったろう。末代は富士上人とも呼ばれ、写経のために東国を勧進し、久安五年（一一四九）には上洛して鳥羽法皇の支援を得るに至った。法皇は廷臣に写経を分担させて上人に協力し、富士への埋納を実現させた（『本朝文集』巻五九）。折しも顕長が二度目の三河守に任官した年である。当時の受領は通常は在京していたので、顕長も鳥羽院周辺において高揚していた宗教的雰囲気に接していたはずで、それが富士山を意識した埋納経を発願するきっかけになっていた可能性は十分に考えられるだろう。

図5-5 「藤原朝臣顕長」銘のある壺
（三島市三ツ谷新田出土，個人蔵，三島市郷土資料館提供）

**七寺一切経**

国司写経ではないが、名古屋市の長福寺には、承安五年〜治承三年（一一七五〜七九）にかけて書写された「七寺一切経」と呼ばれる五〇〇〇巻以上に及ぶ古写経が伝存している。願主は尾張国の在庁官人大中臣安長《やすなが》で、その目的は「国中郡内」の寺院・僧侶の修学のために良質な経典のテキストを完備し、教学の発展と国内における仏事の興行を企図することにあった（「七寺一切経唐櫃《からびつ》蓋銘」）。その点で、この一切経は尾張国の公共的な什物としての性格を有する特殊なものであったといえる。

この一切経は奈良朝写経の流れを汲むもので、藍本《らんぽん》は尾張国内およびその周辺地域の寺社にあった経典だと思われるが、特異なのは「王家の氏寺」たる法勝寺金泥《こんでい》一切経や桓武天皇勅願の梵釈寺《ぼんじゃくじ》一切経など、当時の最高水準にある仏典を用いて対校を行なっている点である。上質な黄檗染打紙を用いて丁寧な書写と厳密な校正が施され、金泥または銀泥の外題を付した精巧な装潢となっている（落合俊典 二〇一五）。

ここで気になるのは、勧進によって多くの人々から協力を得たとはいえ、一介の在庁官人の発願から始まった事業としては、この写経活動はあまりに厳格かつ大がかりであり、地方レベルの写経としては不釣り合いに思われる点である。となると、大中臣安長らの背後には、彼らを強力に支援する存在があったのではないかという推測も立てられるのではなかろうか。とりわけ七寺一切経が公共的な性格を有していた点に鑑みれば、国司のバックアップは十分に想定してよかろう。『今昔物語集』（一四―八）には、越中国の在庁官人（書生）の男が亡妻のために一日法華経千部の書写を行なおうとした時、時の国司がそれを聞きつけて全面的な協力をしたという説話が収められている。国司が在庁の発願した写経事業を支援する行為は決して不自然というわけではないのである。

七寺一切経が書写された時期の尾張守には後白河院の北面武士であった平信業《のぶなり》と、同じく院近臣の藤原盛頼が就いていたことが知られ、同国は後白河院の院分国であったと考えられる。七寺一切経は国司を介することで、治天《ちてん》の君《きみ》の後白河院が管領した法勝寺などの高水準の一切経に容易にアクセスし、大がかりな対校作業を実施することができたのではなかろうか。国衙レベルの関与という観点からこの一切経を再評価する余地もあると思う。

**諸寺別当**

先に美濃国南宮社で百座仁王講が行なわれた説話に触れたが、この話には受領が京から随伴してきた近臣僧の行動が描かれている。具体的には、国内の有力者が講師に招請した高僧を押しのけて、「一供奉《いちのぐぶ》」と呼ばれた受領の近臣僧が無理やり講師職を奪い取って、強欲にも布施物を独占したというものである。彼が「この国にては守の殿、我をこそ国の一法師に用いられ」と述べているように、国内の仏事執行にあたって受領の随身僧、特に京下の人物が大きな主導権を持ち、国内寺院の統轄を行なうような立場にあったと思われる。これが院政期以降に所見する「諸寺別当」の前身だったのではなかろうか。

「諸寺別当」に関する史料は多くはないが、十二世紀前半頃の加賀国の国衙支配の様相がうかがえる半井《なからい》家本「医心方《いしんぽう》」紙背文書のなかに、知行国主が石清水八幡宮光清の推挙によって同宮権寺主増清を「当国諸寺別当」に補任したことを述べる書状が存在している（山本信吉・瀬戸薫 一九八九）。これは国衙が国内諸寺とその僧徒を統制・掌握するために設置した役職で、知行国主の交替ごとに国除目で任命されていたものと思われる。この事例では知行国主のいる京近辺の人脈によって登用されており、先述した美濃国司の随身僧であった「一供奉」のあり方と相似しているといえよう。

東海地方における「諸寺別当」については、鎌倉前期の遠江国の史料にみえる「とをたうみ《(遠江)》にし《(西)》のへんたう《(別当)》」(金沢文庫所蔵「天台四教義」紙背文書)がその実例となる。遠江国では十三世紀までに「諸寺別当」職を東西に分けて分掌させる体制になっていたようである。紙背文書では、西別当職をめぐって兵部阿闍梨《あじゃり》・石見房と現任の西別当(石見房の兄)との間で対立が生じ、留守所《るすどころ》において当事者の問注が行なわれた後、目代・在庁などの勘状に則して国務兼守護である北条時房が石見房の兄に西別当職を改めて安堵する国司庁宣を下したと述べられている。鎌倉期には別当職の安堵・改補について留守所の判断が尊重されていた様子が知られるが、それはこの職が在庁職などと同様に国内所職となって利権化し、実質上は留守所の意向で人選されていたからだろう。「諸寺別当」は全国斉一的な制度ではないので、国ごとに名称はもちろんのこと、存在形態にも種々のタイプがあったと思われる。

## 国衙の寺

ところで「諸寺別当」という場合の「諸寺」が指し示しているのは、おそらく国内全ての寺院ということではなく、受領による国衙仏事の執行体制の再編によって形成された「国衙の寺」のことであったと考えるべきだろう。「国衙の寺」は国衙主催の仏神事に参勤する義務を負った寺で(西口順子 二〇〇四)、播磨国では天台六箇寺(円教寺《えんきょうじ》・随願寺《ずいがんじ》・一乗寺《いちじょうじ》・八葉寺《はちようじ》・神《じん》積寺《しゃくじ》・普光寺《ふこうじ》)が「国衙の最勝王経講讃・仁王会等を勤修」し、三宮の酒見《さかみ》大明神の神前で行なわれる五問一答の論議には六箇寺の碩学二〇人が参集することになっていたという(『峰《ぶ》相記《しょうき》』)。最勝講は九世紀より国庁で行なわれた正月の吉祥悔過《きっしょうけか》・最勝王経読経の系譜を引き、百座仁王会は受領の新任儀礼にも組み込まれた法会であり、まさに国衙のための仏事であった。

「国衙の寺」について史料から明確にわかる事例は播磨国のものに限られるが、他国においても若干の手掛かりをもとに推測を巡らすことはできる。例えば駿河国では仁治三年（一二四二）に憲信が願主となって尼寺薬師堂に施入するための大般若経の書写が行なわれた。憲信は惣社・国分寺・尼寺御堂の別当を兼帯していた密教僧で、国衙の仏神事執行で中心的な役割を担っていたと思われる。まさに諸寺別当のごとき立場であったといえるだろう。彼の勧進に応じて写経に携わった人々のなかに、大窪寺《おおくぼでら》（徳願寺）・建穂寺《たきようじ》・慈悲寺《じひでら》（増善寺）の僧侶が多くみえる（鉄舟寺《てっしゅうじ》所蔵「大般若経」奥書）。いずれも安倍川右岸（静岡平野の西端）に位置し、惣社からもそれほど離れていない寺院である。これらの寺々がいわゆる「国衙の寺」であったがゆえに、憲信による写経事業に動員されたと解釈することもできるのではなかろうか。

実際、建穂寺については時期が大きく下るものの、永禄五年（一五六二）に元意から快元に譲られた慶南院（建穂寺の子院）の所領のなかに「府中浅間供僧並奈吾屋供僧」とあり（「建穂寺編年」）、建穂寺僧が惣社と一体化していた浅間新宮・奈吾屋《なごや》社の供僧を勤めたことが知られる。また浅間新宮の廿日会祭は中世史料でも確認できる舞楽会であるが、この祭祀には明治初頭まで建穂寺から雛僧が出されていたという（八木洋行　一九九三）。建穂寺は惣社などで行なわれる国衙の仏神事に参勤していたとみなすことができるだろう。

このほか、久能寺僧権律師円恵の元亨四年（一三二四）の譲状（鉄舟寺文書）には、「駿河国惣社最勝講田壱町」とみえており、久能寺僧も惣社で行なわれる国衙仏事に関与していたことが知られる。同寺も「国衙の寺」であった可能性は高い。そうだとすると、駿河国の「国衙の寺」は静岡平野を囲んで府中を守護するかのように立地していたことになる。

播磨国で「六箇寺」と呼称されたように、「国衙の寺」は総称のごときものを有する場合があった。例えば、安芸国では国衙領に「五ヶ寺免」という天台五箇寺の免田が多く設定されており、それらは在庁とも関係が深かった（安芸田所家文書）。この五箇寺が「国衙の寺」の総称であったと推定される。こうしたタイプの呼称を念頭に置いた時、少し気になるのが尾張国の「七寺」という通称である。現在は名古屋市大須にある長福寺の別称となっているが、本来は七つの「国衙の寺」の総称に由来した可能性がある。

文明十七年（一四八五）に記された「熱田社年中行事」（『張州雑志』巻四九）には、正月元日の行事として「七寺詣」がみえる。近世の「熱田雑記」はこれを社僧が境内の七堂（神宮寺以下の仏堂）を巡るものとしているが、正確な知識や由緒にもとづく記述とはみなし難く、この行事が衰退した後に案出された後付けの解釈と思われる。史料的に十分な確証が得られるわけではないが、「七寺詣」とは、七つの「国衙の寺」が正月に行なう最勝講のために国鎮守の社僧らもあわせて参勤していたこと（あるいは「国衙の寺」の僧が国鎮守に参集して社頭の仏事を勤仕していたこと）に由来し、その名残が中世後期の熱田社の年中行事のなかに姿をかえてみえていると理解できないだろうか。いずれにしても、

「六箇寺」「五ヶ寺」と同様なものとして「七寺」を解する余地は十分にあると思う。

## 3 鎌倉幕府と寺社

### 鎌倉幕府の成立

鎌倉を拠点にした武家政権の成立は、東海地方の寺社にも大きな影響を及ぼす出来事であった。特に北条氏の出身地である伊豆は幕府の膝下地域といってもよい場所で、鎌倉時代を通じて鎌倉殿と北条氏が行なった二所詣《にしょもうで》は、相模の箱根神社と伊豆の走湯山《そうとうさん》・三島社が参詣・奉幣《ほうへい》の対象になっていた（田辺旬 二〇〇五）。御成敗式目《ごせいばいしきもく》の末尾に加えられた執権・連署・評定衆による起請の神文にも、二所（箱根・走湯）と三島の三神が特に明示されており、幕府がこの三社を重視していたことがうかがえる。また、建仁三年（一二〇三）九月に起こった比企能員の乱の報賽《ほうさい》として、幕府は鶴岡・二所・三島と下野国の日光・宇都宮・野木宮《のぎのみや》、武蔵国の鷲宮《わしのみや》の諸社に神馬を奉納した（『吾妻鏡』同年十月十四日条）。二所・三島は幕府自身によって「東国守護」の鎮守と位置づけられていたのである。

伊豆に隣接する駿河国も早い時期から幕府の影響を強くうける地域であった。とりわけ治承四年（一一八〇）の源頼朝の挙兵は、内乱の真っ只中に置かれたこの地域の寺社勢力にとっても深刻な問題であった。反乱軍である頼朝との関係が寺社の安全を左右しかねないからである。文永五年（一二六八）の駿河国実相寺衆徒等申状写（北山本門寺文書）には、同寺の歴史を回顧するなかで「右大将（源頼朝）

家の御世の始め、平家調伏法を仰せ付けらる」と述べ、幕府との由縁の深さを強調している。むろんこの言説そのものは後世の創作かもしれないが、しかし「対法蔵疏鈔《たいほうぞうしょしょう》」（金沢文庫所蔵）という聖教の奥書には「治承六年五月廿四日」に久能寺下院において書写したとあり、治承年号が使用されている。反乱軍であった頼朝の勢力は、治承五年七月に養和に改元された後も治承年号を使い続けており、旧年号を用いるのは久能寺が頼朝側に与同していた証左といえる。内乱の初期段階で反乱軍によって制圧された駿河・遠江地方の寺社勢力の多くが同様の動きを示したと思われる。

平家が滅亡した翌年の文治二年（一一八六）、頼朝は朝廷に全国的に寺社興行を行なうべきことを奏請し、さらに東海道については守護に惣社・国分寺以下の破損を調査させた（『吾妻鏡』同年五月二十九日条）。飢饉と内乱で疲弊した社会の復興のため、為政者が仏神事の興行を行なって平和と安定を祈ることは必要不可欠な政策であり、幕府が率先してそれを朝廷に働きかけたのである。ここでいう東海道には伊豆以東の国々も当然含まれるが、東国に基盤をおく幕府は東海地方の寺社復興を殊更に専管しようとする動きを示していた。

### 関東御分国と寺社

鎌倉殿の知行国である関東御分国は時代とともにその数は一定しないが、相模・武蔵・駿河の三国はほぼ鎌倉期を通じて関東御分国であり続けた。頼朝の一周忌にあたる正治二年（一二〇〇）正月に駿河・伊豆・相模・武蔵の仏寺で追善供養が修されたが（『吾妻鏡』同年正月十三日条）、これらは関東御分国だった。知行国主は国内寺院を掌握するとともに、将軍家のための仏事に国内僧徒を動員していたことがわかる。

駿河国は、北条氏の嫡流である得宗家が守護職とともに知行国経営を行なう国務職も兼帯した国で、幕府の支配が強く及んでいた。建保七年（一二一九）正月に北条泰時が駿河守に任じられ、三月に富士浅間宮以下の諸社を巡る国司神拝を行なった（『吾妻鏡』同年三月二十六日）。一見すると平安後期以来の受領の就任儀礼が連綿と続けられていたようにも思えるが、知行国制が定着した鎌倉期に国司本人が巡拝を行なうことはほとんどなく、泰時の行動にはやや特殊な意味があったと考えられる。おそらく父義時が国務をとる駿河国の国守として任国に下り神拝を行なうことで、義時の後継者としての立場を示す一種のセレモニーであったのだろう。泰時自身は同年の十一月に早くも武蔵守に転任したように、彼の地位は名国司（名目上の官職）に過ぎず、国内支配の権限は国務である義時が握っていた。

国務である義時は惣社・一宮とも深く関わっていた。貞応二年（一二二三）に一宮である富士浅間宮の造替・遷宮が行なわれたが、それは全面的に義時が取り仕切って遂行されたものであった（『吾妻鏡』同年六月二十日条）。また、翌年に国府の惣社と富士新宮が焼失したことが鎌倉に報告され、義時から即座に検分のための使者が派遣された（『吾妻鏡』貞応三年二月二十三日条）。国務である義時によって素早く再建が行なわれたことだろう。国鎮守や惣社・「国衙の寺」を保護して仏神事を興行することは、国務の責務の一つであった。

ところで時期は少しさかのぼるが、承元四年（一二一〇）に駿河国建穂寺の鎮守馬鳴大明神が酉年《とり》に合戦が発生するという託宣を下し、そのことが幕府に注進され、義時が将軍実朝に披露した（『吾妻鏡』同年十一月二十四日）。酉年は三年後の建暦三年（一二一三）となるが、実際にこの年に和田義盛が挙兵して合戦が起こった。エピソードとしては少々出来過ぎであり、史実として疑わしいところはあるが、幕府の重大事件に関する挿話に必ずしも知名度が高いとはいえない地方寺社が出てくる背景には、関東御分国の「国衙の寺」と国務の結びつきを想定することができるのではなかろうか。

## 関東御領の寺院

得宗家は長年に渡り駿河国の国務を執ることで、国衙と関係する寺社の僧侶と個別的な関係を有することも出てきた。延応二年（一二四〇）に惣社別当憲信は有度《うど》八幡宮に五部大乗経を施入するため「国衙の寺」の僧徒らに勧進をしたが、それに結縁した忠海は「鎌倉大倉御檀所」において写経を行なった（弘文荘買待文書）。「大倉御檀所」の詳細は不明だが、大倉の地には北条義時発願の大倉薬師堂（覚園寺《かくおんじ》の前身）や四代将軍藤原頼経発願の大倉北斗堂があったことが知られる。幕府・北条氏と個別的に結びついて、鎌倉で行なわれる祈禱に奉仕する駿河の僧侶がいたことが確認できる。

一方、得宗家と国内寺社との接点については、国務の地位のみでなく、関東御領の領主としての立場から影響力を及ぼす場合があった。駿河国賀嶋荘は、かつて頼朝が管領した富士御領のうちにあった所領と思われ、鎌倉前期には北条氏の所領になっていた。同荘内に所在する実相寺の衆徒らは文永五年（一二六八）に院主の非法などを記した五一ヵ条の愁状を得宗家に提出したが（北山本門寺文書）、その内容は、同寺の院主は住僧の内から選ばれるべき決まりであるのに、得宗家の家督を継いだ北条時宗が「他所の高僧」を院主職にすえたということに対する抗議であった。特に愁状では、「当寺院主は自今以後、住僧の中より撰び補せらるべし」と、貞応三年（一二二四）に北条泰時が下知状で定め置いたことを強調している。寺院の長官である院主職の選任に得宗家が関与していたことがわかる。

この時に「他所の高僧」といわれていたのは、幕府の保護下にある鎌倉の寺院の顕密僧であっただろう。それは、「五千余軸の経巻」や「一寺大会の法具」が院主によって鎌倉に召し取られているとの訴えがなされていることからも明らかである。実相寺は在鎌倉の顕密僧の統制下に置かれる体制が敷かれ、鎌倉の寺院社会の末端に組み込まれていったと評価できる。その背景として、幕府から異端視された日蓮《にちれん》に帰依する動きが寺僧の内からも出てくるなどして、寺内の監督強化を行なう必要があったことが考えられると思う。

### 伊勢神宮

権力的な関係とは別に、幕府からの厚い信仰のもとで保護をうけた神社の一つに伊勢神宮があった。伊勢神宮は元来皇祖神を祀って天皇のために祈禱を行なう神社であり、古来より私祈禱・私幣は禁止されていた。しかし、十二世紀に入った頃から権禰宜層が私祈禱を行なうようになった（岡田荘司 一九八五）。その背景には、律令制の崩壊によって新たな経済基盤を確立する必要が生じ、権禰宜層が神領獲得を目指して口入神主となり、東国の在地領主と師檀関係を取り結んでいたことがあった。彼らから所領の寄進をうけるかわりに権禰宜層は私祈禱を行なったのである。源頼朝も内乱の最中である治承六年（一一八二）に「四海泰平、万民豊楽」を祈って神宮に願文を捧げたが、これを仲介したのは外宮権禰宜の度会光倫であった（『吾妻鏡』同年二月八日条）。このほか頼朝の近辺には年来の祈禱師である度会光親《みつちか》もいたことが知られ、権禰宜層の存在が東国の武士社会のなかに浸透し、それによって神宮は頼朝からも所領の寄進や安堵を多くうけていたのである。

権禰宜層が神領の獲得にあたって全面に押し出したのが神宮の祭神を国主神とみなす考え方で（勝山清次 二〇〇九）、国土は神宮の祭神天照大神のものであるという論理のもとで権禰宜層は寄進を募っていった。こうした観念の広がりは、永暦二年（一一六二）正月の佐竹義宗《さたけよしむね》寄進状に「大日本国は惣じて皇太神宮・豊受宮の御領たり」（櫟木《いちき》文書）と述べられていることからも明確にうかがえる。伊勢の祭神は、皇祖神とは別に国主神という新たな神格を帯びるようになったのである。

国主神という神格の形成によって伊勢信仰は民衆層まで広まっていったが、鎌倉期に特に神宮側で宗教的・経済的に活発な活動を展開したのは外宮であった。もともと皇祖神である天照大神を祀る内宮の方が外宮よりも優位な地位にあったが、神仏習合の影響をうけて、十二世紀後半頃に内宮と外宮をそれぞれ胎蔵界《たいぞうかい》・金剛界の両界曼荼羅に重ね合わせて解釈する両部《りょうぶ》神道の思想が現れた。天照大神を密教の中心仏である大日如来《だいにちにょらい》の垂迹《すいじゃく》とする見方は十一世紀後半の真言僧の間で広まっていたが、ここにきて外宮の豊受大神《とようけのおおかみ》も金剛界大日如来に同定されるような考え方が出てきたのである。これにより外宮は教義的にも内宮と同格であると主張し始め、交通の便に恵まれた立地からくる経済的な優位性をもとに、鎌倉期には内宮を凌駕するようになった。十三世紀末には内宮のみが用いてきた「皇太神宮」の号を外宮も用いようとし、外宮は内宮と同格以上であるとの主張を行なって、内宮と厳しく対立した（皇字相論）。神宮の祭神の性格は、密教僧の思惟や外宮の神官らによる独自の神学解釈を通じて、古代から大きく変容していったのである（岡野友彦 二〇二一）。

ただ、鎌倉後期に両宮の対立が激化するとはいっても、伊勢神宮に対する公武政権の崇敬はむしろ高まっていた。それはモンゴル襲来という危機のなかで、朝廷・幕府が異国降伏祈禱を命じたからである。モンゴルの撤退後その報賽として、幕府は二度にわたり神宮領の回復・復興のための神領興行令を発布し、朝廷もその動きに連動して神領興行政策を採った。伊勢神宮は公武権力から手厚く保護されたのである。

### 熱田社

幕府にとって特別な神社が東海地方にはもう一つあった。それは頼朝と縁深い熱田社である。周知の通り、頼朝の母は院近臣である熱田大宮司藤原季範の女であった。彼女の弟である園城寺《おんじょうじ》僧の祐範が、平治の乱で伊豆に配流された頼朝に対して支援をし続けたように、外戚である熱田大宮司家は頼朝にとって重要な存在であった。熱田大宮司家の子弟たちも入寺していた三河国滝山寺には、頼朝の従兄弟の寛伝によって正治二年（一二〇〇）に惣持《そうじ》禅院《ぜんいん》の造営が開始されたが、これは前年に死去した頼朝の菩提を弔うためのものであった。頼朝の忌日には十口の供僧によって追善仏事が営まれた（「滝山寺縁起」）。

一方、頼朝の側も熱田社に対する信仰は厚かった。彼は治承四年（一一八〇）八月の挙兵の直前まで日課として八幡以下の一九神のために般若心経をそれぞれ一巻ずつ読経していたが、その順番は源氏の氏神である八幡・若宮のあと熱田・八釼と続くものであった（『吾妻鏡』同年八月十八日条）。熱田神の位置づけの高さがうかがえよう。元暦元年（一一八四）七月になると、頼朝は鶴岡八幡宮の境内に熱田大明神を勧請し（『吾妻鏡』同年七月二十日条）、鎌倉において直接的に熱田神を祀って神事を行

図5-6　熱田本地仏曼荼羅（神宮徴古館所蔵）

なうことのできる体制を整えた。

源氏将軍が途絶えた後も幕府の熱田信仰が衰えることはなく、嘉禎四年（一二三八）に上洛した将軍藤原頼経が鎌倉に帰還する途次で、熱田社に奉幣を行なっているし（『吾妻鏡』同年十月十八日条）、弘安七年（一二八四）に関東近国の一二社に関する訴訟などの案件を一～五番の引付に振り分けて担当させることを決めた際に、三番引付に三島社・武蔵六所宮とともに熱田社が配された（「新編追加」）。これは弘安徳政の一環で、東国諸社の興行を図ったものだが、幕府は熱田神を守護神の一つとして認識していたのである。

もともと熱田社は地方豪族である尾張氏が奉祭した地域の神に過ぎなかった。九世紀の段階ですでに神仏習合の動きがうかがえるが、院政期に入ると本格的に神仏習合の影響をうけ、祭神について新たな認識が生じ始めた。承安五年（一一七五）に後白河院が造営した蓮華王院惣社には王城鎮守二一社と国懸《くにかかす》・熱田・厳島・気比《けひ》の神が勧請された。その際に院庁は各社に対して諸神の本地仏を問い合わせたが、熱田社は「所見無し」と回答したという（『吉記』同年六月十六日条）。一見すると熱田神の本地仏にはいまだ確説がなかったようにみえる。

ただ、これとほぼ同時期に成立した「熱田明神講式」（高野山大学図書館所蔵）では熱田神の本地仏を「五智《ごち》如来の応作《おうさ》か」とする見解を示している。さらに天照大神の御正体が熱田の神体である天叢雲剣《あめのむらくものつるぎ》で、それは熊野とも同体であると説き、熱田大明神は「日本第三の鎮守、百皇擁護の宗廟」だと主張する（阿部泰郎 二〇一三）。ここでは尾張国三宮の熱田社を日本国の三宮という形に変奏して語り、〈熱田神＝大日如来＝天照大神〉という図式によって皇祖神を祀る伊勢神宮・石清水八幡宮に次ぐ第三の宗廟として自らを位置づけようとしているのである。こうした熱田社側の言説は社格・神格の引き上げを狙った一方的な自己主張に過ぎないが、伊勢神宮においてもそうであったように、中世では時代や社会が変化するなかで神格も自在に変化していったのである。

## 鎌倉の求心性

中世初期の日本仏教は京・奈良を中心とするものであったが、地方においても講説・論義といった講経法会が行なわれ、教学振興のために仏典の集積もなされていた。三河国の普門寺《ふもんじ》では、平安末期には住侶が本山である比叡山に赴いて修学する必要がないほどに寺内において学問が興隆していたと縁起のなかで述べている（普門寺文書）。かなりの誇張が含まれているのは確かだが、全く荒唐無稽なものと切り捨ててしまうのも妥当ではない。尾張国富田荘にあった成願寺《じょうがんじ》には「顕密自宗他宗八十宗の聖教、合わせて七千余巻」があったとされ（「自性院縁起」）、宗派の枠を越えて教学を修める環境が整えられていた。また、駿河国実相寺では読経・講説のほかに十六問論義・二十問論義という論義会が恒例仏事として催されており（北山本門寺文書）、学問僧の育成が行なわれていた。

一方、三河国滝山寺や遠江国大福寺で行なわれた新造堂舎の供養会や舎利会などの行事では、近隣寺院の僧徒が参加する形で仏事が行なわれていた（「滝山寺縁起」、大福寺文書）。仏事の要員を近山僧徒の内から「相互に雇い遣わす」ようなあり方は慣例として定着しており（大福寺文書）、中小規模の寺院はこうした近隣寺院のネットワークを通じて仏事法会に参画し、学問僧としてのスキルを修練していたのである。

そして地方寺院で育成された学問僧が、さらなる修学のため権門寺院や高僧が止住する寺庵に赴くこともよくあった。十三世紀中頃になると東海地方からは京・奈良と並んで鎌倉への遊学・入寺も盛んになっていた。東国では幕府によって独自の宗教秩序の編成がなされ、その中心地の鎌倉は顕密僧・禅律僧が集う仏都の様相を呈していたからである。駿河国久能寺の童子であった円爾は畿内で修学した後に上野長楽寺《ちょうらくじ》・鎌倉寿福寺《じゅふくじ》に向かっているし、同国の建穂寺で学んだ南浦紹明《なんぽじょうみん》は建長寺の蘭渓道隆のもとに参じた。尾張国でも悪党の中島党と深い関わりをもつ柏庵宗意《はくあんそうい》や滅宗宗興《めつじゅうそうこう》が建長寺に入っている（小原嘉記 二〇一一）。このほか鎌倉大仏の勧進聖である浄光上人も遠江国の人であったという（『東関紀行』）。このように鎌倉への宗教的な引力は確かに存在しており、特に東海地方は鎌倉の寺院社会への人材の供給源であったと評することもできると思う。

鎌倉の求心性は寺社縁起からもうかがえる。中世後期に成立した成願寺・足助八幡宮・普門寺の各縁起（自性院文書、足助八幡宮文書、普門寺文書）には、源頼朝や北条時政が上洛の途上で参詣して信心を寄せたという逸話を載せている。いずれも史実とは認め難いが、こうした頼朝・北条氏（幕府）との由緒を語ることが信仰を広く集める上でプラスに作用すると考えられていたのである。京と鎌倉に挟まれる地域的特性のなかで、東海の寺社は次第に鎌倉への志向性を増していき、上述のような縁起を生成していったものと理解できるだろう。

〔参考文献〕

阿部泰郎「中世熱田宮の宗教テクスト空間」『中世日本の宗教テクスト体系』名古屋大学出版会、二〇一三年
井後政晏「七寺一切経摺記の鎮守十五所権現大明神の検討」『皇學館大學神道研究所所報』六八、二〇〇五年
石井　進「一の谷中世墓群遺跡の歴史的背景」『石井進著作集九』岩波書店、二〇〇五年
上島　享「中世宗教支配秩序の形成」『日本中世社会の形成と王権』名古屋大学出版会、二〇一〇年
上村喜久子「中世地域社会における熱田信仰」『尾張の荘園・国衙領と熱田社』岩田書院、二〇一二年

榎原雅治『中世の東海道をゆく』吉川弘文館、二〇一九年
岡田荘司「私祈禱の成立」『神道宗教』一一八、一九八五年
岡野友彦『中世伊勢神宮の信仰と社会』皇學館大学出版部、二〇二一年
落合俊典「七寺一切経」『愛知県史　別編文化財4　典籍』愛知県、二〇一五年
勝山清次「天照大神国主観の形成をめぐって」『中世伊勢神宮成立史の研究』塙書房、二〇〇九年
上川通夫「中世山林寺院の成立」『日本中世仏教と東アジア世界』塙書房、二〇一二年
小原嘉記「中世妙興寺史研究の新視点」『妙興寺文書の世界』一宮市博物館、二〇二一年
五味文彦『シリーズ日本中世史1　中世社会のはじまり』岩波書店、二〇一六年
田辺　旬「鎌倉幕府二所詣の歴史的展開」『ヒストリア』一九六、二〇〇五年
西口順子「いわゆる「国衙の寺」」『平安時代の寺院と民衆』法藏館、二〇〇四年
藤本元啓『中世熱田社の構造と展開』続群書類従完成会、二〇〇三年
八木洋行「社寺の芸能と伝承」『静岡県史　資料編二四　民俗二』静岡県、一九九三年
山本信吉・瀬戸薫「半井家本『医心方』紙背文書について」『加能史料研究』四、一九八九年

# 六　東海道交通と太平洋海運

貴田　潔

## 1　東海地方の交通をめぐる理解の枠組み

東海地方における中世の交通のあり方を述べる前に、その前段階となる古代のそれについて考えたい。まず、律令制にもとづく国土支配が目指された古代社会において、東海道には大きく軍事の道と貢納の道という二つの性格があった。

### 律令制下の貢納と交通

前者の軍用道としての性格だが、『延喜式』では東海道を含む諸国に駅馬《はゆま》・伝馬《てんま》が置かれ、それぞれに配備される馬数も規定されていた。律令国家にとっての重要性がうかがわれる（巻二八　兵部省）。また、後者の貢納の道という性格に関していえば、十世紀の『延喜式』には調をはじめとした各国の貢納物が記載される（巻二四　主計上）。表6－1では本書が対象とする一〇ヵ国の調・庸《よう》・中男作物《ちゅうなんさくもつ》について主要なものを示した。その他、諸国が正税《しょうぜい》にて購入し、進上する交易雑物も存在した（巻二三　民部下）。およそ東海道を主軸とする陸上交通を介して、これらは地方から都へと輸送されたのだろう。
このような古代の陸上交通の整備については、東山・東海両道に関わる承和二年（八三五）六月二十九日の勅の存在がよく知られる（『続日本後紀《しょくにほんこうき》』）。実際に同日付の太政官符によれば、西は美濃国から、東は下総国にいたるまで、陸上交通の障害となる河川にて浮橋・渡船・布施屋《ふせや》の整備が命じられた（『類聚三代格《るいじゅさんだいきゃく》』巻一六 船瀬幷浮橋・布施屋事、表6－2）。この官符は「貢調担夫《たんぷ》等」の往来に支障が生じないようにすることをその整備の目的に掲げている。なお、ここでいう「布施屋」とは、通行者を救護するための宿泊施設と一般に理解されている（『日本国語大辞典』）。

それから、続く中世社会への展開を考える上で、律令国家だけでなく、古代荘園の存在も見過ごせない。その領主たちは東海地方の交通体系にどのように関与していたのだろうか。

八～九世紀における東日本の王臣家領荘園としては、上総国藻原《もばら》荘・田代《たしろ》荘などがよく知られる。これらは南家藤原氏の領有する荘園であったが、寛平二年（八九〇）に興福寺へ施入される。もともと藻原荘は藤原黒麻呂《くろまろ》が上総守在任中に牧として占定したものから出発し、田代荘も黒麻呂からその子春継《はるつぐ》の時代にかけて買得されたものだったという。さらに、春継も常陸介に任じられるが、任期終了後も東国に留住し、荘園経営にあたった。このような王臣家に連なる人々が地方との関係を深め、ときに国務を妨げることは、当時の社会で大きく問題視されていた（戸田芳実 一九九一、戸川点 二〇一三）。

こうした問題に関わり、上総国・越後国などの解《げ》にもとづく寛平六年（八九四）太政官符によれば、

表6-1 『延喜式』にみえる諸国の調・庸・中男作物

| 国名 | | 主要な貢納物 |
| --- | --- | --- |
| 東海道 | 伊賀国 | 〔調〕綾・絹・糸などの繊維製品.〔庸〕白木韓櫃，米.〔中男作物〕紅花，紙，茜，胡麻油，蜀椒. |
| | 伊勢国 | 〔調〕両面・綾・帛・絹・糸などの繊維製品，塩.〔庸〕韓櫃，米，塩.〔中男作物〕紙，木綿(ゆう)，麻，紅花，茜，胡麻油，槾椒油，雑魚腊，煮塩年魚，雑魚鮨，滑海藻. |
| | 志摩国 | 〔調〕御取鰒，雑鰒，熬海鼠，雑魚楚割，雑魚脯，雑腊，漬塩雑魚，紫菜，海松，鹿角菜，海藻，海藻根，小凝菜，角俣菜，於期菜，滑海藻.〔庸〕鮑，堅魚，鯛楚割.〔中男作物〕雑魚腊. |
| | 尾張国 | 〔調〕両面・羅・綾・帛・絹・糸などの繊維製品，塩.〔庸〕韓櫃，米，塩.〔中男作物〕麻，黄檗，紙，紅花，胡麻油，雉腊，雑魚腊，煮塩年魚，雑魚鮨. |
| | 三河国 | 〔調〕羅・綾・絹・糸などの繊維製品，雑魚楚割，鯛脯，鯛楚割，貽貝鮨.〔庸〕韓櫃，米，塩.〔中男作物〕麻，黄檗，紙，紅花，席，胡麻油，槾椒油，雉腊，雑魚腊，海藻. |
| | 遠江国 | 〔調〕綾・絹・帛・布などの繊維製品.〔庸〕韓櫃，糸.〔中男作物〕木綿，胡麻油，与理等腊. |
| | 駿河国 | 〔調〕綾・帛・倭文・絁などの繊維製品，煮堅魚，堅魚.〔庸〕白木韓櫃，布.〔中男作物〕手綱鮨，紙，紅花，火乾年魚，煮塩年魚，堅魚煎汁，堅魚. |
| | 伊豆国 | 〔調〕綾・羅・帛・絁などの繊維製品，堅魚.〔庸〕布.〔中男作物〕木綿，胡麻油，堅魚煎汁. |
| 東山道 | 美濃国 | 〔調〕絹・帛・絁・糸などの繊維製品，長席，缶・瓶・椀・坏・壺・盤・鉢その他の窯業製品.〔庸〕韓櫃，米.〔中男作物〕紙，金漆，胡麻油，荏油，煮塩年魚鮨，年魚，鯉，鮒鮨. |
| | 飛驒国 | 〔調〕商布.〔庸〕商布. |

表6-2　承和2年（835）太政官符にみえる東海道の整備

| 所在国 | 河川 | 整備の内容 |
|---|---|---|
| 尾張国・美濃国堺 | 墨俣河 | 渡船を2艘から4艘に増やす．布施屋2ヵ所の設置． |
| 尾張国 | 草津渡 | 渡船を1艘から3艘に増やす． |
| 三河国 | 飽海河 | 渡船を2艘から4艘に増やす． |
| 三河国 | 矢作河 | 渡船を2艘から4艘に増やす． |
| 遠江国・駿河国堺 | 大井河 | 渡船を2艘から4艘に増やす． |
| 駿河国 | 阿倍河 | 渡船を1艘から3艘に増やす． |
| 駿河国 | 富士河 | 浮橋の設置． |
| 相模国 | 鮎河 | 浮橋の設置． |
| 下総国 | 太日河 | 渡船を2艘から4艘に増やす． |
| 武蔵国 | 石瀬河 | 渡船を1艘から3艘に増やす． |
| 武蔵国・下総国堺 | 住田河 | 渡船を2艘から4艘に増やす． |

諸院・諸宮・諸司・諸家などの使が「往還船車人馬」を強制的に雇用するため、調物や官米の輸送に支障が生じていたという（『類聚三代格』巻一九　禁制事）。そして、この太政官符は尾張国・三河国・遠江国・駿河国・近江国・美濃国・越前国・加賀国・能登国・越中国に下達されており、ここに東海道諸国を多く含むことが注目される（荒木敏夫　一九九二）。律令国家が整備した交通体系に依拠しながら、九世紀の院宮王臣家や諸司もまた地方社会との関係を深め、諸物の獲得を進めていた。

以上、陸上交通を中心に古代の交通について述べてきた。その一方で、十世紀の『延喜式』などによれば、この段階ですでに太平洋における海上交通も存在していた。そして、河川を介して両者が結節していたことは第三・四節でみていきたい。

さらに、中世に入ると、荘園制という形で日本列島の国土は各権門によって分割されていく。院政期以降のこうした荘園制の展開において、貢納と交換経済の関わりをどのように捉えるべきだろうか。

**荘園制下の貢納と交換経済**

まず、東海地方の交通史を主題とする本章において、限られた紙幅のなかで特に重視すべきは〈現物納から代銭納へ〉という、荘園制下の貢納をめぐる通説的な議論の枠組みであろう。代銭納とは、年貢・公事を現物でなく貨幣としての銭に代えて納める貢納の方法である。

鎌倉時代に入った列島社会で代銭納が一般化するのは、十三世紀後半以降であり、この頃の東海地方でも代銭納の徴証がみられるという。例えば、美濃国茜部荘では文永二年（一二六五）に年貢絹のうち一部が代銭で納められた。また、尾張国富田荘などの事例によれば、代銭納は現地の百姓たちの側からも求められる傾向にあった（佐々木銀弥 一九七二）。市《いち》に持ち込まれた年貢は商品となったが、これにより交換経済の規模は拡張し、物流のあり方は大きく変わった。

ただし、代銭納が一般化していなかったそれ以前の社会でも、交換経済や商品流通は存在した。このことには十分な注意を払いたい。

そもそも中世の日本で普及した銭とは、中国からの輸入銭だったのであり、これはまず京都を中心とした畿内近国の社会にもたらされた（貴田潔 二〇一七）。一方、代銭納という形で中央へ銭を送るためには、その前提として列島諸地域でも大量の銭の蓄積が必要となる。しかし、中国からの輸入銭がどのようにしてそれぞれの地域へ流入してくるのか、そのメカニズムについては意外と議論が少なく、今後、その解明は大きな課題になろうかと思われる。

また、そうした文脈からも、代銭納の成立以前における交換経済のあり方を問うことは重要となろう。つとに知られるように、およそ古代から中世にかけては銭だけでなく、布や米も貨幣の機能を備えていた（松延康隆　一九八九）。例えば、十三世紀後半の説話集『沙石集』には、伊豆山の僧侶が塩商人から塩を買った話がみえるが、この話では布がその対価とされた（巻第五）。当然ながら、銭の使用がいまだ一般化されていない社会でも、交換経済は成り立ち得るのであり、その場合、布などが貨幣として使用されていた。

また、古代の東海地方では、後述するように美濃国小川《おがわ》市・三河国矢矧《やはぎ》市・駿河国安倍《あべ》市など、いくつかの市の存在が知られる。つまり、中世に大量の輸入銭が日本へもたらされるよりもはるか以前に、交換の場である市はすでに開かれていた。輸入銭が地域社会の側から求められていく前提として、こうした古代以来の経済のあり方を軽視するべきではない。

いうなれば、布などを交換の媒介とする社会が存在していたからこそ、それらよりも耐食性を持ち、価値蓄蔵の機能に優れた銭は、列島諸地域で求められ、貨幣として受容されていったのだろう。

そして、代銭納が可能となるほど大量の輸入銭が地域社会に蓄えられた段階において、貢納物は市で換金されうる。これが商品へと姿を変えることで、市場《しじょう》の規模はさらに拡大したはずである。そもそも輸入銭がそれぞれの地域へ流入したメカニズムが解明されていない以上、仮説の域を出ないけれども、ひとまずのところ、古代から存在した交換経済を飛躍的に促進させたという点に、鎌倉時代の代銭納の歴史的意義を求めたい。

## 2 古代・中世前期の陸上交通

### 古代の市にみる交通のあり方

まず、地域社会の交通ネットワークを考えるために、その結節点となった市《いち》の様相を古代にさかのぼって確認しよう。例えば、駿河国安倍市（静岡市）の存在は、八世紀の『万葉集』に詠まれたことでよく知られる。「焼津《やきつ》辺《へ》に我が行きしかば駿河なる阿倍の市道に逢ひし児らはも」（焼津のあたりに私が行った折、駿河国の安倍市への道で逢った娘よ）とある（巻第三）。

また、三河国矢矧市（愛知県岡崎市）も古代の催馬楽《さいばら》に登場し、「親放《さ》くる 妻は ましてるはし しかさらば 矢矧の市に 沓《くつ》買ひにかむ」（親が避けようとする妻はまして麗しく思われる。それならば矢矧の市に沓を買いに行こう）と歌われている。荒木敏夫によれば、この市は東海道の陸上交通と矢作川の河川交通の結節点に比定され、西三河地域の流通拠点の一つであった（荒木敏夫 一九九二）。

さらに、九世紀の『日本霊異記《りょういき》』には、美濃国小川市がみえる。この説話集には「小川市の内に住み、己《おの》が力を恃《たの》み、往還の商人を凌弊《しへた》けて、其の物を取りて業《なりわい》とす」る（小川市に住み、自らの力にまかせて往来する商人たちに危害を加え、彼らの物を奪うことを生業とする）三野狐《みののきつね》という強力の女性が登場する（中巻第四縁）。

これらの事例からわかるように、古代の段階から東海地方でもすでに市の存在はみえ、地域社会における交換の場として機能していた。このように、地域社会の内部では住人たちがその核となる市に赴いており、日常的な交通が成り立っていたのだろう。

## 鎌倉時代における地域社会の日常的な交通

中世に入り、鎌倉幕府が成立すると、京都と鎌倉を結ぶ東海道は政治的かつ経済的な重要性を高めていく。ただし、こうした列島社会の東西を結ぶ幹線道路としての機能は、一方で古代から地域社会の内部で成熟しつつあった住人たちの日常的な交通ネットワークとも接続していた。

そうした意味で、鎌倉時代の東海道でいくつかの宿が市と隣接していた事例は注目に値する（新城常三 一九六七）。例えば、尾張国萱津宿（愛知県あま市）のにぎわいは、仁治三年（一二四二）の紀行文である『東関紀行』で次のように記された。

萱津の東宿の前を過れば、そこらの人あつまりて、里もひゞく計《ばかり》にのゝしりあへり。今日は市の日になんあたりたるとぞいふなる。

（萱津の東宿の前を通り過ぎたところ、近隣の人々が集まってきていて、村中まで響き渡るように罵り合っていた。今日は市の日にあたるという）

この記述からは、遠隔地交通のための宿が、地域社会のなかで人々が日常的に行き交う市と近接していた様子を読み取れよう。

さらに、宿と市が同じ地名を冠する事例もある。尾張国下津宿《おりづ》（愛知県稲沢市）と下津市の一例が挙げられよう。『沙石集』には、尾張国のある山寺の僧侶が駄馬を売って雄馬を買うためにこの市に行こうとした話がみえる（巻第八）。このような馬の売買は、実際に宿に隣接する市でも行なわれていたのだろう。なお、下津宿の景観復原を行なった榎原雅治によれば、現在、近隣に五日市場と九日市場の集落があり、河川を挟んで宿と市が近接していた様相が想定されている（榎原雅治 二〇一二）。

それから、『沙石集』に話を引きつけると、この説話集には人身売買を行なう「人商人」の往来もみえる。文永年間に諸国で飢饉があり、尾張国などで多くの餓死者が出た時の話である。この時、母の命を救おうとして、美濃国のある若い男が自らの身を売った。そして、三河国矢作宿にて「人商人ノ、人アマタ供シテ下ケル」（人身売買の商人が人を多く引き連れて東国へ下向している）途中、その一行のなかにこの若い男の姿がみられたという（巻第九）。

人身売買という、やや一般化しづらい事例ながら、中世の商人たちは列島レベルで東西を往来するとともに、地域社会の経済とも深く関わっていた。

## 鎌倉時代における宿の盛衰と街道の遷移性

以上のように、中世の東海道は単に列島の東西を結ぶ幹線道路というだけでなく、その基層では地域社会のなかで生きる人々の日常的な移動とも接続していたのだろう。このことをふまえれば、榎原が指摘するように、この東海道が時にルートを変えていたことも納得がいく。

次は、榎原が取り上げた『東関紀行』における三河国豊川宿（愛知県豊川市）の記述である（榎原

雅治 二〇一九・二一)。

豊川といふ宿の前を打過るに、あるもののいふを聞ば、この道は昔よりよくる方なかりしほどに、近き比《ころ》より俄《にわか》に渡ふ津の今道といふかたに旅人おほくかゝるあひだ、今はその宿は人の家居《いえい》をさへほかにのみうつすなどぞいふなる。古きを捨て新敷《あらたしき》につくならひ、定れる事といひながら、いかなるゆへならんとおぼつかなし。

(豊川という宿の前を通った時、ある者が言ったことには、この道は昔から除ける場所がないほどに人々の行き交いが多かった。けれども、最近はにわかに津の今道という別の道を旅人たちが多く通るようになったので、今、この豊川宿では人の住まいさえ他の場所に移してしまった。古きを捨て、新しきに流れることは、この世の定めだとは言いながら、どのような理由だったのか、私にはわからない)

**東海道に対する鎌倉幕府の関与**

こうしたルートの遷移性について、榎原はこれを中世における幹線道路の特徴の一つとして捉える。「東海道のような幹線道路でさえも、そのルートは固定的でなく、しかもそれは制度として変更されるわけでなく、並行しながらも次第に変動していく性質をもっていた」という(榎原雅治 二〇二一)。

ただし、同時に榎原は鎌倉幕府が東海道の道路整備に決して無策であったわけでないことにも注意を促す。早馬・疋夫《ひっぷ》をはじめとする駅制の整備がその具体例として挙げられる(新城常三 一九六七)。中世の交通のあり方は、主として民衆の往来に支えられたものであり、本質的に彼らの行動に規定された。しかし一方で、権力の側はこれを統御しようとする志向性を有していたといえよう。

## 3 古代・中世前期の海上交通

太平洋海運の研究を進めてきた綿貫友子は、中世前期の状況についても丹念に史料上の情報を整理している（綿貫友子 二〇一〇）。

**海運による貢納**

古代にさかのぼると、『延喜式』では、三河国・遠江国について海路の規定がみえる。すなわち、東海地方の西部では、十世紀の段階ですでに貢納物輸送に船舶が用いられていた（巻二六 主税上）。また、院政期に入り、荘園制が大きく展開する十二世紀になると、伊勢湾周辺の船舶の往来に関わる文献史料の情報は少しずつながら増えていく。『中右記』永久二年（一一一四）二月三日条にみえる次の記述などがよく知られる（部類第二八 公卿勅使）。

神郡のなか、近代、熊野先達と称する悪僧ら、常に悪事をなす。かくのごとき濫行、もっとも公家、沙汰あるべきことなり。なかんづく遠江・尾張・参河、海賊・強盗、多くもって出来し、供祭物を奪い取ること、甚だ不便なり。

（神郡にて近頃「熊野先達」と称する悪僧たちが常に悪事をなしている。このような乱暴な活動は公家の裁許を受けるべきである。特に、遠江国・尾張国・三河国で海賊・強盗が多発していて、供祭物を奪い取っており、大きな不都合が生じている）

これは内宮一禰宜荒木田《あらきだ》忠元《ただもと》の言であり、当時、伊勢神宮への貢納物を狙う海賊の被害が頻発していたと理解されている。

## 伊勢国安濃津の事例から

それから、中世の太平洋海運は人々の経済活動とも深く結びついていた。その実態を概観する上で、最初に安濃津（三重県津市）という伊勢国の代表的な港湾に触れよう。

安濃津は太平洋海運における最大級の中世港湾であり、東国からの海路が京都への陸路と結ばれる位置にあった。つまり、ここで遠隔地流通は京都への求心的経済構造と接続していた。中世全期を通じたこうした性格は、日本海岸の若狭国小浜《おばま》津や、瀬戸内海岸の播磨国兵庫津とも比較される（矢田俊文 二〇一〇）。

近年、安濃津の実態は伊藤裕偉の研究によって明らかにされつつある。まず、『中右記』嘉保三年（一〇九六）十二月九日条にて「伊勢国阿乃津民戸」が地震による津波で被災したという記事がみえ、これが院政期における史料上での安濃津の初見となる。しかし、その周辺では海運とのつながりを推察できる遺物がはるか縄文・弥生時代にさかのぼってまで確認されるという（伊藤裕偉 二〇〇七）。

また、建久七年（一一九六）太神宮神主帖《だいじんぐうかんぬしちょう》によれば、当時、安濃津の住人たちは「交易之計」のために諸国を往反していた（神宮雑書）。こうした史料の記述から、東国へ向かう神船の先駆形態は十二世紀以前にさかのぼって存在していただろうと評価されている（綿貫友子 一九九四）。そして、船舶の利用は貢納物の単なる輸送に限られず、この段階からすでに交換経済と深く結びついていた。

## 院政期・鎌倉時代における港湾の立地

この安濃津は「藤潟《ふじかた》」と呼ばれた潟湖の砂堆に発達したが、同じように中世港湾はその多くが自然地形を利用していた。伊藤裕偉によれば、伊勢国・志摩国の湊津は大きく①河川が形成した自然堤防上にあるもの、②沿岸洲（砂堆）を利用したもの、③沈降海岸にあるものの三者に区分できるという（伊藤裕偉 二〇〇七）。さらに、こうした区分は広く列島社会の中世港湾に適用できるものであり、なかでも太平洋岸では①や②が顕著にみられる。

例えば、駿河国江尻《えじり》津（静岡市）は、巴川河口域の浜堤上に発達した港湾であり（山村亜希 二〇〇八）、地理的にいえば同国国衙の外港としてその位置を占めていたと推測される。

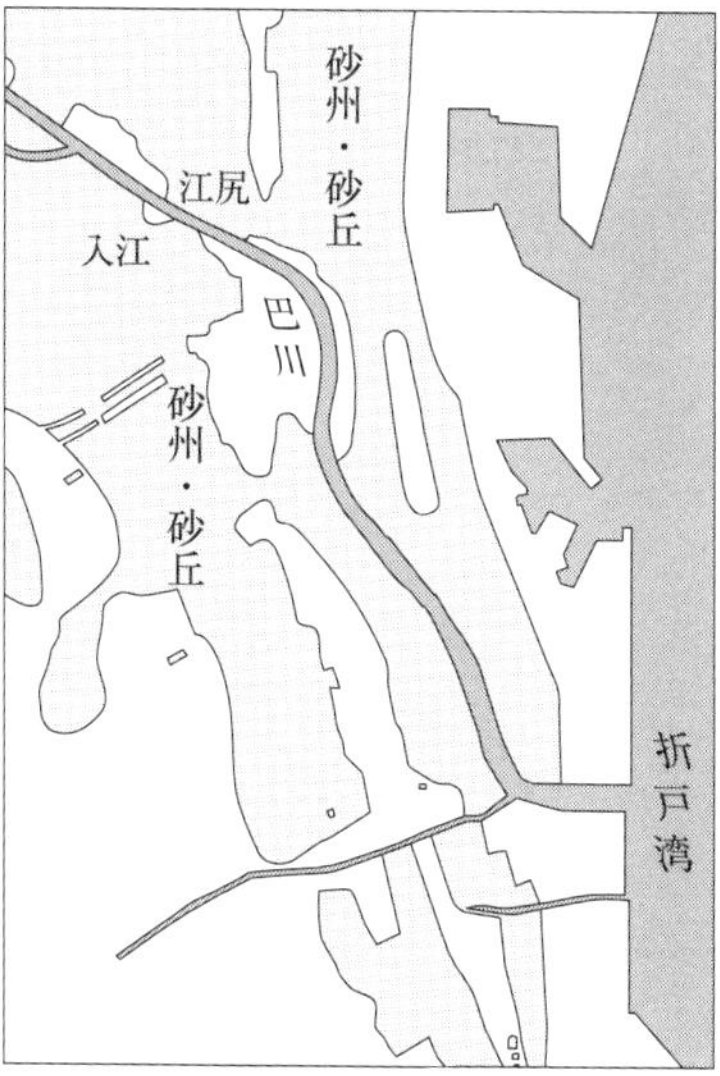


図6-1　入江浦・江尻津周辺の地理的環境

砂州・砂丘の広がりは，国土地理院の土地条件図による（https://www.gsi.go.jp/kikaku/index.html）．

ただし、院政期以前の古い段階では、巴川右岸の入江浦が港湾の機能を果たしていた（図6－1）。十一世紀後半の『国基集《くにもとしゅう》』には「みをのかみ すむときききてぞ いり江なる なぞふねすゑて 日かずへぬらむ」（三保《みほ》の神が住むと聞いていた入江浦だが、なぜ私はここに舟を据えて日数を数えているのだろうか）とみえる。その詞書《ことばがき》によれば、作者の津守国基《つもりくにもと》は安房国から帰京する途中、入江浦で順風を待っており、同浦は太平洋海運における風待港の役割を担っていた。

そして、この入江浦はやがて左岸の江尻津にその機能を移していったと考えられる（『静岡県の地名』「江尻」項）。十二世紀の『今昔物語集』には江尻とみられる渡場が登場しており、「湊ノ浪ニ被打塞テ堤ノ様ニ成タリケル」（河口域が波に運ばれた土砂の堆積で塞がれて、堤防のようになっている）という（巻第一六）。その後、中世を通じて、河口域の砂堆の上に江尻津は形成されていった。

一方、③沈降海岸に発達した中世港湾の代表としては、志摩国泊浦《とまりのうら》（三重県鳥羽市）が挙げられよう。この浦は江向・小里・大里など複数の「村」の集合体であり、このうち江向村だけでも十四世紀初頭の段階で二五〇軒近い家屋が軒を並べていたと推定される。その住人には伊勢国・紀伊国など他国の地名を冠した人物も多く、隣国からの新参者も受け入れる社会性を帯びていた（伊藤裕偉　二〇一四）。

**院政期・鎌倉時代における物流拠点の実在**

太平洋岸の諸港については、綿貫友子の整理からそれらの存在が知られる（綿貫友子　一九九八）。ただし、中世前期の文献史料に登場するものはそれほど多くない。

だが、文献史料にあまり記述が残らなくとも、考古学の成果により、人やモノの移動との関わりは、院政期・鎌倉時代のいくつかの集落や港湾ではっきりと確かめられている。これらの場は中世的な物流拠点だったといえよう。

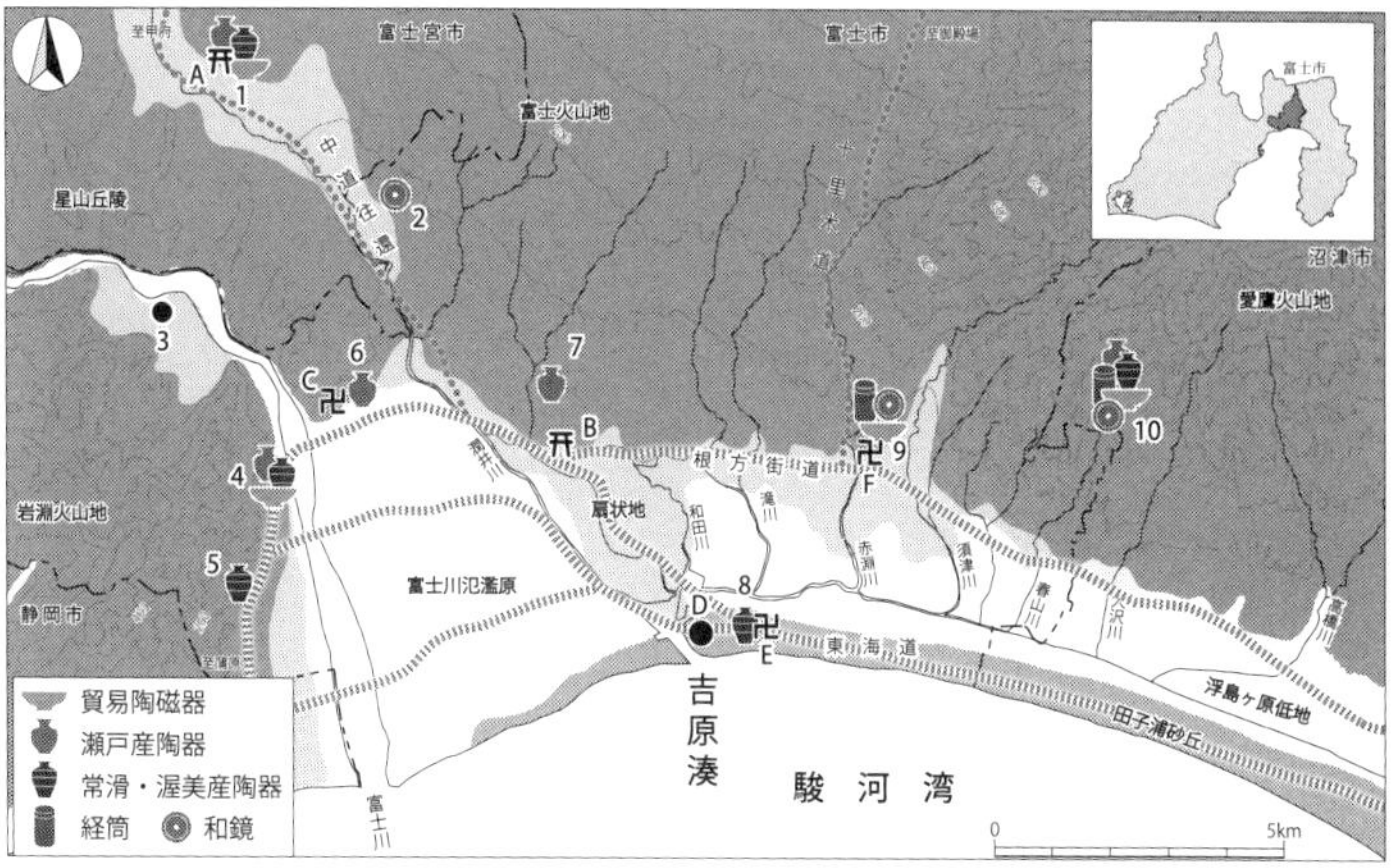


図 6-2　駿河国吉原湊と富士郡周辺における中世遺跡（12～14 世紀頃，藤村翔 2016，富士山かぐや姫ミュージアム提供）
1 大宮城跡・浅間大社遺跡　2 横道経塚　3 浅間林遺跡　4 破魔射場遺跡　5 沢上遺跡　6 念信園遺跡　7 出口遺跡　8 今井中世五輪塔群　9 医王寺経塚　10 千鳥道経塚　A 富士山本宮浅間大社　B 富知六所浅間神社　C 実相寺　D 見付宿　E 毘沙門天　F 医王寺

例えば、中世集落遺跡として著名な元《もと》島《じま》遺跡（静岡県磐田市）は、現代の太田川下流域にあり、十二世紀前半からすでに集落の形成がみてとれるという。十二世紀末から十三世紀初頭の頃に自然災害により壊滅的打撃を受けるが、その後、十三世紀のうちに集落として復活する。十五世紀には最盛期を迎え、この時期の大型木製碇や構造船の部材も出土している（加藤理文 一九九九）。

現在、この元島遺跡の性格については、モノを集積し、他所へ送るための中継地点と考えられており、つまり、集散地としての評価が与えられている（綿貫友子 二〇〇五、榎原雅治 二〇二一）。

それから、太平洋海運を潟湖・河川の内水面と結んだ港湾として、潤井《うるい》川河口

図6-3　今井中世五輪塔群と蔵骨器（常滑産三筋壺, 12世紀後半, 富士山かぐや姫ミュージアム所蔵）

域に形成された駿河国吉原《よしわら》湊（静岡県富士市）も知られる（図6−2）。同湊は鎌倉時代の文献史料には明瞭に現れないものの、近接する中世墓跡からは文保二年（一三一八）の銘のものを含む五輪塔群が出土している（図6−3、藤村翔 二〇一六）。

遠江国笠原荘でも菊川河口域に「南浦」と呼ばれた港湾性の高い集落が存在していた。なお、複合的な生業の一環として物流の機能を抱え込む海村（集落）と港湾の間には、未分化な状態も想定される。こうした未分化なグラデーションを帯びながら、海村と港湾は太平洋岸の各地に展開していたのだろう（貴田潔 二〇二一）。

## 近・中距離での海上交通

以上のように、自然堤防・沿岸洲（砂堆）・沈降海岸などの地形を利用しながら、物流拠点としての性格が強い集落や港湾は、院政期・鎌倉時代からすでに存在していた。そして、貢納と交換経済の両面において、こうした各地の集落・港湾は相互に結びつき、人とモノの移動を展開させていく。次に、これを担った海の人々の動きをみていこう。

「太平洋海運」という語を用いると、畿内と東国を結ぶような遠距離の交通・流通が想定されやすいが、同時に航海に多くの日数を要しない近・中距離のそれも視野に入れたい。具体的には長くとも片道一〇〇キロに満たない程度の移動に触れよう。

例えば、先の元島遺跡における十二世紀代の出土遺物をみると、器類四二一点のうち渥美・湖西産のものは全体の約九二%を占めている。およそ院政期に重なるこの集落遺跡の状況としては、遠江国西部ないし三河国南部との深い結びつきが看取される。

また、他の事例を挙げよう。鎌倉時代の初頭にあたる建仁三年（一二〇三）には、志摩国相佐須荘《おうさす》住人たちの船とその積荷の塩木について、麻生浦《おう》住人の壱志守房という人物がこれらを盗み取る事件を起こした。この船は国崎神戸《くにさきかんべ》の借船であった（国崎神戸文書）。相佐須荘・麻生浦・国崎神戸はいずれも三重県鳥羽市内に比定される地名だが、この事件の背景には近・中距離での物流の問題が想定されている。中世の一大生産地となる伊勢湾沿岸の塩業の拡大に促される形で、当時、近隣の里山にて伐採される樹木の大きな需要が生じていた。つまり、そうした森林資源をめぐる競合がこの事件を誘発したのだろう（藤田明良 一九八四、稲本紀昭 一九九二）。

いずれの事例ともに、生産地・集散地・消費地のつながりは、広く想定したとしてもおよそ隣国との間で収まる（三河国―遠江国、志摩国―伊勢国）。このような近・中距離の人とモノの移動によって、地域社会における需要と供給は結びつけられた。いわば、両者を媒介するこうした移動こそが太平洋海運の基層にあった。

## 遠距離での海上交通

さらに、畿内と東国を結ぶような遠距離交通ともなれば、その航海には多大な日数を要したことだろう。戦国時代の西日本の事例だが、夜間を避けた航海では一日あたりの移動距離は限られ、もし順風がなければ何日も風待ちのために港湾で停泊しなければならなかった（荒木和憲 二〇二一）。また、そうした制約から日本海岸の石見国では海路三～五里（約一二～二〇キロ）の間隔で主要な港湾が形成されてきた（荒木和憲 二〇二二）。

院政期・鎌倉時代の太平洋海運にても、帆走による航海となれば、これと大きく異なるものではなかったはずである。航海の安全を求める人々は、移動の制約のなかでその途中に多くの停泊地を必要とした。こうした事情も、自然地形を利用した港湾が太平洋岸の各地に形成されていく要因となったのだろう。

さて、十四世紀に入ると、東日本の遠距離交通に関わり、志摩国の住人たちの活動が史料上で明瞭に現れるようになる。

例えば、鎌倉時代の最末期に作成された元弘三年（一三三三）犬法師太郎和与状案《わよじょう》は、海運業の隆盛を物語る史料として有名である（光明寺文書、稲本紀昭 一九九二、伊藤裕偉 二〇一四）。この和与状の内容としては、その二年前に起きた海上事故をめぐる当事者間での示談となっている。犬法師太郎は志摩国泊浦小里の住人であったが、東国から銭三一貫文を同じく小里の紀内という人物の船に載せて送らせた。ところが、この船は、三河国高松（愛知県田原市）の沖合にて、悪止《あくし》（阿久志）住人虎王次郎の船と衝突してしまった。

ここで注目すべき点として、犬法師太郎は「銭主」として自身の銭を東国から送っていたが、十四世紀ともなると、これを運んだ紀内の船のように送金を請け負う船舶も一般化していた。

それから、他の事例としては、阿久志道妙の遺産をめぐる建武四年(北朝、一三三七)の相論も名高い(光明寺文書、網野善彦 二〇〇七、稲本紀昭 一九九二、伊藤裕偉 二〇一四)。

この相論では、道妙の遺産である船四艘・銭一〇〇〇貫あまりをめぐり、伊勢国に住む彼の妻の法宗が定願と豊後房という彼の二人の弟を訴えていた。定願は駿河国江尻津住人であり、豊後房は志摩国阿久志島(鳥羽市)住人であった。さらに、生前の道妙は志摩国泊浦小里の船頭であった兵衛太郎を娘婿に迎えており、一族の血縁関係のなかで海運業のネットワークを太平洋岸の諸港に広げていた。

## 4 結節する交通ネットワークの全体像をめぐって

### 陸上・内水面・海上における交通の結節

本章では「東海道交通と太平洋海運」というテーマで院政期・鎌倉時代の交通のあり方を整理してきた。

ところで、陸上と海上のそれぞれで人々の移動は隔絶していたわけでない。人とモノは陸上にても海上にても移動し、さらに河川・潟湖を含む内水面を介して結節していた。その上で地域社会の交通ネットワークは全体として機能していたのだろう。

だが、東海地方において、その全体像が明瞭なモデルとして説明できるまで、現在の研究は至っていない。そのため、陸上・内水面・海上の接続をめぐり、その課題を考えることで本章を結びたい。

先に触れた遠江国の元島遺跡は、榎原雅治の景観復原によれば、太田川が中世の潟湖にそそぐ河口域に比定される。そして、河川・潟湖・海上の水運がつながることで、この遺跡は遠江国府へも向かう交易の中継地点として機能していたという（榎原雅治　二〇二一）。

また、駿河国吉原湊に関しては、太平洋海運の港湾であるとともに、東海道が接続し、吉原宿が置かれていた。加えて、潤井川の河口域に形成された同湊の背後には、浮島沼《うきしまぬま》という潟湖が広がっていた。つまり、陸上・内水面・海上における交通がここで結ばれていた（藤村翔　二〇一六、池谷初恵　二〇一八、図6－2）。

### 古代における交通の結節

古代にさかのぼると、『日本霊異記』には、先に触れたように、美濃国小川市に関する説話がみえる。尾張国愛智郡片輪里（名古屋市）の女性が蛤《はまぐり》五〇石と熊葛《くまつづら》の練韃《ねりむち》二〇反を船に積んでこの市に乗りつけた話である。小川市で往来の商人たちに乱暴を働いていた三野狐という別の女性を懲らしめるためだったという。

この小川市は比定地がはっきりと確定されていないものの、長良川に接した市だったのではないかと考えられている（『岐阜県の地名』「木曽三川」項）。とすれば、この話にみえる船は川船であり、美濃国の市に海産物の蛤が河川交通にてもたらされたことになろう。

また、十世紀の『延喜式』では、美濃国には中男作物として「煮塩年魚鮨」が課せられていた（表6－1）。伊勢湾で生産された塩が交通ネットワークを介して内陸部地域へ運ばれ、鮎の保存加工に用いられていたのだろう。

## 集散地をめぐる議論

さて、このように結節した交通ネットワークの全体像をより明瞭にモデル化するため、考古学の分野から提唱されてきた「集散地」の議論はこれからも重視されていくべきだろう。

例えば、伊勢国の安濃津遺跡群からは、使用痕のない十三世紀中葉の山茶碗《やまぢゃわん》類が多数出土したが、ここに伊藤裕偉は大集荷地としての安濃津の性格を見出している（伊藤裕偉 二〇〇七）。

山茶碗類は尾張国・三河国を中心に生産された陶器で、本来、伊勢国においては非自給品として位置づけられる。けれども、伊藤の整理によれば、安濃津遺跡群では、生産地以外での出土が稀なヘラ記号のあるものや、重ね焼きをする際に内部に釉薬が付着して個別に外されなくなったものが出土している。こうした状況の理由として

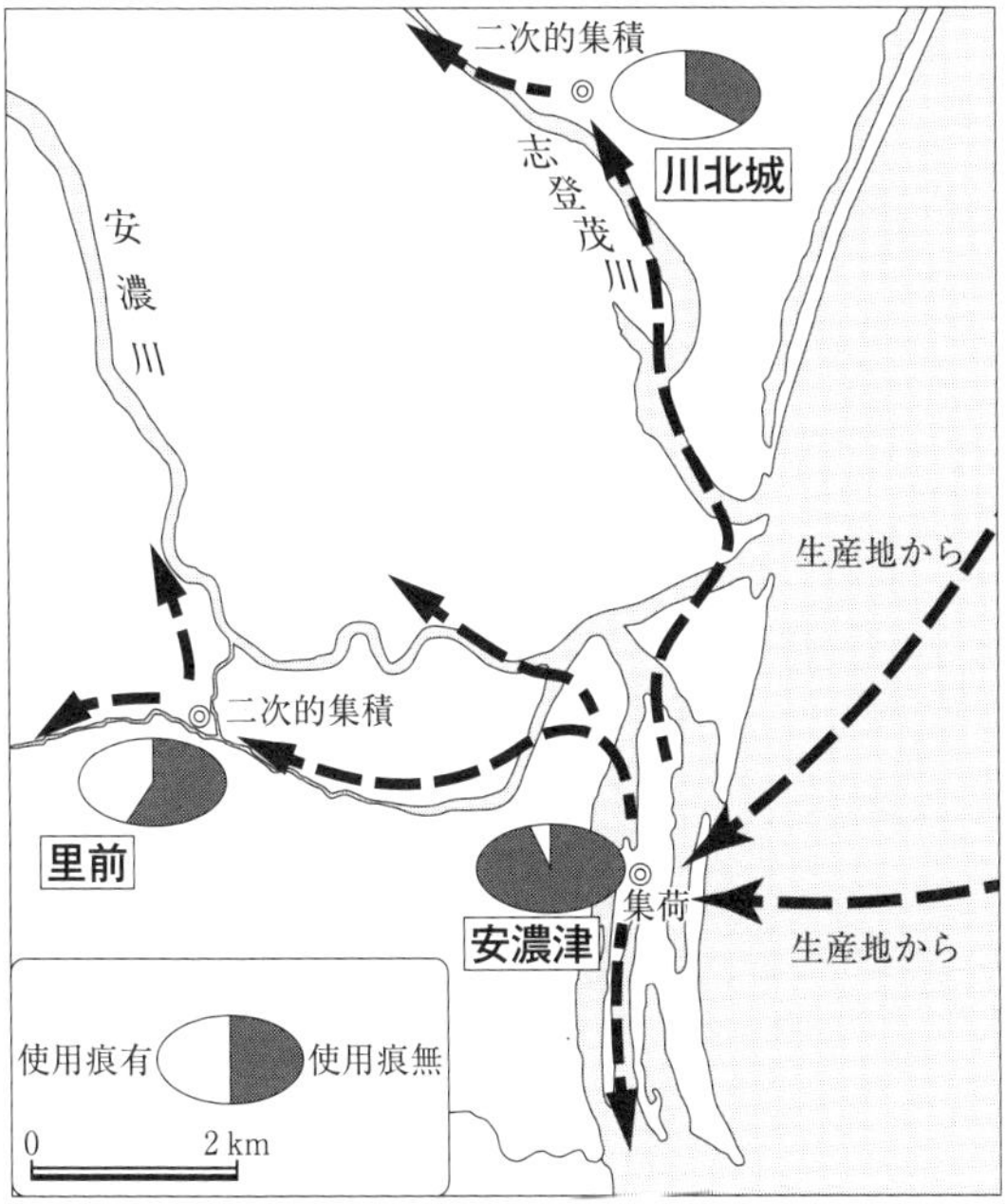


図6-4　安濃津周辺地域における陶器碗の集荷と搬出（伊藤裕偉2007より）

は、生産地で細かな選別が行なわれずに、そのまま一括して大集荷地の安濃津に運ばれていた可能性が想定されるという。

つまり、山茶碗類が生産地から安濃津に一括して運ばれた後、ここで商品としての選別が行なわれ、さらに個別の消費地へ搬出されたと考えられている。ここに伊藤氏は集散地としての安濃津の性格を高く評価した。

さらに、安濃津周辺の地域には、二次的集積地と推定される遺跡も複数存在するという（図6－4）。安濃津からの商品が到着するこれらの遺跡については、それぞれの小さなエリアを対象とする市であった可能性も想定されている。

### 分節的な交通の構造

以上、本章では東海地方における交通のあり方をみてきた。ここで改めて強調したいのは、人々の生活に根ざした狭域的な交通と列島レベルの広域的な交通が重なっていたことにある。そして、前者を基層として後者は成り立っていた。

市や港湾という場は、地域社会のなかで人とモノが移動する際の結節点として古代の段階からすでに機能していた。さらに、それらの点が個々の線で結ばれることで、畿内と東国を結ぶ陸上と海上の道は大きく展開しえた（東海道交通と太平洋水運）。

そうした意味で、中世社会の交通ネットワークとは極めて分節的なものだったともいえる。鎌倉時代の『沙石集』には、伊勢国中島（三重県伊勢市）の船人が尾張国のある山寺に行く途中、はじめて馬に乗った話がある。その際、船の帆綱と同じように馬の手綱を扱うなど、この船人は船のように馬に乗ろうとしたため、結果、落馬してしまったという（巻第八）。個人の視野でみたとき、どのような人間であれ、その移動の範囲は限られたものだったに違いない。しかし、こうした人々の移動が無数の線として描かれることによって、列島社会の東西は強く結びつけられたのだろう。

〔参考文献〕


網野善彦「中世前期の水上交通―常陸・北下総を中心に―」『網野善彦著作集10』岩波書店、二〇〇七年、初出一九七九年

荒木和憲「中世日朝通交貿易における船と航海」『国立歴史民俗博物館研究報告』二二三、二〇二一年

同「和船の航海」企画展示図録『中世武士団―地域に生きた武家の領主―』国立歴史民俗博物館、二〇二二年

荒木敏夫「東への海つ道と陸つ道―矢作川河床遺跡を中心として―」『海と列島文化八　伊勢と熊野の海』小学館、一九九二年

池谷初恵「吉原湊をめぐる中世遺跡の概要」『富士市文化財調査報告書　第六集　鈴川の富士塚』二〇一八年

伊藤裕偉『中世伊勢湾岸の湊津と地域構造』岩田書院、二〇〇七年

同「港をめぐる人と地域―泊浦・志摩・熊野―」『日本史研究』六一九、二〇一四年

稲本紀昭「伊勢・志摩の交通と交易」『海と列島文化八　伊勢と熊野の海』小学館、一九九二年

榎原雅治『中世の東海道をゆく―京から鎌倉へ、旅路の風景―』吉川弘文館、二〇一九年、初版二〇〇八年

同　　『地図で考える中世―交通と社会―』吉川弘文館、二〇二一年
加藤理文「総括及び考察」『静岡県埋蔵文化財調査研究所調査報告　第一一六集　元島遺跡Ⅰ（遺物・考察編1―中世―）』一九九九年
貴田　潔「中世における不動産価格の決定構造」『岩波講座　日本経済の歴史一　中世　11世紀から16世紀後半』岩波書店、二〇一七年
同　「遠江国笠原荘の「浦」にみる中世の港湾と海村」田中大喜編『中世武家領主の世界―現地と文献・モノから探る―』、勉誠出版、二〇二一年
佐々木銀弥「荘園における代銭納制の成立と展開」『中世商品流通史の研究』、法政大学出版局、一九七二年、初出一九六二年
新城常三『鎌倉時代の交通』吉川弘文館、一九六七年
戸川　点「古代の荘園」荘園史研究会編『荘園史研究ハンドブック』東京堂出版、二〇一三年
戸田芳実「九世紀東国荘園とその交通形態」『初期中世社会史の研究』東京大学出版会、一九九一年、初出一九七五年
藤田明良「中世志摩国についての一考察」『年報中世史研究』九、一九八四年
藤村　翔「富士市域の中世墓―今井中世五輪塔群・沢上遺跡出土資料の紹介―」『富士山かぐや姫ミュージアム館報』三一、二〇一六年
松延康隆「銭と貨幣の観念―鎌倉期における貨幣機能の変化について―」網野善彦・塚本学・宮田登編『列島の文化史六』日本エディタースクール出版部、一九八九年
矢田俊文「中世水運と物資流通システム」『地震と中世の流通』高志書院、二〇一〇年、初出一九九九年

山村亜希「中近世移行期における都市景観と地形―駿河国江尻・清水を事例として―」五味文彦・小野正敏編『中世都市研究一四　開発と災害』二〇〇八年
綿貫友子「中世後期東国における流通の展開と地域社会」『歴史学研究』六六四、一九九四年
同『中世東国の太平洋海運』東京大学出版会、一九九八年
同「中世水運史研究の可能性―遠江国の事例から―」『交通史研究』五六、二〇〇五年
同「中世の太平洋海運」『海事博物館研究年報』三八、二〇一〇年

コラム6

# 東海道の宿と遊女

辻　浩和

宿泊施設が未発達であった平安・鎌倉時代、遊女の家は貴重な宿屋であった。遊女は九世紀後半頃から各地の交通の要衝に集住し、東海道ではほとんどの宿《しゅく》に遊女の存在が確認されているから、旅人にはありがたい存在であったろう。遊女の家では複数人での飲食・宴会や宿泊が可能であったから、普通の民家や寺院に宿泊する場合に比べて利便性が高く、行動の自由もきいたものと推測される。十二世紀以降、荘園公領制の発達とともに人々の往来が盛んになると、貴族・官人が遊女の家に宿泊する例も史料に多くみえるようになっていく。例えば十二世紀半ばの『詞花《しか》集《しゅう》』一八六や『続詞花集』六九六には京から東国に向かう男たちが遊女「なびき」や「あこ丸」の家に宿泊したことがみえているし、鎌倉期の紀行文にも遊女の家に宿泊した例は多くみえる。

遊女の家に泊まるといっても、必ずしも性売買を目的としたわけではない。例えば宇都宮朝業《うつのみやともなり》という武士は、橋本の宿（静岡県新居町）で遊女と親しく語り合い、翌朝宿を出た後で、遊女のもとに「暁《あかつき》に出発しました」という手紙を送っている。彼は遊女の家に宿泊したが、遊女とは別の部屋で寝たことになる（『信生法師集』）。同様の例は、今津《いまづ》（大阪市鶴見区）で遊女の家に宿泊した山伏の例にもみられる。山伏は鋳物師《いもじ》・中間法師《ちゆうげん》などと同じ部屋で就寝し、夜中に遊女の部屋を訪れて性売買の交渉を行なった。宿泊業と性売買はそれぞれ独立した形で営まれていたのである（『古今著聞集』巻一六―五四九）。

性売買が必須ではないから、女性が遊女の家に宿泊する例もみえる。鎌倉末期、後深草院二条と呼ばれた貴族女性は尼となり各地を旅するが、美濃国赤坂宿（岐阜県大垣市）では遊女の姉妹が経営する宿に宿泊し、琴や琵琶を弾かせて酒宴を催している（『とはずがたり』巻四）。このように遊女の家はさまざまな人々によって利用される宿屋であった。

遊女の家に泊まらない場合でも、遊女たちがやってきて宴会に参加することがあった。平安・鎌倉時代の遊女は今様《いまよう》という歌謡の歌い手であったから、芸を披露して旅人の無聊《ぶりよう》を慰めたのである。『更級日記』には足柄山や野上宿（岐阜県関ケ原町）で遊女がどこからともなく現れて歌を歌い、帰っていったという記述がある。鎌倉時代の飛鳥井《あすかい》雅有《まさあり》も、鏡宿（滋賀県竜王町）で遊女がやってきて歌い騒いだと書いている（『春の深山路』）。推参《すいさん》といって、芸能者には貴人の宴会に押し掛けることが許されていたのである。

もちろん、貴族や武士の側が積極的に遊女を召す場合も多かった。遊女たちはご当地ソングのような形で宿ごとに異なった今様を伝承しており、その芸は母から娘へと、代々の実子相承で伝えられていた（『今様の濫觴《らんしよう》』）。そうした珍しい曲を伝える遊女たちを酒宴に召したり手元に召し抱えることは、貴族や武士にとって一種のステータスになっていたのである。特に青墓《あおはか》宿や墨俣《すのまた》宿（いずれも大垣市）の遊女は有名であった。当時の史料には、貴族や武士に呼び出されて京都や鎌倉まで出向く遊女の姿が散見される。遊女たちの側でも客から提供された小屋や知り合いの家に滞在し、客からの需要に積極的に応えようとしていたようだ。

後白河院が今様に熱中したことは有名だが、彼は青墓の遊女「乙前《おとまえ》」を師とあおぎ、定期的に青墓・墨俣の遊女たちを呼び寄せては今様の聴き比べを行なっていた。『梁塵秘抄《りょうじんひしょう》』のなかには、こうして集められた地方の今様も少なからず含まれている。

貴族・武士と接点を持つ遊女のなかには、彼らとの婚姻に至る者も少なくなかった。その婚姻形態は多様だが、大別すると二つのパターンに分けられる。

一つは遊女が本拠地を離れて夫と同居するパターンである。『沙石集《しゃせきしゅう》』には、ある貴族が地方下向の後に遊女を伴って上京し、邸宅を構えて住まわせた例がみえる（巻九―一）。同じように源清経《きよつね》は青墓宿の遊女「目井《めい》」を妻とし、死ぬまで京都で面倒をみた。目井は今様の名手として京都で活躍したという（『梁塵秘抄口伝集《りょうじんひしょうくでんしゅう》』巻一〇）。このパターンは夫が貴族・官人や現地有力者の場合、または遠隔地に住んでいる場合に多いようだ。子は夫方で養育された。遊女を母とする貴族や女房、武士などが散見されるのも、幼少から夫方で教育を受けたためとみなせよう。

一方、婚姻後も遊女が本拠地でその仕事を継続するパターンがある。『沙石集』には五人の夫をもった遊女の説話が載せられているが、この夫たちは同時期に遊女のもとに通ったという（巻九―一〇）。『藤の衣物語絵巻』でも、遊女長者の娘として「かうじゅ」「きくじゅ」という異父姉妹の遊女が登場する。二人は長者のもとで養育されたはずである。このパターンは夫が庶民層の場合に多かったようだが、夫が高位者でも遊女が仕事を継続し、子を引き取るケースがみられる。『曽我物語』で有名な大磯宿《おおいそ》（神奈川県大磯町）の遊女「虎」は、平治の乱で処刑された藤原信頼《のぶより》の関係者、宮内判官家長《くないほうがんいえなが》を父に、平塚の宿（神奈川県平塚市）の遊女「夜叉王《やしやおう》」を母に持つ。虎は当初父方で養育されたが、父の死によって母方に引き取られたという（真名本）。この事例では家長が都にいられなくなって相模国の住人、海老名季貞《えびなすえさだ》のもとに寄宿していたという事情があるので、夫の地位が不安定なために夜叉王が仕事を継続したのかもしれない。

以上のように、遊女たちは地方にあって貴族・武士たちと頻繁に接する存在であり、都鄙《とひ》をつなぐ窓口であった。都の文化と地方の文化が交じり合ううえで、彼女たちは大きな役割を果たしたのである。

〔参考文献〕
新城常三『庶民と旅の歴史』日本放送出版協会、一九七一年
辻　浩和『中世の〈遊女〉—生業と身分—』京都大学学術出版会、二〇一七年
辻　浩和「京都と芸能」美川圭・佐古愛己・辻浩和『京都の中世史一—摂関政治から院政へ—』吉川弘文館、二〇二一年

コラム7

# 安濃津
## ―平安末期から鎌倉期―

伊藤　裕偉

平安末期から鎌倉期の日本列島状勢をあえて単純化すれば、畿内と東国を両極に動いているとみなせる。この状勢下での東海地方とは、両極をつなぐ、あるいは緩衝する地域として同時代的に注視されていたと思われる。しかし、誤解を恐れずにいえば、この時期の列島史における東海地方は上記理由により他律的で主役ではない。よって列島状勢を見据えた場合、東海地方の検討には冷めた視座がここでは必要となる。

このうえで当地をみると、河口に広大なデルタ地帯をもつ木曽三川（揖斐《いび》川、長良《ながら》川、木曽川）から豊富な水が注がれる伊勢湾が上記両極結節の場となる。水域は、地域の分断と接続を兼ね備えた場だ。伊勢湾は通史的にみてもその役目を担うと筆者は考えるが、上記をふまえれば、平安末期から鎌倉期にかけてのその意味が特別に重大だと認識できよう。

伊勢湾は湾口を渥美半島と志摩半島で狭められた「内海（内水面）」で、外洋の太平洋に比べ波は穏やかだ。室町期以降の史料をみると、伊勢湾沿岸部の各所に舟航可能な「港」がある（伊藤裕偉 二〇〇七）。この状況は鎌倉期以前も大差ないとみる。伊勢湾内にはそこらじゅうに港が

図　安濃津の故地（津市）を南方上空から臨む（三重県埋蔵文化財センター提供）

右は伊勢湾．上方左手の丘陵の先に京都がある．

あるのだ。しかし、何らかの資料によって鎌倉期に集住（町場化）していたと裏付けができる港の事例はわずかしかない。そのひとつが安濃津《あのつ》（津市）である。

安濃津は伊勢湾西岸部にあり、古代官道由来の幹線的な陸路によって畿内（特に京都・奈良）と通じる。町場化した港が、伊勢湾の東岸部ではなく、西岸部にあることは重要な意味を持つ。十一世紀末、『中右記』に安濃津（史料中では「阿乃津」）が登場する（永長元年〈一〇九六〉十二月九日条）。畿内（京都）に居住する貴族層にもその名が認知されている。このような港町は、伊勢湾岸では安濃津を除き他にない。戸田芳実が指摘するように（戸田芳実 一九七八）、畿内と東国の、陸と海を介した交通の要として安濃津は位置づけられる。

筆者は、十三世紀中葉頃の安濃津に東海系無釉《むゆう》陶器椀（山茶椀）の集荷地機能があることを指摘した（伊藤裕偉 一九九九・二〇〇五）。これは、まとまって出土した知多半島産を中心とする東海系無釉陶器椀の大部分が破損品を含む未使用品であったことから、発掘調査地点近隣で窯業生産地から運ばれた製品が集荷・選別され、「流通」に適さない品はここで廃棄されたと判断したゆえである。出土資料の分析から導いたこの観点は、分業・商品流通が定着した以降の考古学的な流通論を組み立てる上で極めて重要と考える。なお、「集散地遺跡」という認識（矢田俊文 一九九九）は、正確な定義が必要だ。そこが任意の物資Aの集散地かどうかは場（遺跡）によって認定されず、そこでの物資Aの扱われ方（考古資料ならば出土遺物の状況）で定義される（伊藤裕偉 二〇〇五）。港町らしき遺跡から大量に物資Aが出土したとしても、そこは物資Aの大消費地であって集散地ではないかも知れないのだ。

さて、土器の集荷地機能がなぜ安濃津にあるのか、これこそが重要だ。東海系無釉陶器椀の生産地は伊勢湾の東岸にあるが、そこではなく西岸の安濃津なのだ。西岸は当時の畿内と東国を結ぶ海陸交通の要である。東海系無釉陶器椀は伊勢湾岸を中心に分布する在地流通品だが、このようなローカル製品ですら生産地ではなく安濃津で集荷・選別されたのである。東海系無釉陶器椀よりも断然広範囲の「流通」を示す常滑《とこなめ》・渥美産の壺甕《つぼかめ》類ならばなおのこと、伊勢湾岸屈指の港町である安濃津で集荷・選別がなされていたと筆者は考えている。

平安末期から鎌倉期の安濃津を考える上で、避けて通れないのが神宮（伊勢神宮）の存在である。永久六年（一一一八）に安濃津神人《じにん》が鎌田御厨《かまたみくりや》（遠江国）の件で前遠江国司を訴追している（『中右記』嘉保三年〈一〇九六〉三月二十九日条）。安濃津には安濃津御厨という神宮領があり、安濃津神人とはそこを活動拠点とする神宮の神人である。彼らが鎌田御厨に関与するのは、伊勢・遠江国間の舟運を示唆する（南出真助　一九七九）。当時の神宮膝下には大湊（二見、内宮）・山田（外宮）といった港（港町）があった（伊藤裕偉　二〇一六）のだが、そこではなく、神宮からはやや遠方の安濃津（神人）が東国方面との舟運を担っていたことになる。建久七年（一一九六）に安濃津神人中臣国行《なかとみのくにゆき》が諸国往反の保証を神宮に求めた一件（「神宮雑書」『神宮古典籍影印叢刊6』皇學館大学）も、舟運が背後にある点では同種である。寛元四年（一二四六）頃、神宮は遷宮の正税として伊豆国や美作国に鉄を賦課するが、同時に安濃津にも在家別一廷の鉄を賦課している（「遷宮例文」『神宮遷宮記』巻二、神宮司庁編）。鉱山のある伊豆国・美作国への賦課は当然として、安濃津への賦課は交易による入手が前提にあると考えられる。安濃津の舟運に神宮が深く関与していることは明らかである。

しかし、神宮による安濃津支配はそれほど強固なのか。そもそも「安濃津御厨」と港町安濃津は等しいとはいえない。港町あるいは町場空間としての安濃津は広大で（伊藤裕偉　二〇〇七）、それに比すれば安濃津御厨の範囲は狭い可能性が高い。仁治二年（一二四一）には安濃津神人が神宮の指示を拒絶する行動もみられる（「仁治三年内宮仮殿記」『鎌倉遺文』五八五六）。神宮による安濃津支配を過大評価するのは危険である。

この時期の安濃津が持つ別の顔、それは「宗教的要地」である。例を挙げると、嘉禎二年（一二三六）、伊勢国北部に拠点を持つ藤原実重《しげざね》が安濃津の千日念仏供養に寄進している（「作善日記」『四日市市史』）。また、鎌倉後期の安濃津には善勝寺・無量寿寺・阿弥陀寺といった寺院があり、そこで経典が書写されている（『大須観音宝生院真福寺文庫撮影目録』真言宗智山派宗務所）。南北朝期以降、安濃津は地蔵菩薩霊験所と認知されている（「地蔵菩薩霊験絵詞」『地蔵霊験記絵詞集』）のだが、これは鎌倉期以来、多数の仏教寺院が建立に形成されていたことに起因するのであろう。かつての安濃津の一角にある浄安寺（津市本町）には、南北朝後期頃の制作と推定する花崗岩製の地蔵菩薩立像がある。残存像高約一メートル、腰から下を欠損するので、本来は像高二メートルを超える大型の石仏である。地蔵菩薩霊験所とされた往時の安濃津を示す貴重な遺品と考えられる。

図　石造地蔵菩薩立像
（浄安寺所蔵）

平安末期から鎌倉期、畿内と東国の結節地となる伊勢湾において、その西岸部という特性のもと、安濃津の素地が形成された。当該期の安濃津は、神宮（伊勢神宮）の存在は重要だが絶対的ではなく、畿内と東国を海陸路で結ぶ要地としての機能こそが特出なのだ。

伊勢湾沿岸には数多くの港がある。先に触れたが、伊勢湾が有する東西日本の結節地という大局的な位相は通史的に普遍と筆者はみるが、時々の状勢によって中心となる場（港）は伊勢湾内で移動する。安濃津も通史的に同じ機能を果たしていたわけではない。大局的な底流と個別時期の状勢とを合わせみる視点が必要である。

〔参考文献〕

伊藤裕偉「安濃津の成立とその中世的展開」『日本史研究』四四八、一九九九年
同　「中世の流通に関する考古学的分析の現状と課題」矢田俊文ほか編『中世の城館と集散地』高志書院、二〇〇五年
同　『中世伊勢湾岸の湊津と地域構造』岩田書院、二〇〇七年
同　「もうひとつの「大湊」」市村高男ほか編『中世港町論の射程』岩田書院、二〇一六年
戸田芳実「東西交通」『日本史（2）』有斐閣、一九七八年
南出真助「中世伊勢神宮領荘園の年貢輸送」『人文地理』三一―五、一九七九年
矢田俊文「中世水運と物資流通システム」『日本史研究』四四八、一九九九年

# 略年表

| 年号 | 西暦 | 事項 |
|---|---|---|
| 康平七 | 一〇六四 | この頃、摂津源氏の源国房が美濃で勢力をひろげる。 |
| 承暦三 | 一〇七九 | 六月、源重宗と源国房が美濃で合戦に及ぶ。 |
| 四 | 一〇八〇 | 浜名神戸の史料上の初見（遠江）。 |
| 応徳三 | 一〇八六 | 十一月、白河上皇による院政が始まる。 |
| 永長元 | 一〇九六 | 十二月、伊勢の安濃津が地震による津波で被災する〈安濃津〈阿乃津〉の史料上の初見〉。 |
| 二 | 一〇九七 | 八月、平正盛が伊賀国山田郡・阿拝郡の私領を六条院に寄進する。 |
| 嘉承元 | 一一〇六 | 七月、源国房が延暦寺僧仁誉と結び、尾張国海部郡の多度神宮寺領大成荘に侵入する。 |
| 天永二 | 一一一一 | この年、源光国が任国に下向せず、美濃に滞留していることが朝廷で問題となる。 |
| 大治三 | 一一二八 | 十二月、源為義と源光信が美濃の従者をめぐって京で合戦に及ぶ。 |
| 久安三 | 一一四七 | この年、源義朝と熱田大宮司藤原季範娘との間に源頼朝が生まれる。 |
| 保元元 | 一一五六 | 七月、保元の乱が起こる。八月、源為朝らが伊豆大島に配流される。 |
| 三 | 一一五八 | 八月、後白河上皇による院政が始まる。 |
| 平治元 | 一一五九 | 十二月、平治の乱が起こる。 |
| 永暦元 | 一一六〇 | 一月、源義朝が尾張国野間内海荘で長田忠致に殺される。三月、源頼朝が伊豆に配流される。 |
| 仁安三 | 一一六八 | 十二月、伊勢神宮が焼亡し、東海諸国の国司に再建が命じられる。 |
| 承安三 | 一一七三 | 五月、文覚、伊豆に配流される。 |
| 安元二 | 一一七六 | 十月、工藤祐経が伊豆国伊東荘をめぐる争いで河津祐泰を殺害する。 |

| | | | |
|---|---|---|---|
| 治承 | 四 | 一一八〇 | 五月、以仁王と源頼政が挙兵し、平家に討たれる（以仁王の乱）。八月、源頼朝が伊豆で挙兵し、石橋山の戦いで敗れる。十月、富士川の戦いで平家軍が敗れる（駿河）。十一月、美濃・尾張の源氏が蜂起する。十二月、平重衡が南都を焼き討ちする。 |
| 養和 | 元 | 一一八一 | 閏二月、平重衡が美濃・尾張国境の墨俣で源行家を破る。三月、安田義定が遠江を占領する。 |
| 寿永 | 二 | 一一八三 | 七月、木曽義仲が入京する。十月、源頼朝が「寿永二年十月宣旨」を得る。この頃、源義経が伊勢に入国する。十一月、木曽義仲が法住寺殿を襲撃し、後白河法皇を幽閉する。 |
| 元暦 | 元 | 一一八四 | 六月、源範頼が三河守となる。七月、伊勢平氏の反乱が起こる。 |
| 文治 | 元 | 一一八五 | 三月、壇ノ浦の戦いで平家が滅ぶ。六月、惟宗忠久が伊勢国波出御厨・須可荘の地頭職に補任される（鎌倉幕府地頭職補任の初見）。十一月、諸国に守護や地頭を設置。 |
| | 五 | 一一八九 | この年、奥州合戦。六月、北条時政が願成就院を建立する。 |
| 建久 | 元 | 一一九〇 | 十一月、源頼朝が上洛。途中、美濃の青墓宿などに寄る。 |
| | 三 | 一一九二 | 六月、源頼朝、美濃の御家人に京都大番役を命じる（京都大番役催促の初見）。七月、源頼朝が征夷大将軍となる。 |
| | 四 | 一一九三 | 五月、富士の巻狩が行なわれる。この時、曽我兄弟が工藤祐経を仇討ちする。八月、源範頼、伊豆に配流される。 |
| | 五 | 一一九四 | 八月、安田義定が処刑される。 |
| | 六 | 一一九五 | この年、源頼朝が再び上洛する。 |
| | 九 | 一一九八 | 一月、後鳥羽上皇による院政が始まる。 |
| 正治 | 元 | 一一九九 | 一月、源頼朝没。 |
| | 二 | 一二〇〇 | 一月、梶原景時が駿河で討たれる。四月、北条時政が遠江守となる。 |
| 建仁 | 三 | 一二〇三 | 九月、北条時政、比企氏を滅ぼす（比企氏の乱）。源頼家、伊豆の修禅寺に幽閉される。 |
| 元久 | 元 | 一二〇四 | 二月、伊勢・伊賀平氏が挙兵し、四月に鎮圧される（三日平氏の乱）。 |
| | 二 | 一二〇五 | 閏七月、牧氏事件により北条時政、伊豆に隠退する。この年、北条義時が執権となる。 |

| 年号 | 西暦 | 事項 |
| --- | --- | --- |
| 承久 元 | 一二一九 | 一月、源実朝が鶴岡八幡宮で暗殺される。 |
| 三 | 一二二一 | 五月、承久の乱が起こる。六月、美濃の大豆戸・墨俣で戦闘に及ぶ。 |
| 貞応 二 | 一二二三 | この年、『海道記』成る。 |
| 嘉禄 元 | 一二二五 | 七月、北条政子没。 |
| 貞永 元 | 一二三二 | 八月、御成敗式目（五一条）を公布。十月、後堀河院政が始まる。 |
| 仁治 三 | 一二四二 | この年、『東関紀行』成る。 |
| 寛元 四 | 一二四六 | 一月、後嵯峨上皇による院政が始まる。 |
| 宝治 元 | 一二四七 | 六月、北条時頼、三浦泰村を滅ぼす（宝治合戦）。 |
| 弘長 元 | 一二六一 | この年、円爾が駿河の清見寺の落慶法要を行なう。 |
| 二 | 一二六二 | 十一月、伊勢神宮寺が焼失する。 |
| 文永 八 | 一二七一 | 十二月、伊勢神宮に異国調伏を祈らせる。 |
| 十一 | 一二七四 | 十月、文永の役。 |
| 建治 元 | 一二七五 | この年、竹崎季長が鎌倉に向かう途中、伊豆の三島社・相模の箱根神社に参る。 |
| 三 | 一二七七 | 一月、道宝が伊勢神宮に参籠して異国調伏を祈る。 |
| 弘安 二 | 一二七九 | 十月、阿仏尼、京都を出発し鎌倉へ下向する（『十六夜日記』を記す）。 |
| 四 | 一二八一 | この年、弘安の役。 |
| 五 | 一二八二 | この頃、一遍が伊豆の三島社で説法を行なう。 |
| 六 | 一二八三 | この年、北条時宗が尾張国冨田荘地頭職を円覚寺に寄進する。 |

## 執筆者紹介（生年／現職）―掲載順

生駒孝臣（いこま・たかおみ）→別掲
大島佳代（おおしま・かよ）一九九一年／花園大学等非常勤講師
勅使河原拓也（てしがはら・たくや）一九八八年／京都大学等非常勤講師
熊谷隆之（くまがい・たかゆき）一九七三年／京都大学大学院人間・環境学研究科教授
長谷健生（はせ・けんき）一九九三年／各務原市歴史民俗資料館学芸員
田辺旬（たなべ・じゅん）一九八一年／東京都立稔ヶ丘高等学校教諭
前田英之（まえだ・ひでゆき）一九八四年／奈良女子大学研究院人文科学系准教授
永野弘明（ながの・ひろあき）一九九一年／神戸女子大学等非常勤講師
朝比奈新（あさひな・あらた）一九七四年／立川市史編さん室
小原嘉記（こはら・よしき）一九七七年／京都女子大学文学部准教授
貴田潔（きだ・きよし）一九八二年／静岡大学人文社会科学部准教授
辻浩和（つじ・ひろかず）一九八二年／立命館大学文学部教授
伊藤裕偉（いとう・ひろひと）一九六五年／三重県教育委員会

編者略歴

一九七五年、三重県に生まれる

二〇〇〇年、名古屋大学大学院文学研究科博士前期課程修了

二〇〇四年、関西学院大学大学院文学研究科博士課程後期課程単位取得退学

現在、花園大学文学部准教授、博士(歴史学)

〔主要著書〕

『中世の畿内武士団と公武政権』(戎光祥出版、二〇一四年)

『楠木正成・正行』(戎光祥出版、二〇一七年)

『楠木正行・正儀』(ミネルヴァ書房、二〇二一年)

『楠木正成・正行・正儀』(星海社、二〇二四年)



東海の中世史1

中世東海の黎明と鎌倉幕府

二〇二四年(令和六)七月一日　第一刷発行

編　者　生駒孝臣《いこまたかおみ》

発行者　吉川道郎

発行所　株式会社 吉川弘文館

郵便番号一一三—〇〇三三

東京都文京区本郷七丁目二番八号

電話〇三—三八一三—九一五一〈代表〉

振替口座〇〇一〇〇—五—二四四番

https://www.yoshikawa-k.co.jp/

印刷＝株式会社 三秀舎

製本＝誠製本株式会社

装幀＝清水良洋





ISBN978-4-642-06891-8

東海の中世史

# 刊行のことば

「東海」、それは東の海、伊勢湾や太平洋をのぞみ、古代より行政区画として、道として、今もなお東と西をつなぐ重要地域として存在しています。同時に、壬申の乱、青野原合戦、関ヶ原合戦など、文字どおり天下分け目の戦いが繰り返されてきました。そうしたなかで、戦国時代に織田信長・羽柴（豊臣）秀吉・徳川家康といった天下人が登場したことはよく知られていることでしょう。では、なぜ東海から天下人が生み出されたのでしょうか。また、それ以前の時代にもこの三人に匹敵する人物は東海地域から現れていたのでしょうか。

本シリーズは、東海という地域的な個性に注目しつつ、同時にそこが列島の東西のあいだという歴史的な特色を持つことにも留意しながら、中世史を描いていくことを目指すものです。そのさい、執筆者には、近年大幅に進展した中世史の研究成果を積極的に導入・紹介すること、そして、武家だけではなく、公家・寺社、宗教・荘園や陸海の交通・流通など、多種多様な角度から地域史を描くことをお願いしました。これにより、従来にない、新たな東海の中世史像に迫る試みとなっていたら、編者としてこれにまさる喜びはありません。

なお、本シリーズが対象とする地域は三重・岐阜・愛知・静岡の各県、旧国名でいえば、伊勢・志摩・伊賀・美濃・飛驒・尾張・三河・遠江・駿河・伊豆といった国々となります。

〈企画編集委員〉

山田　邦明
水野　智之
谷口　雄太